U0856541

21世纪普通高等院校系列规划教材

国际货物运输与保险

Guoji Huowu Yunshu Yu Baoxian

李军 陈宏武 尹非 温必坤 黄鹤 编著

西南财经大学出版社
Southwestern University of Finance & Economics Press

图书在版编目(CIP)数据

国际货物运输与保险/ 李军等编著 .—成都:西南财经大学出版社,2015.9

ISBN 978－7－5504－2160－8

Ⅰ.①国… Ⅱ.①李… Ⅲ.①国际货运—高等学校—教材②国际货运—交通运输保险—高等学校—教材 Ⅳ.①F511.41②F840.63

中国版本图书馆 CIP 数据核字(2015)第 221243 号

国际货物运输与保险

李 军 陈宏武 尹 非 温必坤 黄 鹤 编著

责任编辑:刘佳庆

助理编辑:孙志鹏

封面设计:杨红鹰 张姗姗

责任印制:封俊川

出版发行	西南财经大学出版社(四川省成都市光华村街 55 号)
网　　址	http://www.bookcj.com
电子邮件	bookcj@foxmail.com
邮政编码	610074
电　　话	028－87353785　87352368
照　　排	四川胜翔数码印务设计有限公司
印　　刷	四川森林印务有限责任公司
成品尺寸	185mm×260mm
印　　张	16.5
字　　数	345 千字
版　　次	2015 年 9 月第 1 版
印　　次	2015 年 9 月第 1 次印刷
印　　数	1—2000 册
书　　号	ISBN 978－7－5504－2160－8
定　　价	35.00 元

前言 Foreword

在国际贸易中，运输和保险相辅相成，是进出口业务中的两个重要环节，不可或缺。本书对国际货物运输与保险进行了详细阐述。本书共有九章：第一章，海洋货物运输概述；第二章，海洋货物运输单据；第三章，国际集装箱运输与国际多式联运；第四章，其他运输方式；第五章，国际货物运输保险概述；第六章，海运货物保险的保障范围；第七章，海运货物保险险别与条款；第八章，海运货物保险实务；第九章，其他货物运输保险。

本书具有三个鲜明特色：第一，内容全面，重点突出。本书涉及了国际货物运输与保险业务中的各个环节，重点突出了海洋货物运输和海运货物保险的内容。第二，注重操作，实用性强。本书在系统介绍国际货运运输和保险的基本原理的同时，对国际货物运输和保险的业务程序以及各种单据的填写制作进行了详细阐述。第三，与时俱进，注重纳新。本书在内容上充分吸收了近年来国际货物运输与保险的科研新成果，对近年来国际货物运输与保险业务的新规则和操作方法有详细论述。为了帮助读者加深对本书内容的理解，在每章之后都分别附有思考题。

本书由李军拟定编写大纲，具体分工是：李军（第一章）、尹非（第二章、第三章、第四章）、黄鹤（第五章、第六章）、温必坤（第七章、第八章、第九章）。最后由李军、陈宏武负责统稿、修改和审定。

本书在编写过程中，广泛参考了近年来出版的有关著作、刊物和资料，也得到了西南财经大学出版社刘佳庆编辑的大力支持和帮助，在此一并表示感谢。

由于我们水平有限，书中难免存在缺点和不足之处，敬请读者指正。

编者

2015 年 8 月

Contents 目录

第一章 海洋货物运输概述

第一节 海洋货物运输经营方式

海洋运输又称“国际海洋货物运输”，是国际物流中最主要的运输方式。它是指使用船舶通过海上航道在不同国家和地区的港口之间运送货物的一种方式，在国际货物运输中使用最广泛。目前，国际贸易总运量中的2/3以上，中国进出口货运总量的约90%都是利用海上运输。海洋运输对世界的改变是巨大的。

随着中国经济的快速发展，中国已经成为世界上最重要的海运大国之一。全球日前有19%的大宗海运货物运往中国，有20%的集装箱运输来自中国；而新增的大宗货物海洋运输之中，有60%~70%是运往中国的。中国的港口货物吞吐量和集装箱吞吐量均已居世界第一位；世界集装箱吞吐量前5大港口中，中国占了3个。随着中国经济影响力的不断扩大，世界航运中心正在逐步从西方转移到东方，中国海运业已经进入世界海运竞争舞台的前列。

一、海洋运输的基本要素和发展要求

海洋运输基本要素包括：船舶、航线、港口。

（一）船舶

船舶是海上运输主要工具，其主要分三大类：货船、客船和客货船。货船的主要类别有：①杂货船；②散装船；③冷藏船；④木材船；⑤油轮；⑥集装箱船；⑦滚装船；⑧载驳船。

（二）航线

航线主要指海上船舶航行道路。主要分类为：①按时间和港口是否固定划分，

有定期航线、不定期航线；②按航行水域范围划分，有沿海航线、近洋航线、远洋航线。

（三）港口

港口主要指提供水陆联系的一个节点，作为国家的运输通道或门户，通过海洋运输送行对外贸易。具有以下三项基本功能：①出口贸易，从港口周围地区集中的出口货物可通过港口水运运出；②进口贸易，从国外进口的货物可通过港口再分配到内地用户；③货物集散地。

（1）港口类别：①按港口基本功用划分，有商港、军港、避风港（又称中途港）和渔港；②按使用目的划分，有存储港、转运港、经过港；③按地理位置划分，有海（湾）港、内河港，河口港；④按国家政策划分，有国内港、国际港、自由港；⑤按建设难度划分，有天然港、人工港；⑥按港口和腹地交通联系划分，有以内河航道沟通为主的港口、以铁路集散货物为主的港口、以管道集散为主的港口、以公路或其他交通线集散货物为主的港口。

（2）港口衡量标准是指：①一年内进入港口的船舶数；②一年内进入港口的船舶总吨位；③一年内由港口处理的商品总吨数，即进出口商品的数量；④由港口经营处理的商品价值；⑤港口的收入。

目前世界海运的发展要求是：①现代化港口设施设备配套建设；②开辟海洋航线，备好航道；③大力发展海洋船队，也可租船使用；④加强港口码头仓库（又称集装库）建设；⑤控制指挥管理调度机构与通信系统建立。世界海运业已向“五化”方向发展。所谓“五化”即内燃机化、大型化、高速化、自动化和专用化。这是适应国际贸易迅速增长的需要提出来的。

二、海洋货物运输的特点

海洋运输是国际商品交换中最重要的运输方式之一，货物运输量占全部国际货物运输量的比例大约在80%以上，海洋运输具有以下特点：

（1）海洋货运运输量大。国际货物运输是在全世界范围内进行的商品交换，地理位置和地理条件决定了海洋货物运输是国际货物运输的主要手段。国际贸易总运量的75%以上是利用海洋运输来完成的，有的国家的对外贸易运输海运占运量的90%以上。主要原因是船舶向大型化发展，如50万~70万吨的巨型油船，16万~17万吨的散装船，以及集装箱船的大型化，船舶的载运能力远远大于火车、汽车和飞机，是运输能力最大的运输工具。

（2）海洋货运通过能力大。海洋运输利用天然航道四通八达，不像火车、汽车要受轨道和道路的限制，因而其通过能力要超过其他各种运输方式。如果因政治、经济、军事等条件的变化，还可随时改变航线驶往有利于装卸的目的港。

（3）海洋货运运费低廉。船舶的航道天然构成，船舶运量大，港口设备一般均为政府修建，船舶经久耐用且节省燃料，所以货物的单位运输成本相对低廉。据统计，海运运费一般约为铁路运费的1/5，公路汽车运费的1/10，航空运费的1/30，这就为低值大宗货物的运输提供了有利的竞争条件。

（4）海洋货运对货物的适应性强。由于上述特点使海洋货物运输基本上适应各种货物的运输。如石油井台、火车、机车车辆等超重大货物，其他运输方式是无法装运的，船舶一般都可以装运。

（5）海洋货运运输的速度慢。由于商船的体积大，水流的阻力大，加之装卸时间长等其他各种因素的影响，所以货物的运输速度比其他运输方式慢。

（6）海洋货运风险较大。由于船舶海上航行受自然气候和季节性影响较大，海洋环境复杂，气象多变，随时都有遇上狂风、巨浪、暴风、雷电、海啸等人力难以抗衡的海洋自然灾害袭击的可能，遇险的可能性比陆地、沿海要大。同时，海洋运输还存在着社会风险，如战争、罢工、贸易禁运等因素的影响。为转嫁损失，海洋运输的货物、船舶保险尤其应引起重视。

总之，海洋运输的运量大，海运费用低，航道四通八达，是其优势所在。但速度慢，航行风险大，航行日期不易准确，是其不足之处。

三、经营方式

海上运输的经营方式主要有班轮运输和租船运输两大类。班轮运输又称定期船运输，租船运输又称不定期船运输。

1. 班轮运输

班轮运输指船舶在特定的航线上和既定的港口之间，按照事先规定的船期表进行有规律的、反复的航行，以从事货物运输业务并按照事先公布的费率表收取运费的一种运输方式。其服务对象是非特定的、分散的众多货主，班轮公司具有公共承运人的性质。

2. 租船运输

租船是指租船人向船东租赁船舶用于货物运输的一种方式，通常适用于大宗货物运输。有关航线和港口、运输货物的种类以及航行的时间等，都按照承租人的要求，由船舶所有人确认。租船人与出租人之间的权利义务以双方签订的租船合同确定。

四、海洋运输的种类

（一）海洋运输的种类

海洋运输又可再分为沿海运输和远洋运输。

1. 沿海运输

沿海运输是以船舶为运输工具，沿海岸航行，从事货物和旅客的运输。

2. 远洋运输

从运输业务的关系来理解，远洋运输是指以船舶为工具，从事本国港口与外国港口之间或完全从事外国港口之间的货物和旅客的运输，即国与国之间的海洋运输，或者称为国际航运。也可以说，远洋运输是指船舶经营人以提供船舶作为运输工具，从事国与国之间的货物和旅客的运输，并收取运费的营业行为。由于国与国之间的运输有时并不一定需要跨越海洋经过长距离的海上航行才能实现，而只需沿海运输即可实现，所以，从运输业务关系来看，远洋运输还包括部分沿海运输。不过，需要跨越海洋经过长距离的海上航行是远洋运输的主要部分，无论投入的船舶运力还是所承运货物的数量都占有很大的比重。

远洋运输是随着航海贸易的发展而发展起来的。所以，远洋运输船舶的营运方式必须与贸易对运输的要求相适应。为了适应不同货物和不同贸易合同对运输的不同需要，也为了合理地利用远洋运输船舶的运输能力，并获得最佳的营运经济效益，当前国际上普遍采用的远洋运输的营运方式可分为两大类：班轮运输和租船运输。

（二）海洋货物运输的主要船舶种类

1. 杂货船运输

杂货船运输又称普通货船，它出现得最早，也是目前最基本的一种货船，主要用来装运各种杂货。杂货船的突出特点是对货物种类与码头条件有较强的适应性。它的缺点是装卸效率不高，杂货的批量不大，致使这类船的载重吨数较低，一般在两万吨左右。

2. 散货船运输

散货船是专门装运谷物、煤炭、矿砂等大宗散货的船舶。这类船舶构造特点是多为尾机型单甲板船，舱口也较大，并且多不配起货设备。

根据货种和结构形式的不同，散货船大体可分为以下几种：

（1）通用型散货船，是装运谷物、煤炭等普通散货的船舶。

（2）矿砂船，是专运矿砂的散货船。

（3）自卸式散货船，是一种采用自卸系统的散货船。散货船在第二次世界大战后发展很快，其中单船最大载质量已近 40 万吨。我国近年来建造了数艘 15 万吨级出口散货船，标志着我国船舶工业又上了一个新台阶。

3. 集装箱船运输

集装箱是指以装运集装箱货物为主，用来专门装运规格统一的标准货箱的船舶。目前，集装箱船主要是指全集装箱船。这种船舶的全部货舱和上甲板都装载集装箱，它适用于货源充足稳定的航线。由于集装箱运输提高了装卸效率，减轻了劳动强度，加速了车船周转，加快了货物送达，减少了营运费用，降低了运输成本，因此，集装箱船得到很快的发展。

集装箱船与一般货船相比，具有这样几个优点：

（1）装卸速度快，在港时间短。因此，船舶因装卸作业而停港时间可大大节省。

（2）运输能力强。集装箱船舶的吨位和航速都较高，从而使集装箱船舶的运输能力提高。

（3）劳动强度低。由于装卸方式的改变，装卸工作实现了机械化，因而工人劳动强度可大大减轻，劳动人数可大为减少。

（4）港口吞吐能力提高。因装卸效率高，船舶在港时间短，使港口利用率、吞吐能力提高。

（5）货损货差少。因为货物装在集装箱内，故在运输过程中避免了包装“件杂货”在运输过程中的货损和货差。

4. 滚装船运输

把装有集装箱及其他“件杂货”的半挂车或装有货物的带轮的托盘作为货运单元，由牵引车或叉车直接通过舷侧、船首或船尾的开口处跳板进出货船装卸的船舶称为滚装船。

在船的尾部、舷侧或首部，有跳板放到码头上，汽车或拖车通过跳板开上开下，实现货物的装卸，故滚装船又称开上开下船或滚上滚下船。滚装船是在汽车轮渡的基础上发展起来的。滚装船能穿梭般地进出那些装卸设备落后的港口，依靠本身的运载设备，在码头简陋的设备配合进行滚装装卸。目前，世界上已有许多国家拥有滚装船。

滚装运输的优点是节省货物在船、港之间中转和装卸的环节，可以减少码头设备的投资，避免港口压船，并便于开展从发货点到目的地的“门到门”的运输，也便于从大港口向中小型港口的集散运输，使整个运输过程合理化。同时，它可以在没有现代化装卸设备或设备不完善的港口或江河岸边进行装卸，因而能完成集装箱船和杂货船所不能完成的任务。

滚装船的不足之处是装卸作业受跳板坡度的限制，舱内容积利用率低，空船重量大，造价高。从性能上讲，它的稳定性、抗沉性和通风要求高，要采取一定措施才能满足。滚装船对码头要求低，装卸效率高，船速较快，但舱容利用率低，造价高。目前滚装船也在朝大型化方向发展。

5. 油船运输

油船是专门运输原油或成品油的船舶，油船的吨位较大，一般又称为油轮。油船多为单甲板、尾机型船。现代油船则采用双层船壳，设有专用压载舱，以满足1973年国际防止船舶造成污染公约和1978年议定书的规定要求。

五、海洋货物运输的作用

1. 海洋货物运输是国际贸易运输的主要方式

国际海洋货物运输虽然存在速度较低、风险较大的不足，但是由于它的通过能力大、运量大、运费低，以及对货物适应性强等长处，加上全球特有的地理条件，使它成为国际贸易中主要的运输方式。我国进出口货物运输总量的90%是通过海洋运输进行的，由于集装箱运输的兴起和发展，不仅使货物运输向集合化、合理化方向发展，而且节省了货物包装用料和运杂费，减少了货损货差，保证了运输质量，缩短了运输时间，从而降低了运输成本。

2. 海洋货物运输是国家节省外汇支付，增加外汇收入的重要渠道之一

在我国运费支出一般占外贸进出口总额10%左右，尤其大宗货物的运费占的比重更大，贸易中若充分利用国际贸易术语，争取我方多派船，不但节省了外汇的支付，而且还可以争取更多的外汇收入。特别是把我国的运力投入到国际航运市场，积极开展第三国的运输，为国家创造外汇收入。世界各国，特别是沿海的发展中国家都十分重视建立自己的远洋船队，注重发展海洋货物运输。一些航运发达国家，外汇运费的收入成为这些国家国民经济的重要支柱。

3. 发展海洋运输业有利于改善国家的产业结构和国际贸易出口商品的结构

海洋运输是依靠航海活动的实践来实现的，航海活动的基础是造船业、航海技术和掌握技术的海员。造船工业是一项综合性的产业，它的发展又可带动钢铁工业、船舶设备工业、电子仪器仪表工业的发展，促进整个国家的产业结构的改善。我国由原来的船舶进口国，近几年逐渐变成了船舶出口国，而且正在迈向船舶出口大国的行列。由于我国航海技术的不断发展，船员外派劳务已引起了世界各国的重视。海洋运输业的发展，为今后大规模的拆船业提供了条件，这不仅为我国的钢铁厂冶炼提供了廉价的原料、节约能源和进口矿石的消耗，而且可以出口外销废钢。由此可见，由于海洋运输业的发展，不仅能改善国家产业结构，而且会改善国际贸易中的商品结构。

4. 海洋运输船队是国防的重要后备力量

海上远洋运输船队历来在战时都被用作后勤运输工具。美、英等国把商船队称为“除陆、海、空之外的第四军种”，原苏联的商船队也被西方国家称之为“影子舰队”。可见，它对战争的胜负所起的作用。正因为海洋运输占有如此重要的地位，世界各国都很重视海上航运事业，通过立法加以保护，从资金上加以扶植和补助，在货载方面给予优惠。

第二节　班轮运输

国际贸易海上运输按照船舶的经营方式主要有班轮运输（又称定期船运输）和租船运输（又称不定期船运输）两种。

一、班轮运输（Liner Transport）

班轮运输是指船舶在固定的航线上和港口间按事先公布的船期表航行，从事客、货运输业务并按事先公布的费率收取运费。

（一）班轮运输的特点和作用

1. 班轮运输的特点

（1）“四固定”。即航线固定、港口固定、船期固定和费率的相对固定。这是班轮运输的基本特点。

（2）运价内已包括装卸费用。货物由承运人负责配载、装卸，承运人和托运人双方不计算滞期费和速遣费。

（3）承托双方的权利、义务、责任、豁免，以船公司签发的提单条款为依据。

2. 班轮运输的作用

（1）特别有利于一般杂货和小额贸易货物运输。在国际贸易中，除大宗商品利用租船运输外，零星成交、批次多、到港分散的货物，只要班轮有航班和舱位，不论数量多少，也不论直达或转船，班轮公司一般均愿意接受承运。

（2）有利于国际贸易的发展。班轮运输的“四固定”特点，为买卖双方洽谈运输条件提供必要依据，使买卖双方有可能事先根据班轮船期表，商定交货期、装运期以及装运港口，并且根据班轮费率表事先核算运费和附加费用。从而能比较准确地进行比价和核算货物价格。

（3）提供较好的运输质量。参加班轮运输的船公司所追求的目标是，保证船期，提高竞争能力，吸引货载。班轮公司派出的船舶一般技术性能好，设备较全，质量较好，船员技术水平也较高。此外，在班轮停靠的港口，一般都有自己专用的码头、仓库和装卸设备，有良好的管理制度，所以货运质量较有保证。

（4）手续简便，方便货方。班轮承运人一般采取码头仓库交接货物的做法，并负责办理货物的装卸作业和全部费用。通常班轮承运人还负责货物的转口工作，并定期公布船期表，为货方提供极大方便。

二、班轮公会（Freight Conference）

1. 定义

班轮公会又称航运公会，它是由两个或两个以上在同一条航线上经营班轮运输的船公司，为避免相互间的竞争，维护共同利益，通过在运价和其他经营活动方面签订协议而组成的国际航运垄断组织。

2. 班轮公会的产生

创办海运业，不像开创铁路运输那样需要投入巨资、征用土地和铺设轨道。有意经营者不论规模大小，均可营运。仅有一条船的经营者，也可令其船借助天然航道通航世界各地。因此，海运业和其他行业相比更富竞争性。当某一条航线同时存在几家、几十家甚至更多的船公司经营班轮运输时，激烈的竞争尤易发生。在这种情况下，各船公司往往以降低运价来争揽货载。但是，运费又是船公司最主要的收入来源，如果无节制地降低运价，则会危及船公司的生存。正由于此，作为维护船公司自身利益的手段，在班轮公司之间产生了班轮公会的组织。1875 年，经营英国至印度港口之间从事货运的英国七家公司成立的加尔各答班轮公会（Calcutta Conference），创世界班轮公会之先。目前在国际的主要航线上，几乎无不存在班轮公会这类航运垄断组织。

3. 班轮公会的主要业务

班轮公会的业务主要是限制和调节班轮公会内部的相互竞争，同时防止或对付来自公会外部的竞争，从而达到垄断航线货载的目的。在限制和调节班轮公会内部的相互竞争时，班轮公会主要采取以下措施：

（1）制定费率

制定费率是班轮公会最主要的一项工作。所有参加公会的会员公司，协定共同遵守的费率，因此这一费率又称协定费率。在协定费率中，又有固定费率和最低费率之分。固定费率是指会员公司之间协议为某一航线制定的一个固定运价，所有会员公司都必须遵守并按统一的运价计收运费，不得有任何增减。最低费率是指会员公司为某一航线制定的一个最低费率，所有的会员公司只能按高于或等于所规定的费率计收运费，而不得按低于所规定的费率收费。

（2）统一安排营运

班轮公会在其控制的航线上，限制航次及挂靠港口，规定各会员公司在一定时期内船舶艘次数和每一航次的靠港数，并制定船期表。对此各会员公司都必须遵守。

公会在安排营运时的另一措施是限制货载，为各会员公司划定装货区域，规定各会员公司在一定时期内货载的分配数额，但允许有一定百分比的伸缩。

（3）统筹分配收入

公会为了平衡各会员公司的利益，将会员公司的运费收入的全部或部分集中起来，按预先规定的比例进行分配。对那些为公会利益做出牺牲的会员公司而言，此为一种补偿性安排。

4.《1974 年联合国班轮公会行动守则公约》（Convention On a Code of Conduct for Liner Conference，1974）

进入 20 世纪 60 年代以后，广大的发展中国家为了发展民族经济，维护国家利益，强烈要求改变旧的经济体系，建立新的世界经济秩序。在国际航运领域，它们强烈反对受发达国家控制的班轮公会的各种垄断性做法，认为班轮公会把运价定在发达国家和工业国家而不利于发展中国家和原料出口国的水平上，是不合理的、不公平的。为了改变这一现象，1972 年 4 月至 5 月间，在智利首都圣地亚哥举行的第三届联合国贸易和发展会议（United Nations Conference on Trade and Development，缩写为 UNCTAD）上，“七十七国集团”拟定了《班轮公会行动守则公约草案》，以限制班轮公会的活动。联合国大会于同年 12 月 19 日作出决议，并提交给秘书长。此后联合国贸易和发展会议主持召开的全权代表会议审议并通过了此案，1974 年 4 月 6 日在日内瓦通过了《联合国班轮公会行动守则公约》，该公约于 1983 年 10 月 6 日正式生效。中国政府曾派代表团参加拟定和审议公约的工作，并于 1980 年 9 月 23 日加入公约。由于我国的远洋运输企业不参加任何班轮公会，因此我国不履行该公约的任何具体义务。

《1974 年联合国班轮公会行动守则公约》分七个部分（共 54 条）和一个附件，其主要内容包括：

（1）公约的宗旨

维护世界海洋货运有秩序地发展，促进班轮运输更有效地为国际贸易服务，保证班轮运输的提供者和使用者之间的利益均衡，不对任何国家的船主、托运人或对外贸易实行任何歧视。

（2）货载分配原则

这是公约的核心条款，旨在反对国际航运垄断。公约规定，凡是参加公会的班轮公司均享有航次和装货的权利。在班轮公会服务的航线上，对于班轮公会揽运的货载，由航线两端国家的会员班轮公司各占 40%，其余 20% 由第三国会员公司承运。这就是有名的公会会员公司间 4∶4∶2 货载分配原则。

（3）公会协议

这一条款是对公会作出协议的程序规定。公约规定，一项公会协议所包含的作出决定的程序，应以全体正式会员公司一律平等的原则为基础。公约还规定，未经两国中的一国航运公司的同意，不能对公会协议中规定的有关该两国间贸易方面的问题作出决定。这些规定，反映了在班轮公会内部，包括发展中国家的航运公司在内的所有参加公会的会员公司享有平等权利，从而动摇了航运大国垄断并操纵班轮公会的基础。

（4）费率

公约规定，运费率应视商业上可行的范围，尽量确定在最低水平，同时应当使船东获得合理的赢利。关于运费率的调整，公约规定如果班轮公会要求全面提高运费率，应将其提高的幅度、实施的日期、提高的理由等，至少于 150 天前通知托运人或托运人组织，并规定两次提高费率的间隔时间不得少于 10 个月。

三、班轮运价

班轮运费是承运人为承运货物而收取的报酬，而计算运费的单价（或费率）则称班轮运价。

1. 班轮运价的特点

（1）班轮运价的收取包括货物从启运港到目的港的运输费用以及货物在启运港

和目的港的装、卸费用。

（2）班轮运价一般是以运价表的形式公布的，是比较固定的。

（3）班轮运价是垄断性的价格。

（4）班轮运价由基本费率和各种附加费所构成。

2. 班轮运价表

（1）运价表的分类

班轮运价表的分类方法主要有以下两种：

从运价表的制订来划分，分为三种：

①班轮公会运价表。班轮公会制订的运价表，为参加公会的班轮公司所使用。它规定的运价比较高，是一种垄断性的运价表，承运的条件也有利于船方。远东水脚公会运价表即属此种。

②班轮公司运价表。由班轮公司自己制订的运价表，如中远集团运价表。

③货方运价表。由货方制订，船方接受使用的运价表。能制订运价表的货方，一般是较大的货主，并能保证常年有稳定的货源供应。中外运运价表即属此种。

从运价表的形式来划分，分为两种：

①等级运价表。等级运价表是将全部商品分成若干等级，每一个等级有一个基本费率。该运价表的优点是基本费率数目少。

②单项费率运价表。这种运价表是将每种商品及其基本费率同时列出，每个商品都有各自的费率。

（2）运价表的内容

班轮运价表一般包括以下一些内容：

①说明及有关规定。这部分内容主要是该运价表的适用范围、计价货币、计价单位及其他的有关规定。

②港口规定及条款。主要是将一些国家或地区的港口的规定列入运价表内。

③货物分级表。列明各种货物所属的运价等级和计费标准。

④航线费率表。列明不同的航线及不同等级货物的基本运费率。

⑤附加费率表。列明各种附加费及其计收的标准。

⑥冷藏货费率表及活牲畜费率表。列明各种冷藏货物和活牲畜的计费标准及费率。

3. 班轮运价的计算标准

（1）按货物的毛重计收。在运价表中，以“W”字母（英文 Weight 的缩写）表示。一般以一公吨为计算单位，吨以下取二位小数。但也有按长吨或短吨计算的。

（2）按货物的体积计收。在运价表中，以“M”字母（英文 Measurement 的缩写）表示。一般以一立方米为计算单位。但也有按 40 立方英尺为一尺码吨计算的。

（3）按货物的毛重或体积计收运费，计收时取其数量较高者。在运价表中以 W/M 字母表示。按惯例，凡一重量吨货物的体积超过 1 立方米或 40 立方英尺者即按体积收费；一重量吨货物其体积不足1立方米或40立方英尺者，按毛重计收。

（4）按货物的价格计收运费，又称从价运费。在运价表中以“ad val”（拉丁文ad valorem的缩写）表示。一般按商品FOB货价的百分之几计算运费。按从价计算运费的，一般都属高值货物。

（5）按货物重量或体积或价值三者中最高的一种计收，在运价表中以“W/M or ad val”表示。也有按货物重量或体积计收，然后再加收一定百分比的从价运费。在运价表中以“W/M plus ad val”表示。

（6）按货物的件数计收。如汽车、火车头按辆（per unit）；活牲畜如牛、羊等按头（per head）计费。

（7）大宗低值货物按议价计收运费（Open Rate）。如粮食、豆类、煤炭、矿砂等。上述大宗货物一般在班轮费率表内未被规定具体费率。在订舱时，由托运人和船公司临时洽商议定。议价运费比按等级运价计算运费低。

（8）起码费率（Minimum Rate）。它是指按每一提单上所列的重量或体积所计算出的运费，尚未达到运价表中规定的最低运费额时，则按最低运费计收。

应当注意的是，如果不同商品混装在同一包装内，则全部运费按其中较高者计收。同一票商品如包装不同，其计费标准及等级也不同。托运人应按不同包装分列毛重及体积，才能分别计收运费，否则全部货物均按较高者收取运费。同一提单内如有两种或两种以上不同货名，托运人应分别列出不同货名的毛量或体积，否则全部将按较高者收取运费。

4. 班轮运价的构成

班轮运价由基本费率（Basic Freight Rate）和多种附加费（Additionals or Surcharges）所构成。

基本费率即班轮航线内基本港之间对每种货物规定的必须收取的费率，包括各航线等级费率、从价费率、冷藏费率、活牲畜费率及议价费率等。

附加费是对一些需要特殊处理的货物或由于客观情况的变化等使运输费用大幅度增加，班轮公司为弥补损失而额外加收的费用。附加费的种类很多，而且随着客观情况的变化而变化。以下为几种常见的附加费：

（1）超重附加费（Over Weight Surcharge）

一件货物的重量（毛重）达到或超过一定重量时，该货物即为超重货物。各船公司对一件货物重量规定的限量不一致。超重货物在装卸、配载等方面会增加额外劳动和费用，故船公司要加收超重附加费。

（2）超长附加费（Over Length Surcharge）

一件货物的长度达到或超过规定的长度，该货物即为超长货物。对超长货物的长度限制各船公司也不一样。超长货物同超重货物一样，在装卸、配载时会增加额外劳动和费用，因此船公司要加收超长附加费。

(3) 燃油附加费（Bunker Adjustment Factor or Bunker SuLcharge，缩写为 BAF or BS）

这是因燃油价格上涨而加收的费用。

(4) 港口附加费（Port Surcharge）

这是指由于一些港口设备差，装卸效率低，费用高，因船舶成本增加而加收的附加费。

(5) 港口拥挤附加费（Port Congestion Surcharge）

这是指由于港口拥挤，船舶需长时间等泊，为弥补船期损失而收取的附加费。该项附加费随港口拥挤程度的变化而调整。如港口恢复正常，该项附加费即可取消，所以变动性很大。

(6) 货币贬值附加费（Currency Adjustment Factor，缩写为 CAF）

这是指为弥补因收取运费的货币贬值造成的经济损失而收取的费用。一般随着货币贬值的幅度按基本费率的百分之几收取。

(7) 绕航附加费（Deviation Surcharge）

由于某种原因，船舶不能按正常航线而必须绕道航行，从而增加航运开支，为此加收的附加费称绕航附加费。这是一种临时性的附加费，一般说来，如正常航道恢复通行，该项附加费即被取消。

(8) 转船附加费（Transshipment Surcharge）

对运往非基本港的货物，需在中途港转运至目的港，为此而加收的附加费称转船附加费。

(9) 直航附加费（Direct Additional）

对运往非基本港的货物，一次货量达到一定数量时，船方可以安排直航卸货，为此需加收直航附加费。直航附加费一般比转船附加费低。

(10) 选卸港附加费（Additionl for Optional Destination）

由于贸易上的原因，在办理货物托运时尚不能确定具体卸货港，需要在预先选定的两个或两个以上的卸货港中进行选择，为此而加收的费用称选卸港附加费。在这种情况下，货方必须在该航次中船舶抵达第一卸货港 48 小时前向船方宣布。选择卸货港只限于船舶航次规定的挂港或航区内，并按所列供选择的港口中计费高的费率计算。如实际选择了费率低的港口卸货，多收部分运费不予退回。

班轮附加费名目繁多。除上述各项附加费外，还有变更卸货港附加费（Additional for Alteration of Destination）、洗舱费（Cleaning Charge）、熏蒸费（Fumigation Charge）、冰冻附加费（Ice Additional）等。各种附加费的计算方法主要有两种，一种是以百分比表示，即在基本费率的基础上增加一个百分比；另一种是用绝对数表示，即每运费吨增加若干金额，可以与基本费率直接相加计算。

5. 班轮运费的计算方法

(1) 班轮运费的计算公式为：

$F = Fb + \sum S$

在公式中，F 表示运费总额；Fb 表示基本运费；S 表示某一项附加费。

基本运费是所运货物的数量（重量或体积）与规定的基本费率的乘积。即：

$Fb = f \cdot Q$

在公式中，f 表示基本费率；Q 表示货运量（运费吨）。

附加费是指各项附加费的总和。在多数情况下，附加费按基本运费的一定百分比计算，其公式为：

$$\sum S = (S_1+S_2+\cdots+Sn) \cdot Fb$$
$$= (S_1+S_2+\cdots+Sn)\ fQ$$

其中 S_1、$S_2\cdots Sn$ 为各项附加费率。

代入运费计算公式，可得：

$$F = Fb + \sum S$$
$$= fQ + (S_1+S_2+\cdots+Sn)\ fQ$$
$$= (1+ S_1+S_2+\cdots+Sn)\ fQ$$

如附加费以绝对数表示，则附加费总额为：

$$\sum S = (S_1+S_2+\cdots+Sn)\ Q$$

代入运费计算公式是：

$$F = Fb + \sum S$$
$$= fQ + (S_1+S_2+\cdots+Sn)\ Q$$

（2）班轮运费的计算步骤

①审查托运人提供的货物名称、重量、尺码（是否超重、超长）、装卸港口、是否需要转船以及卸货港的选择等；

②根据货物名称，从有关运价表中查出该货物的计费标准及运价等级；

③查找所属航线的等级费率表，找出该等级货物的基本费率；

④查出各附加费的费率及计算方法；

⑤根据上述各种内容，将各项数据代入班轮运费计算公式予以计算。

第三节　租船运输

租船运输（Shipping by Chartering）又称不定期船（Tramp）运输。它与班轮运输不同，船舶没有预定的船期表、航线和港口。船期、航线及港口均按租船人（Charterer）和船东（Shipowner）双方签订的租船合同（Charter Party）规定的条款行事。也就是说，根据租船合同，船东将船舶出租给租船人使用，以完成特定的货运任务，并按商定运价收取运费。

一、租船运输的特点和作用

1. 租船运输的特点

(1) 租船运输没有固定的航线、固定的装卸港口和固定的船期。它根据租船人的需要和船东的能力，由双方洽商租船运输条件，并以租船合同形式加以肯定，作为双方权利与义务的依据。

(2) 没有固定的运价。租船运价受租船市场供求关系的制约，船多货少时运价低，反之则高。

(3) 租船运输一般是整船洽租并以装运货值较低、成交数量较多的大宗货物为主。

2. 租船运输的作用

(1) 租船一般是通过租船市场，由船租双方根据自己的需要选择适当的船舶，满足不同的需要，为开展国际贸易提供便利。

(2) 国际大宗货物主要以租船运输，由于运量大，单位运输成本较低。

(3) 租船运价是竞争价格，所以租船运价一般比班轮运价低，有利于低值大宗货物的运输。

(4) 只要是船舶能安全出入的港口，租船都可以进行直达运输。

(5) 一旦贸易量增加、船位不足，而造船、买船又难以应急时，租船运输可起到弥补需要的作用。而且，如一时舱位有余，为避免停船损失，可借租船揽货或转租。

二、租船市场

租船是通过租船市场（Chartering Market）进行的。在租船市场上，船舶所有人是船舶的供给方，而承租人则是船舶的需求方。在当今通信技术十分发达的时代，双方当事人从事的租船业务，绝大多数是通过电话、电传、电报或传真等现代通信手段洽谈的。

1. 租船经纪人

在国际租船市场上，租船交易通常都不是由船舶所有人和承租人亲自到场直接洽谈，而是通过租船经纪人代为办理并签约的。租船经纪人都非常熟悉租船市场行情，精通租船业务，并且有丰富的租船知识和经验，在整个租期交易过程中起着桥梁和中间人的作用，对顺利成交起着十分重要的作用。

2. 租船询价

询价又称询盘。通常是指承租人根据自己对货物运输的需要或对船舶的特殊要求通过租船经纪人在租船市场上要求租用船舶。询价主要以电报或电传等书面形式提出。承租人所期望条件的内容一般应包括：需要承运的货物种类、数量、装货港和卸货港、装运期限、租船方式或期限、期望的运价（租金）水平以及所需用船舶的详细说明等内容。询价也可以由船舶所有人为承揽货载而首先通过租船经纪人向租船市场发出。由船舶所有人发出的询价内容应包括出租船舶的船名、国籍、船型、船舶的散装和包装容积、可供租用的时间、希望承揽的货物种类等。

3. 租船报价

报价又称发盘。当船舶所有人从船舶经纪人那里得到承租人的询价后，经过成本估算或者比较其他的询价条件，通过租船经纪人向承租人提出自己所能提供的船舶情况和运费率或租金率。报价的主要内容，除对询价的内容作出答复和提出要求外，最主要的是关于租金（运价）的水平和选定的租船合同范本及对范本条款的修改、补充条款。报价有“硬性报价”和“条件报价”之分。“硬性报价”是报价条件不可改变的报价，承租人必须在规定的有效期内作出接受订租的答复，超过有效期，这一报价即告失效。与此相反，“条件报价”是可以改变报价条件的报价。

3. 租船还价

还价又称还盘，在条件报价的情况下，承租人与船舶所有人之间对报价条件中不能接受的条件提出修改或增删的内容，或提出自己的条件称为还价。还价意味着询价人对报价人报价的拒绝和新的报价开始。因此，船东对租船人的还价可能全部接受，也可能接受部分还价，对不同意部分提出再还价或新报价。这种对还价条件作出答复或再次作出新的报价称为反还价（Recount Offer）或称反还盘。

4. 租船报实盘

在一笔租船交易中，经过多次还价与反还价，如果双方对租船合同条款的意见一致，一方可以以报实盘的方式要求对方作出是否成交的决定。报实盘时，要列举租船合同中的必要条款，将双方已经同意的条款和尚未最后确定的条件在实盘中加以确定。同时还要在实盘中规定有效期限，要求对方答复是否接受实盘，并在规定的有效期限内作出答复。若在有效期限内未作出答复，所报实盘即告失效。同样，在有效期内，报实盘的一方对报出的实盘是不能撤销或修改的，也不能同时向其他第三方报实盘（Firm Offer）。

5. 接受订租（Acceptance）

接受订租又称受盘，指一方当事人对实盘所列条件在有效期内明确表示承诺。至此，租船合同即告成立。原则上，接受订租是租船程序的最后阶段。接受订租后，一项租船洽商即告结束。

6. 订租确认书

订租确认书是租船程序的最后阶段，一项租船业务即告成交。通常的做法是，当事人之间还要签署一份“订租确认书（Fixture Note）”。“订租确认书”无统一格式，但其内容应详细列出船舶所有人和承租人在洽租过程中双方承诺的主要条款。订租确认书经当事人双方签署后，各保存一份备查。

7. 租船合同

正式的租船合同实际是合同已经成立后才开始编制的。双方签认的订租确认书实质就是一份供双方履行的简式的租船合同。签认订租确认书后，船东按照已达成协议的内容编制正式的租船合同，通过租船经纪人送交承租人审核。如果租船人对编制的合同没有什么异议，就可签字。

期租船合同的内容

主要条款：

1. 租船合同的当事人；

2. 船舶规范（包括船名、呼号、船旗、建造年份、船级、登记吨、载重吨、吃水、载货容积、船速、耗油量、起货设备、甲板舱口等）

3. 租期；

4. 航行范围；

5. 交船港及交船期；

6. 船东供应项目（如船员工资船舶保险费保养费等）；

7. 租船人供应项目（如燃油港口费）；

8. 租金费率及计算方法。租金是按船舶每 30 天每载重吨计算的或者按整船每天若干金额计算。例：船载重为 25 000 吨，每 30 天的租率为 8 美元，则每日租金为 25 000×8/30＝6 666 美元

9. 还船手续和还船通知；

10. 停租条件提单签发；

11. 转租；

12. 船东及船长责任条款等。

专门条款：

A. 首要条款；

B. 战争条款；

C. 征用条款；

D. 冰封条款；

E. 共同海损条款；

F. 仲裁条款；中国租船公司期租合同及波罗的海国际海运协会的“标准定期租船合同”使用较为普遍。

程租船合同的内容

主要条款：

1. 合同当事人。

2. 船舶概况位置及装卸港口。

3. 船舶受载期及解约日。这是租船的重要条件。受载日是租方可以接受船舶的最早装货日期。解约日是租方可以接受船舶的最晚装货日期。从受载日至解约日称

为船舶的受载期。在这个期间，船方必须准备好装货，租方必须按时装货。

4. 货物种类及数量。

5. 运费及支付办法。

(1) 运费表现形式：

A. 运费率。即按所载货物的每单位重量或单位容积所表现的金额。例：35 美元/吨

B. 整船包价。按提供的船定一笔整船运费。适用于轻泡货物。

(2) 运费支付时间：

A. 运费预付。在签发提单时支付。

B. 运费到付。在船到目的港后支付。

6. 装卸费分担条款。

A. 船方负担装费和卸费。“LINERTERMS”不适用于散货。

B. 船方不负担装费和卸费。“FREE IN AND OUT”即“F. I. O”条款。

C. 船方管装不管卸。“FREE OUT”即“F. O.”条款。

7. 船舶所有人责任条款。

8. 装卸时间条款。即船方允许租方必须完成装卸作业的时间，一般规定若干日或若干小时，也可用每天装卸率来表示。

A. 连续日。即指时钟连续走过 24 小时就算一天。

B. 工作日。即指按港口习惯正常工作的日子，星期天及例假日不算。

C. 累计 24 小时工作日。即不管港口习惯作业几小时，均以累计达到 24 小时才算一个工作日。

D. 好天气工作日。即既是工作日又是好天气才算一天。

E. 连续 24 小时好天气工作日。指除去星期日例假日天气不良影响装卸的工作日或工作小时后，以连续工作 24 小时算一天。

9. 签发提单办法。

10. 佣金。

11. 留置权：如出租人未能收到应收运费、空载运费和延期罚款，船方有权扣留所载货物。

12. 共同海损条款。

13. 赔偿条款。

14. 免责条款。

15. 滞期速遣条款。如果在许可装卸时间内未能装卸完毕，则租船人要向船方支付罚金，即滞期费，如提前完成，则船方要支付奖金给租船人，即速遣费。

三、租船方式

国际上使用较广泛的租船方式主要有以下三种：

1. 定期租船（Time Charter）

定期租船又称期租船，是指按一定期限租赁船舶的方式，即由船东（船舶出租人）将船舶出租给租船人在规定期限内使用，在此期限内由租船人自行调度和经营管理。租期可长可短，短则数月，长则数年。这种租船方式不以完成航次数为依据，而以约定使用的一段时间为限。

期租船有以下特点：

（1）租赁期间，船舶的经营管理由租船人负责，也就是说，船舶的管理、调动和使用，货物的装卸、配载、理货等一系列工作，以及由此而产生的燃料费、港口费、装卸费、垫舱物料费等都由租船人负担。

（2）船方负担船员薪金、伙食等费用，并负责保持船舶在租赁期间的适航状态（Seaworthy）以及因此而产生的费用和船舶保险费用。所谓适航状态一般是指使船舶能够正常运转，具有航海安全能力，能够适用接受和保管货物。

（3）不规定船舶航线和装卸港口，只规定船舶航行区域。

（4）除特别规定外，可以装运各种合法货物。

（5）不规定装卸期限或装卸率，不计算滞期费、速遣费。

（6）租金按租期每月每吨若干金额计算。租金一经约定即固定不变。

（7）船租双方的权利与义务，以期租船合同为准。

2. 定程租船（Voyage Charter）

定程租船又称程租船或航次租船，是以航程为基础的租船方式。在这种租船方式下，船方必须按租船合同规定的航程完成货物运输任务，并负责船舶的经营管理以及船舶在航行中的一切费用开支，租船人按约定支付运费。

在国际现货市场上成交的绝大多数货物（主要包括液体散货和干散货两大类）都是通过航次租船方式运输的。程租船的“租期”取决于航次运输任务是否完成，由于航次租船并不规定完成一个航次或几个航次所需的时间，因此船舶所有人对完成一个航次所需的时间是最为关心的，他特别希望缩短船舶在港停泊时间。而承租人与船舶所有人对船舶的装卸速度又是对立的，所以在签订租船合同时，承租双方还需约定船舶的装卸速度以及装卸时间的计算办法，并相应地规定延滞费和速遣费率的标准和计算方法。

定程租船以运输货值较低的粮食、煤炭、木材、矿石等大宗货物为主，船舶的营运调度由船舶所有人负责，船舶的燃料费、物料费、修理费、港口费、淡水费等营运费用也由船舶所有人负担；船舶所有人负责配备船员，负担船员的工资、伙食费。航次租船的“租金”通常称为运费，运费按货物的数量及双方商定的费率计收。规定计算运费的方法有三种：按装货吨数计算；按卸货吨数计算；按包干运费，包价支付。

定程租船有以下特点：

（1）船舶的经营管理由船方负责。船舶的管理、调动和使用，货物的装卸、配载、理货等一系列工作，以及由此而产生的燃料费、港口费、装卸费、垫舱物料费等都由船方负担。

（2）规定一定的航线和装运的货物种类、名称、数量以及装卸港口。

（3）船方除对船舶航行、驾驶、管理负责外，还应对货物运输负责。

（4）在多数情况下，运费按所运货物数量计算。

（5）规定一定的装卸期限或装卸率，并计算滞期费、速遣费。

（6）船租双方的责任、义务，以定程租船合同为准。

定程租船按运输形式又可分为以下几种：

（1）单程租船，也称单航次租船（Single Voyage Charter）。即所租船舶只装运一个航次，航程结束时租船合同即告终止。

（2）来回程租船（Round Tirp Charter）。这是租船合同规定在完成一个航次任务后接着再装运一个回程货载的运输形式。

（3）连续单程租船（Consecutive Trip Charter），这一运输形式要求在同一去向的航线上连续完成多个单航次运输。它的特点是完成若干个连续的航次，不能中断；船舶必须是一程运货，一程空放，船东不能利用空船揽载其他货物，一般航程较近。

（4）包运合同租船（Contract of Affreightment），船东在约定的期限内，派若干条船，将规定的一批货物，按照同样的租船条件，由甲地包运到乙地，至于航程次数则不作具体规定。

3. 光船租船（Bare Boat Charter）

光船租船又称船壳租船、净船期租船。这种租船不具有承揽运输性质，它只相当于一种财产租赁。光船租船是指船舶所有人将船舶出租给承租人使用一定期限，但船舶所有人提供的是空船，承租人要自己任命船长、配备船员，负责船员的给养和船舶（经营管理所需的一切费用）。也就是说，船舶所有人在租期内除了收取租金外，不再承担任何责任和费用。因此，一些不愿经营船舶运输业务，或者缺乏经营管理船舶经验的船舶的所有人也可将自己的船舶以光船租船的方式出租，虽然这样的利润不高，但船舶所有人可以取得固定的租金收入。

光船租船的特点是：船舶所有人只提供一艘空船，全部船员由租船人配备并听从租船人的指挥，租船人负责船舶的经营及营运工作，并承担在租期内的时间损失，即租船人不能“停租”；除船舶的资本费用外，租船人承担船舶的全部固定的及变动的费用；租金按船舶的装载能力、租期及商定的租金率计算。光船租船是通过船舶所有人与承租人订立光船租船合同，由船舶所有人将船舶的占有权和使用权转移给承租人、船舶所有人仍然保留船舶的所有权。所以说，光船租船合同是财产租赁合同而不是海上运输合同。

光船租船它实际上也是期租船的一种，与一般期租船不同的是，船东不负责提供船员，只是将船交给租方使用，由租方自行配备船员，负责船舶的经营管理和航行各项事宜，但是，把船交给租船人支配，船东往往心存疑虑。而在另一方面，由于雇佣和管理船员工作繁重复杂，租船人对这种方式也缺乏兴趣。因此光船租船方式在租船市场上较少采用。

第四节　海洋货物运输实务

一、海运出口实务

（一）海运出口程序

海运出口运输工作，在以 CIF 或 CFR 条件成交，由卖方安排运输时，其工作程序如下：

1. 审核信用证中的装运条款：为使出运工作顺利进行，在收到信用证后，必须审核证中有关的装运条款，如装运期、结汇期、装运港、目的港，是否能转运或分批装运以及是否指定船公司、船名、船籍和船级等，有的来证要求提供各种证明，如航线证明书、船籍证等。对这些条款和规定，应根据我国政策、国际惯例、要求是否合理和或是否能办到等来考虑接受或提出修改要求。

2. 备货报验：就是根据出口成交合同及信用证中有关货物的品种、规格、数量、包装等的规定，按时、按质、按量地准备好应交的出口货物，并做好申请报验和领证工作。冷藏货要做好降温工作，以保证装船时符合规定温度要求。在我国，凡列入商检机构规定的“种类表”中的商品以及根据信用证，贸易合同规定由商检机构出具证书的商品，均需在出口报关前，填写“出口检验申请书”申请商检。有的出口商品需鉴定重量，有的需进行动植物检疫或卫生、安全检验的，都要事先办妥，取得合格的检验证书。做好出运前的准备工作，货证都已齐全，即可办理托运工作。

3. 托运订舱：编制出口托运单，即可向货运代理办理委托订舱手续。货运代理根据货主的具体要求按航线分类整理后，及时向船公司或其代理订舱。货主也可直接向船公司或其代理订舱。当船公司或其代理签出装货单，定舱工作即告完成，就意味着托运人和承运人之间的运输合同已经缔结。

4. 保险：货物订妥舱位后，属卖方保险的，即可办理货物运输险的投保手续。保险金额通常是以发票的 CIF 价加成投保（加成数根据买卖双方约定，如未约定，则一般加 10%投保）。

5. 货物集中港区：当船舶到港装货计划确定后，按照港区进货通知并在规定的期限内，由托运人办妥集运手续，将出口货物及时运至港区集中，等待装船，做到批次清、件数清、标志清。要特别注意与港区、船公司以及有关的运输公司或铁路等单位保持密切联系，按时完成进货，防止工作脱节而影响装船进度。

6. 报关工作：货物集中港区后，把编制好的出口货物报关单连同装货单、发票、装箱单、商检证、外销合同、外汇核销单等有关单证向海关申报出口，经海关关员查验合格放行后方可装船。

7. 装船工作：在装船前，理货员代表船方，收集经海关放行货物的装货单和收货单，经过整理后，按照积载图和舱单，分批接货装船。装船过程中，托运人委托的货运代理应有人在现场监装，随时掌握装船进度并处理临时发生的问题。装货完毕，理货组长要与船方大副共同签署收货单，交与托运人。理货员如发现某批有缺陷或包装不良，即在收货单上批注，并由大副签署，以确定船货双方的责任。但作为托运人，应尽量争取不在收货单上批注以取得清洁提单。

8. 装船完毕，托运人除向收货人发出装船通知外，即可凭收货单向船公司或其代理换取已装船提单，这时运输工作即告一段落。

9. 制单结汇：将合同或信用证规定的结汇单证备齐后，在合同或信用证规定的议付有效期限内，向银行交单，办理结汇手续。

（二）主要货运单证及其制作

1. 托运单（SHIPPING NOTE——B/N）

托运单，有的地方称为“下货纸”，是托运人根据贸易合同和信用证条款内容填制的，向承运人或其代理办理货物托运的单据。承运人根据托运单内容，并结合船舶的航线，挂靠港，船期和舱位等条件考虑，认为合适后，即接受托运。

托运单制作应注意：

（1）目的港。名称须明确具体，并与信用证描述一致，如有同名港时，须在港口名称后注明国家、地区或州、城市。如信用证规定目的港为选择港（OPTIONAL PORTS），则应是同一航线上的，同一航次挂靠的基本港。

（2）运输编号，即委托书的编号。每个具有进出口权的托运人都有一个托运代号（通常也是商业发票号），以便查核和财务结算。

（3）货物名称。应根据货物的实际名称，用中英文两种文字填写，更重要的是要与信用证所列货名相符。

（4）标记及号码，又称唛头（SHIPPING MARK），是为了便于识别货物，防止错发货，通常由型号、图形或收货单位简称、目的港、件数或批号等组成。

（5）重量尺码。重量的单位为千克，尺码为立方米。

（6）托盘货要分别注明盘的重量，尺码和货物本身的重量，尺码，对超长，超重，超高货物，应提供每一件货物的详细的体积（长，宽，高）以及每一件的重量，以便货运公司计算货物积载因素，安排特殊的装货设备。

（7）运费付款方式。一般有运费预付（FREIGHT PREPAID）和运费到付

(FREIGHT COLLECT)。有的转运货物，一程运输费预付，二程运费到付，要分别注明。

(8) 可否转船、分批以及装期、效期等均应按信用证或合同要求一一注明。

(9) 通知人、收货人，按需要决定是否填写。

(10) 有关的运输条款，订舱，配载信用证货客户有特殊要求的也要一一列明。

2. 装货单（SHIPPING ORDER——S/O）

装货单是接受了托运人提出装运申请的船公司，签发给托运人，凭以命令船长将承运的货物装船的单据。装货单既可作为装船依据，又是货主凭以向海关办理出口申报手续的主要单据之一。

3. 收货单（MATES RECEIPT——M/R）

收货单又称大副收据，是船舶收到货物的收据及货物已经装船的凭证。

由于上述三份单据的主要项目基本一致，故在我国一些主要港口的做法是，将它们制成联单，一次制单，既可减少工作量，又可减少差错。

4. 装货清单（LOADING LIST）

装货清单是承运人根据装货单留底，将全船待装货物按目的港和货物性质归类，依航次，靠港顺序排列编制的装货单汇总清单，是船上大副编制配载计划的主要依据，又是供现场理货人员进行理货，港方安排驳运，进出库场以及承运人掌握情况的业务单据。

5. 提货单（DELIVERY ORDER——D/O）

提货单又称小提单。收货人凭正本提单或副本提单随同有效的担保向承运人或其代理人换取的，可向港口装卸部门提取货物的凭证。

发放小提单时应做到：

(1) 正本提单为合法持有人所持有

(2) 提单上的非清洁批注应转上小提单。

(3) 当发生溢短残情况时，收货人有权向承运人或其代理获得相应的签证。

(4) 运费未付的，应在收货人付清运费及有关费用后，方可放小提单。

6. 海运提单（BILL OF LADING——B/L）

提单是承运人或其代理人应托运人的要求所签发的货物收据（RECEIPT OF GOODS），在将货物收归其照管后签发，证明已收到提单上所列明的货物；是一种货物所有权凭证（DOCUMENT OF TITLE）。提单持有人可据以提取货物，也可凭此向银行押汇，还可在载货船舶到达目的港交货之前进行转让；是承运人与托运人之间运输合同的证明。

7. 发票

出口人向国外进口人证明已正当地履行了贸易合同的货物运输的明细书或明细表。

发票根据不同的出口人、出口货物，其格式、内容有所不同，但其基本内容应包括：货物名称、件数、货物标志、质量、价格、总额、外汇汇率、内容、包装说明、容积重量，以及贸易合同条款和运输主要事项，上述内容均由出口人编制并签字。发票习惯上分为商业发票和海关发票。

8. 报关单

凡一切出口货物的发货人、进口货物的收货人，或其他的代理人都必须在货物进、出口时填写出口货物报关单，或进口货物报关单，进而向海关申报。申报时同时出具批准货物进出口的证明、文件和有关货运单位单据，以便海关依据这些单据、证明、文件，审核货物进出是否合格，并确定和征收相应的关税，编制海关统计表。

9. 出口许可证

海关在对出口货物和出口申报进行核查后，认为此项货物出口正当，对出口申请人签发的许可证，是国家批准某种货物出口的证明文件。

二、海运进口实务

海运进口实务，指根据贸易合同中有关运输条件，把向国外的订货加以组织，通过海运方式运进国内的一种业务。这种业务必须取决于价格条件。如果是 CIF 或 CFR 条件，则由国外卖方办理租船订舱工作；如果是 FOB 条件，则由买方办理租船订舱工作，派船前往国外港口接运。海运进口货物运输工作，一般包括以下一些环节：

1. 租船订舱

根据贸易合同的规定，负责货物运输的一方要根据货物的性质和数量决定租船或订舱。不论租船或订舱，均需办理租船或订舱手续。一般均委托代理公司代为办理。在办理委托时，委托人需填写《进口租船订舱联系单》，提出具体的要求。

《进口租船订舱联系单》的内容包括：货名、重量、尺码、合同号、包装种类、装卸港口、交货期、买货条款、发货人名称和地址，发货人电挂或电传号等。填写《进口租船订舱联系单》的注意事项：

（1）货名、包装、件数、重量、尺码要填写中、英文名称；重量需填毛重，长大件要列明长、宽、高的尺寸；重件要列明最大件重量和重件件数。

（2）买货条款的一栏要与贸易合同相一致；对装运条件另有规定者，要在联系单上写明，以便划分责任、风险和费用。

（3）危险货物要注明危险品的性质和国际危规的页码及联合国编号。国际危规把危险品分为爆炸品、气体、易燃液体、易燃固体、氧化剂和有机氧化物、有毒和有感染性的物质、放射性物品、腐蚀性物品和其他危险物品等九大类。填写时要填明类别、货物品名不能使用商品俗名，一定要用学名。易燃液体还须注明闪点。

（4）贵重物品要列明售价。

（5）《租船订舱联系单》的内容必须与贸易合同完全一致。如租整船，还须附贸易合同副本。

2. 签订《海运进口货物国内代运委托协议书》

委托人和代办人签订《海运进口货物国内代运委托协议书》作为接交、代运工作中双方责任划分的依据。

3. 寄送货物装船通知及提单

委托人收到国外发货人发出的货物装船通知后，立即转告代办人。同时，国外发货人按贸易合同确定的交货地向货运目的港的我港口所在地的对外贸易运输公司发送货物装船通知及提单。

4. 掌握船舶动态

船舶动态主要包括船名、船籍、船舶性质、装卸港顺序、预抵港日期、船舶吃水和该船所载货物的名称数量等方面的信息。船舶动态信息来源可获自各船公司提供的船期表、国外发货人寄来的装船通知、单证资料、发货电报以及有关单位编制的进口船舶动态资料等。

5. 收集并送交有关单证

委托人通过结汇银行对外付汇、赎单后，在货物到港之前，按代办人的要求，将代运协议中提及的一切有关单证送交目的港的对外贸易运输公司。委托人凭正本提单向承运人或承运人的代理换取提货单（Delivery Order）。

进口货物运输单证一般包括商务单证和船务单证两类。商务单证有贸易合同正本或副本、发票、提单、装箱单、品质证明书和保险单等。船务单证主要有装船通知、载货清单、货物积载图、租船合同或提单副本。如系程租船，还应有装卸准备就绪通知书（Notice of Readiness）、装货事实记录（Loading Statement of Facts）、装卸货物时间表（Time Sheet），以便计算滞期费、速遣费。

6. 报关

代办人收到委托人提交的单据、证件，于货物抵港后，按海关、商检，动植物检疫等有关部门的规定，办理进口报关、报验手续。

进口货物向海关报关，填制《进口货物报关单》。报关单的内容主要有船名、贸易国别、货名、标记、件数、重量、金额、经营单位、运杂费和保险费等项，货主或代办人凭报关单、发票、品质证明书等单证向海关申报进口。办理报关的进口货物，经海关查验放行，交纳进口关税后，方可提运。

根据《中华人民共和国海关法》（以下简称《海关法》）第十八条的规定，进口货物应当自运输工具申报进境之日起 14 日内向海关申报。超过上述规定期限未向海关申报的，由海关征收滞纳金。

凡不在港口查验放行的贸易货物的货主，需填制“国外货物转运准单”，向港口海关申报，经海关同意并监管运至目的地，由目的地海关查验放行。

7. 报检工作

进口货物按《中华人民共和国商检法》（以下简称《商检法》）的规定，必须向商检局申请办理检验、鉴定手续，查验进口商品是否符合我国规定或订货合同的有关规定，以保护买方利益。

报验进口货物需填写“进口商品检验申请单”，同时需提供订货合同、发票、提单、装箱单、理货清单、磅码单、质保书、说明书、验收单、到货通知单等资料。

凡列入《商检机构实施检验的商品种类表》（以下简称《种类表》）的进口商品，需接受法定检验。但表内所列商品如属援助物资、礼品、样品及其他非贸易物品，一般可免予检验。

8. 发出到货通知

在进口货物船舶抵达国内港口联检后 3 日内，代办人港口机构填制“海运进口货物到货通知书”，寄送给委托人或由委托人指明的收、用货单位。委托人或收、用货单位收到到货通知书后，对该通知书逐项核对，如发现内容有误，用电报通知代办人港口机构纠正。如属于同一张提单内货物需要分运几个地点，则须告知代办人港口机构，由代办人港口机构根据港口条件酌情受理。

9. 监卸和交接工作

（1）一般由船方申请理货，负责把进口货物按提单、标记点清件数，验看包装情况，分清后拨交收货人。监卸人一般是收货人的代办人。监卸人员与理货人员密切配合，把好货物数量和质量关，要求港方卸货人员按票卸货，严禁不正常操作和混卸。

（2）已卸存库场的货物，应按提单、标记分别码垛、堆放。

（3）对船边现提货和危险品货物，根据卸货进度及时与车、船方面人员联系，做好衔接工作，防止卸货与拨运工作脱节而产生等车卸货或车到等货的现象。

（4）对于超限重大件货物应事先提供正确的尺码和数量，以便准备接运车驳，加速疏运进度。

（5）货物卸货后，检查有无漏卸情况，在卸货中如发现短损，应及时向船方或港方办理有效签证，并共同做好验残工作。

（6）验卸时要注意查清：

①货物内的包装的残损和异状。

②货物损失的具体数量、重量和程度以及受损货物或短少货物的型号和规格。

③判断致残短少的原因。

10. 接货

代办人港口机构收到委托人或收、用货部门对到货通知的反馈后，根据委托人的授权代办加保手续和选择运输方式。在货物由港口发运后，另以承运部门的提货通知（运单）或发货通知书，通知委托人或收、用货单位据以收货。代运货物到达最终目的地时，收、用货单位与承运部门办理交接，查验铅封是否完好，外观有无异状，件数是否相符，是否发生残、短。如发现残、短，收、用货单位须及时向承运部门取得商务记录，于货到 10 日内，交代办人向承运部门、保险公司或责任方办理索赔。如发现国外错装或代办人错发、错运、溢发，收、用货单位须立即采取措施，妥善保管货物，并及时通知代办人。

11. 保险

如以 FOB、CFR 条件成交的进口货物，在收到发货人装船通知后应立即办理投保手续。目前为简化手续和防止发生漏保现象，也可采用预约保险办法，由负责进口的单位与中国人民保险公司签订进口货物预约保险。

思考题

1. 海洋货物运输的特点和作用是什么？
2. 海洋货物运输的方式和种类有哪些？
3. 班轮运输的特点和作用是什么？
4. 班轮运价计算的标准如何确定？
5. 简述租船运输的特点和作用。
6. 国际上使用较广泛的租船方式主要有哪几种？
7. 海运出口货物运输有哪些程序？
8. 简述海运进口货物运输流程。

第二章　海洋货物运输单据

海洋运输单据简称海运单据。具体可分为海运提单、电子提单和海运单。

海运提单（Ocean Bill of Lading，简称“提单”B/L）在国际海上货物运输和国际贸易中都占据重要地位，是货物买卖、运输和结汇环节中不可缺少的主要单据之一。电子提单（E-B/L）是一种利用EDI系统对海运途中的货物支配权进行转让的程序。海运单（Sea waybill，Ocean waybill）是证明海上运输合同和货物由承运人接管或装船，以及承运人保证据以将货物交付给单证所载明的收货人的一种不可流通的单证，因此，它又称“不可转让海运单”（Non-negotiable Sea waybill）。

第一节　海运提单

一、海运提单的含义

（一）海运提单的定义

海运提单（Ocean Bill of Lading，简称“提单”即B/L）是由船公司或其代理人签发的，证明承运人已接管货物或已将货物装上船，并保证在目的地交付货物的凭证。它是用来确定承运人与托运人之间权利和义务的一种运输单据。

（二）海运提单的作用

提单是在长期的国际贸易实践中逐步完善的，其作用主要表现在以下三个方面：

1. 货物收据（Receipt for the goods）

提单是承运人或其代理人签发给托运人的货物收据，确认承运人已按提单所载内容收到货物，并已装船或等待装船。承运人从签发提单之日起，就承担了对提单上所载货物的保管和运输责任，并负责将其交付给收货人。

根据《中华人民共和国海商法》（以下简称《海商法》）第七十一条的规定，B/L是一张收据，意味着承运人必须按照B/L上有关货物的记载事项在目的港将货物交付给收货人，如果交付的货物与B/L上记载不一致时，造成货物的短缺或灭失，承运人要负责任。所以《海商法》第七十五条规定，承运人或其代表在签发提单时，如果怀疑提单内有关货物记载项目的不正确性或与实际交付的货物不一致，必须在B/L上作批注，以免除或减少自己的责任。同时，《海商法》第七十六条还规定，由装货港装货后承运人或其代理人在B/L上不做任何批注，那就意味着在装货港船方所接受的货物的表面状况是良好的。《海商法》第七十七条规定：承运人或其代表签发B/L是承运人或其代表按照提单上记载事项收到货物或货物已经装船的初步证据。这意味着承运人向善意转让提单的包括收货人在内的第三人提出的与提单记载情况不符的证据，不予承认，即在承运人和收货人之间这种记载是绝对证据。

2. 物权凭证（Document of Title）

提单的合法持有人凭提单可在目的港向轮船公司提取货物，也可以在载货船舶到达目的港之前，通过转让提单而转移货物所有权，或凭此向银行办理抵押货款。由于提单的这种作用，在国际贸易中，它可以作为买卖的标的物向银行押汇的担保品。提单作为一种物权凭证，它赋予提单持有人占有货物的权利。谁持有提单，谁就有权要求承运人交付提单下的货物，承运人的责任是把提单下的货物交给提单持有人，而不是问提单持有人的权力来源是否正当。即使提单持有人确实无权占有货物，但只要承运人对此不知情而善意地将货物交付给他，承运人就可以不负责任。但是，承运人不将货物交给提单持有人，他就要自行承担风险。

3. 运输合同的证明（Evidence of Contract of Carrier）

提单是承运人和托运人之间订立的运输合同的证明，是承运人与托运人处理双方在运输中的权利和义务问题的主要依据。提单条款规定了承运人与托运人之间的权利和义务，责任与豁免，是处理承运人与托运人之间争议的法律依据。

另外，提单还可作为收取运费的证明，以及在运输过程中起到办理货物的装卸、发运和交付等方面的作用。

从理论上讲，由于提单是承运人在收到货物后单方面签发的，因此，本身不是合同，只是运输合同的一种书面凭证。当运输合同内容与提单不一致时，以运输合同为准。然而，在运输的实践中，除提单外，很少有双方事先达成的协议存在，这是海上国际运输特点造成的。这是因为在签发提单之前，承、托双方没有任何签字的合同，托运人接受提单时又未对提单条款提出异议，因此尽管托运人没有在提单上签字，但这种情况下，提单由运输合同的证明就转化为本身具有合同性质了。因此，提单既是证明存在运输合同的证据，也起到了运输合同的实际作用。

1924年海牙规则对提单的合同性质做出了关于在不违反法律和规则条件下，提单条款具有法律效力的特殊规定。因此，不论提单持有人是否在提单上签字，提单条款对他们都具有约束力。此外，当托运人通过背书方式把提单转让给收货人以后，提单就成为受益人与承运人之间的运输合同。他们之间的权利与义务关系应以提单的规定为依据，即使原托运人与承运人事先另有协议，由于提单受益人一无所知，他也可以不受其约束，承运人亦不得以此为由要求改变提单的内容。

二、提单内容

（一）提单样式

图 2-1 为中原集装箱运输有限公司的提单样式。

1. Shipper Insert Name, Address and Phone Shangdong Imp / Exp Corp 62, Jiangxi Rd, Qingdao, China	B/L No. EW 20
2. Consignee Insert Name, Address and Phone To order of First Bangkok City Bank LTD., Bangkok	中远集装箱运输有限公司 COSCO CONTAINER LINES TLX: 33057 COSCO CN FAX: +86(021) 6545 8984 **ORIGINAL**
3. Notify Party Insert Name, Address and Phone (It is agreed that no responsibility shall attsch to the Carrier or his agents for failure to notify) Nan Heng International Trade CO., 104 / 4 Lardp Rd Wangt BANGKAPI. BKK	Port-to-Port or Combined Transport **BILL OF LADING** RECEIVED in external apparent good order and condition except as other-Wise noted. The total number of packages or unites stuffed in the container, The description of the goods and the weights shown in this Bill of Lading are Furnished by the Merchants, and which the carrier has no reasonable means Of checking and is not a part of this Bill of Lading contract. The carrier has Issued the number of Bills of Lading stated below, all of this tenor and date, One of the original Bills of Lading must be surrendered and endorsed or sig-Ned against the delivery of the shipment and whereupon any other original Bills of Lading shall be void. The Merchants agree to be bound by the terms And conditions of this Bill of Lading as if each had personally signed this Bill of Lading. SEE clause 4 on the back of this Bill of Lading (Terms continued on the back Hereof, please read carefully). *Applicable Only When Document Used as a Combined Transport Bill of Lading.

4. Combined Transport * Pre-carriage by	5. Combined Transport* Place of Receipt
6. Ocean Vessel Voy. No. EAST WIND V19	7. Port of Loading QING DAO
8. Port of Discharge BANGKOK	9. Combined Transport * Place of Delivery

Marks & Nos. Container / Seal No.	No. of Containers or Packages	Description of Goods (If Dangerous Goods, See Clause 20)	Gross Weight Kgs	Measurement
NHIT BANGKOK NO 1- 9	900 dozen Tri-Circle Brand Brass Padlock in 9 wooden cases of 100 dozen each	900 dozen Tri- Circle Brand Brass Padlock		
		Description of Contents for Shipper's Use Only (Not part of This B/L Contract)		

10. Total Number of containers and/or packages (in words) Nine wooden cases only

Subject to Clause 7 Limitation 11. Freight & Charges	Revenue Tons	Rate	Per	Prepaid	Collect
				prepaid	
Declared Value Charge					

Ex. Rate:	Prepaid at	Payable at	Place and date of issue
	QINGDAO		DEC 31 , 2000
	Total Prepaid	No. of Original B(s)/L	Signed for the Carrier, COSCO CONTAINER LINES
	USD 330. 40	THREE	

LADEN ON BOARD THE VESSEL

DATE	DEC 31 , 2000	BY	COSCO CONTAINER LINES

图 2-1

（二）提单的内容

提单的内容很广泛，它涉及承运人、托运人以及收货人与提单持有人等关系人的责任和利益。提单的内容包括正面的记载和背面的条款。

1. 提单正面的内容一般包括以下几个方面：

（1）托运人（Shipper）；

（2）收货人（Consignee）；

（3）被通知人（Notify Party）；

（4）收货地或装货港（Place of Receipt or Port of Loading）；

（5）目的地或卸货港（Destination or port of Discharge）；

（6）船名及航次（Vessel's Name & voyage Number）；

（7）唛头及件号（Shipping Marks & Numbers）；

（8）货名及件数（Description of Goods & Number of Packages）；

（9）重量和体积（Weight & Measurement）；

（10）运费预付或运费到付（Freight Prepaid or Freight Collect）；

（11）正本提单的张数（Number of Original B/L）：

（12）船公司或其代理人的签章（Name &Signature of the Carrier）；

（13）签发提单的地点及日期（Place & Date of Issue）。

2. 提单条款

提单背面的内容是托运人事先印制的，它规定了承运人与托运人之间以及承运人与收货人及提单持有人之间的权利和义务关系，是他们相互处理争议的主要法律依据。

提单背面条款一般分为两类：一类属于强制性条款，其内容不能违反国家法规、国际公约或港口惯例的规定，违反或不符合这些规定的条款是无效的。另一类是属于任意性条款，即上述法规、公约和惯例没有明确规定，允许承运人自拟的条款，和承运人以印刷、刻制印章或打字、手写的形式在提单的背面印刷条款之外，加列的适用于某些特定港口或特种货物运输的条款，或托运人要求加列的条款，是解决他们之间争议的依据。以下结合有关提单的国际公约中关于提单条款的规定，就提单的主要条款分述如下：

（1）首要条款和提单的适用法。提单首要条款（Paramount clause，Clause paramount）是提单中指明提单受某一国际公约或某一国内法制约的条款。

一般情况下，首要条款都列在提单背面条款的首位或定义条款之后，也有少数提单将首要条款列入其他条款之间，如中远提单的首要条款就被列在管辖权及法律适用条款之后。有些提单在首要条款之前注明“Paramount clause”或“Clause paramount”字样，使之一目了然，很容易识别出首要条款。也有提单不在首要条款之前注明，而是直接在条款中规定承运人的责任、义务、权利和豁免等适用某一国际公约或其相应的内国法。在这种情况下，尽管没有注明，但从条款内容仍可推断出该条款即为首要条款。

首要条款的内容具有多样性，措辞上存在差别。常见的几种措辞有："与本提单有关的海上运输受海牙规则或任何使海牙规则强制适用的国内法调整"；"提单的有效性依据1968年2月25日在布鲁塞尔签订的《关于统一提单的某些法律规定的国际公约》"；"本提单受制于某项关于提单的国际公约"[1]；"提单有效性依照1936年《美国海上货物运输法》，并受其约束"；"本提单受某一国际公约或某一国内法的制约"等等。尽管措辞不一，但各种措辞所要表达的意思基本上一致，即指明该提单（或提单下承运人的权利和义务）受某一有关提单的国际公约或使其生效的某一国内法的制约。

（2）定义条款。它是提单中或有关提单的法规中，对与提单有关用语的含义和范围做出明确规定的条款，比如某公司提单条款第一条就将货方定义为"货方"包括托运人、受货人、发货人、收货人、提单持有人和货场所有人。

（3）承运人责任条款。由于提单的首要条款都规定了提单所适用的法规，不论有关提单的国际公约或各国的海上货物运输法，都规定了承运人的责任和免责，所以凡列有首要条款或类似首要条款的提单都不再以单独的条款将承运人的责任列记于提单条款。

（4）承运人的责任期间条款。各船公司提单中均列有关于承运人对货物运输承担责任的起止时间的条款，这就是责任期间条款。某公司提单第四条规定："承运人的责任期间应从货物装上船舶之时起到卸离船舶之时为止。承运人对于货物在装船之前和卸离船舶之后发生的灭失或损坏不负赔偿责任。"

（5）承运人免责条款。由于提单的首要条款中都已列明本提单所适用的法规，而有关提单的国内立法或国际公约都有承运人免责事项的规定，所以，不论提单条款中是否列有免责条款的规定，承运人都应按照提单适用法规所规定的免责事项享受免责权利。按照《海牙规则》规定承运人享有17项免责，这17项可归纳为四类：一是因除外危险的免责；二是除外责任而免责；三是因托运人责任而免责；四是因货物本身性质而免责。

《海商法》将《海牙规则》和《海牙—维斯比规则》17项免责条款，合为12项。承运人在引用12项免责条款时，应注意必须履行《海商法》第四十七和第四十八条的适航义务和管理义务，只有在此前提下，方可享受12项免责权利。

（6）关于特定货物条款。《海牙规则》的定义条款中将舱面货和活动物从货物定义中排除在外。同时，《海牙规则》第六条又同时规定，在不违反国家政策前提下，承运人对于任何特定货物应负的责任和义务，及所享受的权利和豁免，或对船舶适航的责任，可以自由订立任何协议，而且这种协议都具有完全的法律效力。因此，各船公司的提单中，对于诸如舱面货、活动物、危险货物和违禁的、冷藏货、木材、钢铁、散装货和重大件货物等，都订有减轻或免除责任的条款。

（7）承运人赔偿责任限制条款。承运人的赔偿责任限制是指已明确承运人对货物的灭失和损坏负有赔偿责任，应支付赔偿金时，承运人对每件或每单位货物支付赔偿金的最高限额。各国海商法或海上货物运输法和有关提单的国际公约都有承运人赔偿责任限制的规定，各船公司的提单中也有这些条款。

（8）索赔通知和诉讼时效条款。索赔通知，也叫作货物灭失或损害通知，它是收货人用书面形式向承运人或其代理人提出的表明货物损害情况，并提出保留索赔权利的书面声明。《海牙规则》规定，收货人应将货物的灭失或损坏情况，用书面通知承运人或其代理人。如果损坏不明显，也可在交付货物后3天内提出书面通知。如果没有提交这种书面通知，则被认为承运人已按提单的记载交付货物的初步证据。但这并不影响收货人日后（在规定的诉讼时效期限内）在举证证明承运人对货物负有责任的条件下，提出索赔的权利。各船公司都在提单中列有索赔通知条款。

诉讼时效，《海牙规则》规定，在货物交付或应交付之日起一年内不提起诉讼，则承运人被认为已解除了这种货物灭失和损坏的责任。也就是说，按照《海牙规则》的规定，诉讼时效为一年。而《汉堡规则》将诉讼期改为二年。一些船公司多按《海牙规则》和《海牙—维斯比规则》规定的一年列入提单条款。

根据《1978年联合国海洋运输公约》，在承运人的责任方面：承运人的负责期限是从托运人把货物交给他掌管开始，到他把货物交给收货人时终止。包括在装运港、运输途中和目的港凡属他掌管货物的期间，发生货物灭失、损坏以及由于延迟交货所造成损失负赔偿责任。在托运人的责任方面：由于托运人或其雇佣人员或代理人的过失或疏忽所造成的损失，应由托运人自负。托运人应在危险货物上制作危险标志或标签，并将货物的危险性质及在必要时应采取的预防措施告诉承运人等。在索赔与诉讼方面：收货人对货物灭失或损坏的异议索赔，必须在收到后的次一工作日，以书面通知承运人（如灭失或损坏不是表面的，应在货物交付之日起15日内），收货人对有关货物损害赔偿提出诉讼或提请仲裁，必须在交货之日起两年内进行，原告有权在被告所在地或契约订立地或装运港、目的港或合同订明的地点，选定起诉法院提出诉讼等。也有的提单全部条款均在正面。

三、提单的种类

提单的种类繁多，可从下列角度进行分类：

（一）按货物是否已装船，分为已装船提单和备运提单

已装船提单（Shipped Bill of Lading；On Board Bill of Lading）是指货物装船后，由承运人签发给托运人的提单，提单上记载有装船船名和装船日期。买卖合同中一般都规定卖方需提供已装船提单，因为已装船提单，对按时收货有保障。特别是在采用CIF和CFR术语下，卖方有义务向买方提供已装船提单。

备运提单（Received for Shipment Bill of Lading）是指承运人在收到托运人货物等待装船期间向托运人签发的提单。由于货物尚未装船，因而提单上没有记载装船

日期和船名，买方一般不愿接受这种提单。在跟单信用证支付方式下，银行一般也不接受备运提单。但在货物装船后，托运人可凭备运提单换取已装船提单，或由承运人在备运提单上加注“已装船”字样和装船日期并签字盖章，使之成为已装船提单。如果采用集装箱船运输，备运提单银行也予接受。

（二）按提单有无不良批注，分为清洁提单和不清洁提单

清洁提单（Clean Bill of Lading）是指承运人在签发的提单上未加货物存在缺陷或包装不良等批注的提单。在信用证支付方式下，卖方提供的提单必须是清洁提单，银行才予接受办理议付货款。此外，清洁提单亦是提单转让必备的条件。

不清洁提单（Unclean Bill of Lading）是指承运人在提单上加注了货物存在缺陷或包装不良等批注的提单。对于不清洁提单，除非信用证明确规定可接受者外，银行为了保障买方利益，一般都拒绝接受。因此，为安全收汇，在装船时对包装等出现问题应及时采取措施，力求取得清洁提单。一旦遇到货物外表状况不良或存在缺陷时，可向承运人出具保函，要求其签发清洁提单。

（三）按提单抬头不同，分为记名提单、不记名提单和指示提单

记名提单（Named Consignee Bill of Lading）是指在提单上收货人栏内，具体填写某一特定的人或公司的提单。这种提单只能由特定的收货人提货，不能转让。在信用证支付方式下，银行也不愿接受这种提单作为议付货款的凭证。因此，记名提单在国际贸易中极少使用，通常只对价值较高的或特殊用途的货物才采用记名提单。

不记名提单（Bearer Bill of Lading）是指在提单上收货人栏内留空不填，或填To Bearer（交持票人）的提单。这种提单的持有人不须通过背书，就能凭提单转让货物所有权或提取货物，承运人只凭提单交货。由于这种提单风险较大，在国际贸易中基本不使用。

指示提单（Order Bill of Lading）是指在提单收货栏内填写“凭指示交货（To order）”或“凭某人指示交货（To order of）”字样的提单。指示提单又可分为记名指示和不记名指示提单两种，记名指示提单是指提单收货人栏内写明特定的指示人，如：“Order of Shipper”由托运人指示；“Order of Applicant”由开证人指示；“Order of Issuing Bank”由开证行指示。这种记名提示提单，通过提单上的指示人背书就可以转让流通，成为可转让流通提单。不记名指示提单是指提单收货人栏内未写明特定的指示人，只填To order。这种提单，在托运人未指定收货人之前，托运人仍保有货物所有权，通过托运人背书方可转让流通。背书一般有两种方法，一是空白背书，即转让提单时仅由转让人在提单的背面签章，并写上×年×月×日，不加其他字句，谁持有这种提单谁就拥有该批货物所有权，谁就有权提货。二是记名背书，即提单转让时转让人除在提单背面签章外，还要注明受让人（被背书人）的名称，并写上×年×月×日，这时被背书人有权提货，也有权再用背书的方法指定他人提货。

（四）按提单内容的繁简，分为全式提单和略式提单

全式提单（Long Form Bill of Lading）是指提单上正面和背面内容都完备，全面

记载了承运人和托运人的权利、义务等条款的提单。

略式提单（short Form Bill of Lading）指提单上只有正面必要的项目，而背面没有记载承运人和托运人责任、义务和权利等条款的提单。使用简式提单一般有两种情况：一是租船合同项下的简式提单，因其不是一个完整的、独立的文件，要受租船合同的约束，所以银行不愿接受；二是班轮运输下的简式提单，它主要是为了简化手续，是一个完整、独立的文件，银行一般都予以接受。

（五）按运输方式，分为直达提单、转船提单、联运提单

直达提单（Direct Bill of Lading）是指承运人签发的货物自装运港装船后中途不转船而直接运抵目的港的提单。这种提单上列有装运港和目的港的名称。凡合同和信用证中规定不准转船者，卖方必须提供这种直达提单。

转船提单（Transshipment Bill of Lading）是指由承运人在装运港签发的、货物经由两艘以上船舶运至目的港的提单。这种提单上一般都注明“在××港转船”字样。其转船运输的手续由第一承运人办理，费用也由其负担，但责任由各程船公司分段负责。

联运提单（Through Bill of Lading）是指海陆、海河、海海或海空等联运货物，由第一承运人在启运地签发的全程提单。它的性质和转船提单相似，途中转运的手续和费用由第一承运人承担，但责任由各段承运人分别负责。

（六）按收费方式划分为运费预付提单、运费到付提单和最低运费提单

运费预付提单，成交价格中 CIF、CFR 条件为运费预付，在运费预付情况下出具的提单为预付运费提单。这种提单正面载明：“运费预付”字样。如发生货物丢失，运费不退。运费到付提单，FOB 价格条款成交的货物，不论是买方订舱还是买方委托卖方订舱，运费均为到付，提单载明“运费到付”。最低运费提单，是按每份提单所列货物的重量或体积计算的运费低于费率本规定的最低运费额。承运人按照规定的最低额计收运费所签发的提单。

（七）按船舶营运方式划分：班轮提单和租船提单

班轮提单（Liner B/L）是指由班轮公司承运货物后所签发给托运人的提单。其作用有：一是承运人或其代理人出具的货物收据，二是承运人和托运人之间订立的运输契约的证明，三是货物所有权的凭证，四是索赔及理赔的证明文件和向银行议付的单据。

租船提单（Charter Party B/L）指船方根据租船合同签发的提单。提单上一般注明“所有条件均根据某年某月某日签订的租船合同”或者注有“根据……租船合同开立”字样。

这种提单一般是一种略式提单，只列入货名、数最、船名、装货港和目的港等必要项目，而没有全式提单背面的详细条款，但在提单内加批“根据×××租船合同出立”的字样。大宗货物的托运人通常包租整船，租用一个航次或来回程。船东就与租船人订立租船合同。在装货完毕后，承运人须向托运人（租船人）签发提单。

不能有了租船合同就不签发提单，因为托运人仍需货物收据，而该合同仅规定了船、租双方的权利和义务，不能作为收据。这种提单并非一个完整而独立的文件，要受租船合同的约束。在信用证要求或允许提交租船提单的前提下，银行一般要求出口商在提交提单时，连同租船合同副本一并附在提单之后，以供有关方面参阅。根据《跟单信用证统一惯例》第二十二条规定："银行将不审核租船合同，即使信用证要求提交租船合同。"

（八）按提单签发主体的不同分类，分为船公司签发的提单、无船承运人所签发的提单和运输代理行提单

船公司签发的提单通常是为整箱货签发的提单。

无船承运人所签发的提单（NVOCC B/L）指由无船承运人或其代理人所签发的提单。在集装箱运输中，无船承运人通常为拼箱货签发提单，因为拼箱货是在集装箱货运站内装箱和拆箱，而货运站又大仓库又多，所以有人称其为仓/仓提单（House B/L）。当然，无船承运人也可以为整箱货签发提单。

运输代理行提单（House B/L）是指由运输代理人签发的提单。在航运实践中，为了节省费用、简化手续，有时运输代理行将不同托运人发运的零星货物集中在一套提单上托运，而由承运人签发给运输代理行成组提单，由于提单只有一套，各个托运人不能分别取得提单，只好由运输代理人向各托运人签发运输代理人（行）的提单。由于集装箱运输的发展，运输代理人组织的拼箱货使用这种提单有利于提高效率，所以这种提单的使用正在扩展。

一般情况下，运输代理行提单不具有提单的法律地位，它只是运输代理人收到托运货物的收据，而不是一种可以转让的物权凭证，故不能凭此向承运人提货。根据国际商会《跟单信用证统一惯例》2007 年修订本的规定，除非提单表明运输行作为承运人（包括无船承运人）或承运人的代理人出具的提单，或国际商会批准的"国际货运代理协会联合会"的运输提单可以被银行接受外，银行将拒收这种提单。

（九）按签发时间分类，分为过期提单、预借提单和倒签提单

过期提单（Stale Bill of Lading）是指货物装船后，卖方向当地银行提交装船提单时，银行按正常邮程寄单预计收货人不能在船抵达目的地前收到的提单。又按《跟单信用证统一惯例》（UCP600）规定，在提单签发日后 21 天才提交的提单也属过期提单，但在任何情况下都不得迟于信用证的截止日。如信用证有效期或信用证规定的交单期早于此期限，则以有效期或规定的交单期为最后期限。

产生过期提单的原因主要有两方面：一方面是货物装船后，托运人延迟向银行交单结汇；另一方面是短途海洋运输致使提单不可能先于货物到达目的地。一般银行不接受过期提单，但过期提单并非无效提单，提单持有人仍然可持单要求承运人交付货物。由于银行一般不接受过期提单，以防止买方拒付货款时银行受到损失，在短途运输时，卖方应要求买方在信用证中规定："过期提单可以接受"（Stable B/L is Acceptable），以免日后引起争议。

预借提单（Advanced Bill of Lading）是指信用证规定的装船结汇日期已到，货主因故未能及时备妥货物装船，托运人要求承运人先行签发的已装船提单。

倒签提单（Antidate Bill of Lading）是指由于货物实际装船日期迟于信用证规定的装船日期，影响向银行交单结汇，船方或其代理人应托运人要求，仍按信用证规定的装船日期签发的提单。

签发预借提单和倒签提单均属违法，承运人需承担由此可能产生的风险，特别是在货价下跌时，收货人可以“伪造单据”为由，拒绝提货并向法院起诉，要求扣留船舶及取得补偿等，则出口方和承运人都要承担法律责任。为了避免这种情况的发生，有利于装船和结汇，在信用证支付方式下，卖方应要求买方开立信用证时加列如下条款：“卖方在装运期内因故未能装船时，该信用证可自动延期××天”。

（十）按其他特殊情况划分

（1）并提单和拼装提单。根据托运人要求，将不同批数的货物合并在一份提单上，称并提单；将两批或两批以上的液体货物并装在同一液舱内，但仍为每批货物各签一份提单，称拼装提单。并装的货物必须加盖并装条款，其自然损耗由各收货人分担。

（2）舱面提单（On Deck Bill of Lading）俗称甲板货提单，是指承运人注明将货物装载在舱面上的提单。装载在舱面上的货物风险大，货物容易受损，加之《海牙规则》规定，舱面货不属于“货物”之列，承运人对舱面货的损失或灭失不负责任。所以，收货人一般均不接受舱面提单；除非信用证特别授权，银行也将拒收注明货物已装舱面或将装于舱面的运输单据。但对于有毒品、危险品、体积大或价值低的废旧物品，舱面提单亦可结汇。

第二节　提单的制作、签发与操作

一、提单的制作

根据跟单信用证统一惯例（UCP600）有关规定及银行审单标准，单式海运或港对港提单的正确缮制有如下要求：

（1）整套正本提单注有张数是否按信用证条款交呈。

（2）提单正面是否打明承运人（CARRIER）的全名及“承运人（CARRIER）”一词以表明其身份。

（3）如提单正面已作如上表示，在承运人自己签署提单时，签署处无须再注明承运人一词及其全名。如提单正面已打明（或印明）承运人全名为 XYZ LINE 及“CARRIER”一词以表明其身份，则在提单签署处（一般在提单的右下角）经由 XYZ LINE 及其负责人签章即可。如提单正面未作上述如 2 表示，且由运输行

（FORWARDER）签署提单时，则在签署处必须打明签署人的身份。如“ABC FORWARDING CO as agents for XYZ LINE, the carrier”或“ABC FORWARDING Co on behalf of XYZ LINE the carrier”。如提单正面已作上述如 2 表示，但由运输行（FORWARDER）签署提单时，则在签署处必须打明签署人的身份，如“ABC FORWARDING CO as agents for the carrier”或“as agents for/on behalf of the carrier”。

（4）提单有印就“已装船”（“Shipped in apparent good order and condition on board…”）字样的，无须加“装船批注”（“On board notation”）；也有印就“收妥待运”（“Received in apparent good order and condition for shipment…”）字样的则必须再加“装船批注”并加上装船日期。

（5）提单印有“intended vessel”、“intended port of loading”、“intended port of discharge”及/或其他“intended…”等不肯定的描述字样者，则必须加注“装船批注”，其中须把实际装货的船名，装货港口，卸货港口等项目打明，即使和预期（intended）的船名和装卸港口并无变动，也需重复打出。

（6）单式海运即港对港（装货港到卸货港）运输方式下，只需在装货港（Port of Loading）、海轮名（Ocean vessel）及卸货港（Port of Discharge）三栏内正确填写；如在中途转船（Transshipment）、转船港（Port of transshipment）的港名，不能打在卸货港（Port of discharge）栏内。需要时，只可在提单的货物栏空间打明“在××（转船港）转船”“with transshipment at ××”。

（7）“港口”（Port）和“地点”（Place）是不同的概念。有些提单印有“收货地点”（place of receipt/taking in charge）和“交货地点/最后目的地”（place of delivery/final destination）等栏目，供提单用作“多式联运”（multi-model transport）或“联合运输”（combined transport）运输单据时用。单式海运时不能填注，否则会引起对运输方式究竟是单式海运抑或多式联运的误解。

（8）提单上印有“前期运输由”（pre-carriage by）栏也为“多式联运”方式所专用，不能作为转船提单时打明第一程海轮名称的栏目。只有作多式联运运输单据时，方在该栏内注明“铁路”、“卡车”、“空运”或“江河”（Rail、truck、air、river）等运输方式。

（9）提单的“收货人”栏（consigned to 或 consignee）须按信用证要求说明。例如，信用证规定提单作成“made out to order”，则打“order”一字；“made out to order of the applicant（申请开证人）”，则打“order of ××××（applicant 全名）”；“made out to order of the issuing bank”，则打“order of ××××Bank（开证行全名）”。如信用证规定提单直接作成买主（即申请人）或开证行的抬头，则不可再加“order of”两字。

（10）提单不能有“不清洁”批注（unclean clause），即对所承载的该批货物及其包装情况有缺陷现象的批注。

（11）除非信用证许可，提单不能注有“subject charter party”即租船契约提单。

（12）关于转船，应符合《跟单信用证统一惯例》（UCP600）的第二十条 c 款的规定，具体为：

①如信用证允许转船——指装货港和卸货港之间发生转船，同一份提单包括了整个航程；

②如信用证禁止转船，同一份提单包括整个航程，装货港和卸货港之间并不发生转船；

③如信用证禁止转船，货由集装箱、拖船、母子船载运，即使提单注明将有转船，也不作不符，但须由同一份提单包括整个航程。

（13）提单上关于货物的描述不得与商业发票上的货物描述有所不一致。如提单上货物用统称表示时，该统称须与信用证中货物描述并无不一致，且与其他单据有共通连结（Link）特征，例如唛头等。

（14）提单上通知人（Notify Party）须注有符合信用证规定的名称和地址、电讯号码等。

（15）提单上有关运费的批注须符合信用证的规定和 UCP600 第三十条的规定。UCP600 第三十条规定了金额、数量与单价的增减幅度。具体为：a.“约”或“大约”用语信用证金额或信用证规定的数量或单价时，应解释为允许有关金额或数量或单价有不超过 10%的增减幅度；b. 在信用证未以包装单位件数或货物自身件数的方式规定货物数量时，货物数量允许有 5%的增减幅度，只要总支取金额不超过信用证金额；c. 如果信用证规定了货物数量，而该数量已全部发运，及如果信用证规定了单价，而该单价又未降低，或当第三十条 b 款不适用时，则即使不允许部分装运，也允许支取的金额有 5%的减幅。若信用证规定有特定的增减幅度或使用第三十条 a 款提到的用语限定数量，则该减幅不适用。”

（16）提单上的任何涂改、更正须加具提单签发者的签章。

（17）提单必须由受益人及装货人（Shipper）背书。

二、提单的签发

（一）提单的审核

提单是运输中的重要单据，它不仅是运输合同的证明或是运输合同，货物收据，物权凭证，而且提单填写正确与否，既关系到货方的利益，又关系到船公司的信誉。因此所签发的提单必须是清洁、完整、正确，所载项目必须如前所述的齐全。因此，签单前的审核工作十分重要，应避免差错，尽可能把存在的差错消灭于提单签发之前。审核注意事项如下：

（1）清洁：提单必须保证清洁，清洁才能保证正确。正本提单不能受沾污，即使是小小的笔痕也应避免。每套提单其正本上不得超过二个需更正的差错。而且唛头、件数、包装（包括大写一栏）绝对不能更改，一旦上列项目有差错应重制提单。

（2）完整：填制在提单上的每个项目必须完整。特别是提单关系人（包括托运人、收货人、通知人）和联系方法要清楚；船名、航次、航向要明白；装卸港口要具体，应标注国家名；唛头一栏一行要齐全，多个唛头要全部列在提单上；件数一栏必须有总数；重量、体积一栏要列明计量单位，如千克（kg）、立方米（m^3）等；其他特殊条款要求列在提单上的，也必须清楚列明。

（3）正确：一是提单上的每个词必须拼法准确，不准缩写（唛头上缩写和重量、体积除外）；二是货名必须按商品名称分别列名，不能统称“杂货”、“易碎品”、“纺织品”、“电器”等；三是包装要按实际包装填写，如纸箱、木箱、小木箱、铁桶、纸桶、包、捆、坛等；四是散装货，如粮食、矿砂等在包装件数一栏内应注明“散装”字样。

（二）提单的签发

1. 提单的签发人与签署

提单必须经签署才产生效力。有权签发提单的人包括承运人本人、载货船船长或经承运人授权的代理人。

承运人与托运人订立海上货物运输合同，他是合同的当事人，当然有权签发提单。各国法律都承认载货船船长是承运人的代理人，因此，签发提单属于船长的一般职权范围之内的事，而不必经过承运人的特别授权。代理人签发提单必须经承运人特别授权，否则代理人是无权代签提单的。

承运人（ABC）本人签发提单显示：ABC AS CARRIER。

代理人（XYZ）代签提单显示：XYZ AS AGENT FOR ABC AS CARRIER。

载货船船长（OPQ）签发提单显示：CAPTAIN OPQ AS MASTER。

提单签署的方法除了有传统的手签方法外，只要没有特殊的规定，如信用证不规定必须手签提单，则就可以采用印摹、打孔、盖章、符合或如不违反提单签发地所在国国家的法律，用任何其他机械的或电子的方法。

签单时，除在承运人盖章一栏内签字或盖章外，如果是“贴唛提单”，应在所贴唛头与提单之间加盖章，以证明所贴上的唛头是承运人承认的，与货物唛头是一致的，而不是伪造的。也可避免日后将原唛头撕去，贴上其他唛头，如果有批注，也应在批注的文字上加盖章，以防篡改。

承运人签单的凭证是大副收据。其批注也是从大副收据上转移到提单上的。因此，签单时应认明提单上的批注是与大副收据上的一致。

2. 提单的签发日期

提单签发日期应该是提单上所列货物实际装船完毕的日期，其依据应该是由大副签发的收货单上的日期。提单的日期有严格的规定：班轮运输中，已装船提单上的日期必须是实际收货日期，收讫待运提单上的日期必须是承运人按管货物的日期。如果违反这一规定，不论提前还是推迟，都会产生运输上提单当事人之间的责任和法律问题，特别是承运人，他必须对这种违背事实的行为负责。

装船期一般是信用证或合同规定的最后装船日期。在实际工作中有以下两种情况：一是规定最后日期，如不迟于12月20日；二是规定一段时间，如为3月10日至20日，8月间等。提单是结汇的必需单据。结汇时，特别是跟单信用证结汇时，银行要求所提供的单证必须是一致的，即：单单相符，单证一致。因此提单上的日期必须与装船日期一致或先于装船日期。只有这样才能保证安全结汇。

但是，实际工作中往往出现不尽如人意的情况，如由于自然原因或船舶本身原因，如承载船舶不能按时抵港受载，或由于货源没有及时备妥，或由于码头拥挤不能及时装船等造成货物装上船日期迟于信用证或合同规定的装船期。在这种情况下，如果提单日期仍是货物实际装上船的日期，势必会影响发货人安全结汇。为了发货人能安全结汇，使之利益不受损失，承运人在签发装船提单时，必须按照订舱单的装船期签发提单，即把提单日期提前到信用证或合同规定的日期。这种行为也称为“倒签提单”。但承运人要采取一定的防范风险措施才能签单。

3. 提单记载内容

提单所记载的内容是否正确无误，不但关系到承运人的经济利益，而且还影响到承运人的信誉。为了使所签发的提单字迹清晰、整洁、内容完整、不错不漏，要求提单的签发人在签发提单前，必须对提单所记载的，包括提单的各个关系人的名称、货物的名称、包装、标志、数量和外表状况等项内容的必要记载事项进行认真仔细的核对、审查，使不正确的内容能得到及时纠正。

由于货物的原始收据是杂货运输中的收货单或集装箱运输中的场站收据，所以提单的签发应以收货单或场站收据为依据。

4. 提单的份数

提单有正本提单和副本提单之分，通常所说的提单都是指正本提单。副本提单只用于日常业务，不具有法律效力。

为了防止提单遗失、被窃或在转递过程中发生意外事故造成灭失，各国海商法和航运习惯都允许为一票货物签发一套多份正本提单。签发正本提单的份数应分别记载于所签发的各份正本提单上。在提单上注明为一票货物所签发的正本提单份数，可以使提单的合法受让人了解全套正本提单的份数，防止提单流失在外而引起的纠纷，保护提单受让人的利益；也可以使接受提单结汇的银行，或者使在变更卸货港交付货物的承运人及代理人，了解用以办理结汇或者提取货物的提单是否齐全。

另外，正本提单应标注“Original”字样。当需要表示全套提单中每一份是其中的第几份时，如全套提单一式三份，有少数国家会用“Original”、“Duplicate”和“Triplicate”来分别表示其为全套提单中的第一联、第二联和第三联。但是，由于Duplicate、Triplicate等字样在其他场合中使用时并不表示正本的意思，所以，为了表示该份正本提单是全套提单中的第几份时，应该使用“First Original”、“Second Original”和“Third Original”等字样。特别是用“2nd Original”和“3rd Original，来代替“Duplicate”和“Triplicate”。标注“Copy”字样的是副本提单。

提单上记载的提单签发日期应是提单货物实际装船完毕的日期。集装箱班轮运输中，为了给承运人签发提单提供方便，实践中大多以船舶开航之日（Sailing date）作为提单签发日期。但是，应该注意的是，Sailing date 并不一定是 On board date。

（三）提单的更正

1. 提单的更改

货运代理人应注意，提单的更正要尽可能赶在载货船舶开航之前办理，以减少因此而产生的费用和手续。

在实际业务中，提单可能是在托运人办妥托运手续后，货物装船前，在缮制有关货运单证的同时缮制的。在货物装船后，这种事先缮制的提单可能与实际装载情况不符而需要更正或者重新缮制。此外，货物装船后，因托运货物时申报材料有误，或者信用证要求的条件有所变化，或者其他原因，而由托运人提出更正提单内容的要求。在这种情况下，承运人通常都会同意托运人提出的更正提单内容的合理要求，重新缮制提单。

如果货物已经装船，而且已经签署了提单后托运人才提出更正的要求，承运人就要考虑各方面关系后，才能决定是否同意更改。如果更改的内容不涉及主要问题时，在不妨碍其他提单利害关系人利益的前提下，承运人就会同意更改。但是，如果更改的内容会涉及其他提单利害关系人的利益，或者影响承运人的交货条件，则承运人需要征得有关方的同意，才能更改并收回原来所签发的提单。

因更改提单内容而引起的损失和费用，都应由提出更改要求的托运人负担。

2. 提单的补发

如果提单签发后遗失，托运人提出补发提单，承运人会根据不同情况进行处理。一般是要求提供担保或者保证金，而且还要依照一定的法定程序将提单声明作废。《中华人民共和国海事诉讼特别程序法》第一百条规定：“提单等提货凭证持有人，因提货凭证失控或者灭失，可以向货物所在地海事法院申请公示催告。”

（四）提单的背书

提单是“物权凭证”，不论是记名提单、不记名提单，还是指示提单，在凭提单提货或者换取提货单时，收货人都应在提单上记载提货的意思表示。通常是由收货人在提单的背面盖章、签字。

关于提单转让的规定为：记名提单，不得转让；不记名提单，无须背书，即可转让；指示提单，经过记名背书或者空白背书转让。所以，背书与转让是不相同的。

通常所说的“背书”是指“指示提单”在转让时所需要进行的背书。背书是指转让人（背书人）在提单的背面写明或者不写明受让人，并签名的手续。实践中，背书有记名背书、指示背书和不记名背书等几种方式。

（1）记名背书，也称完全背书，是指背书人在提单背面写明被背书人（受让人）的名称，并由背书人签名的背书形式。经过记名背书的指示提单将成为记名提单性质的指示提单。

（2）指示背书，是指背书人在提单背面写明“凭×××指示”的字样，同时由背书人签名的背书形式。经过指示背书的指示提单还可以继续进行背书，但背书必须连续。

（3）不记名背书，也称空白背书，是指背书人在提单背面由自己签名，但不记载任何受让人的背书形式。经过不记名背书的指示提单将成为不记名提单性质的指示提单。

以下是实践中所会遇到的一些情况：指示提单的收货人一栏通常会记载“TO THE ORDER OF ABC CO., LTD.”或“TO ORDER”字样。前一种情况下，必须由 ABC CO., LTD. 首先背书；而后一种情况下，则是由 SHIPPER 首先背书。因此，ABC CO., LTD. 或 SHIPPER 分别是不同情况下的第一背书人。背书人除履行签名的手续外，还可写明受让人，如：TO DELIVER TO XYZ CO., LTD.，此时 XYZ CO., LTD. 不能继续背书转让该提单；如果写成：TO DELIVER TO THE ORDER OF XYZ-CO., LTD.，则 XYZ CO., LTD. 还可继续背书转让，且应连续背书。当然，背书人也可不写明受让人，此后的转让可不需背书。

（五）提单的缴还

收货人提货时必须以提单为凭，而承运人交付货物时则必须收回提单并在提单上做作废的批注。这是公认的国际惯例，也是国际公约和各国法律的规定。

提单的缴还和注销表明承运人已完成交货义务，运输合同已完成，提单下的债权债务也因而得以解除。但是，提单缴还和注销并不必然表明提单可能代表的物权的终止，因为缴还和注销的提单可能是全套提单中未经授权转让的一份。

提单没有缴还给承运人时，承运人就必须继续承担运输合同和提单下的义务。如果承运人无提单放货，他就必须为此而承担赔偿责任，即使是在实际提货的人原本是有权提货的人时也不例外。

三、提单的操作

（一）海运提单的操作流程

下面以信用证方式结汇的 CIF 买卖合同为例介绍提单的操作流程。

（1）买卖双方订立以 CIF 条件、信用证付款的贸易合同。

（2）卖方根据贸易合同规定的交货时间、交货地点租定舱位，与承运人订立运输合同。

（3）卖方在运输合同约定的时间、地点将货物交付承运人。货物装船后由大副签发大副收据（收货单），托运人凭大副收据向承运人换取已装船提单。

（4）卖方持提单及信用证规定的其他单据到议付行交单议付货款，议付行再凭转让来的提单等单据向开证行要求付款，开证行在确认所有单证满足信用证有关要求后支付货款并取得提单及其他相关单据。

（5）开证行要求买方付款赎单，买方支付货款后取得提单及其他相关单据。

（6）货物由承运人运抵目的港，承运人或其代理人发出到货通知。

（7）买方凭所持有的正本提单按承运人的指示在指定时间、地点提取货物。正本提单由承运人收回。

（二）货代提单的操作流程

货代提单（HOUSE BILL OF LADING——HBL）是相对于船东提单（MASTER BILL OF LADING —— MBL）而言的。两者的区别是：HBL 是货代签发的提单，不能依此来提货；而 MBL 是船东签发的提单，可以依此来提货。

我们仍以信用证方式结汇的 CIF 买卖合同为例介绍货代提单的操作流程。

（1）买卖双方订立以 CIF 条件、信用证付款的贸易合同。

（2）托运人（SHIPPER）根据贸易合同规定的交货时间、交货地点办理运输事宜，与货运代理人（FORWARDER）订立货运代理合同。

（3）FORWARDER 向船公司（CARRIER ）定舱，货物装船后。船公司签发 MBL 给 FORWARDER。MBL 的 SHIPPER 是起运港的 FORWARDER，CNEE 一般是 FORWARDER 目的港的分公司或代理。

（4）FOWARDER 签 HBL 给 SHIPPER。HBL 的 SHIPPER 是真正的货主。

（5）CARRIER 在船开后将货物运达目的港。

（6）FORWARDER 将 MBL 通过 DHL/UPS/TNT 等寄往目的港分公司。

（7）SHIPPER 拿到提单后，在交单期之内向国内议付行交单，结汇。

（8）议付行把全套单据向开证行结汇。

（9）CNEE 向开证行付款赎单。

（10）FORWARDER 拿着 MBL 向船公司换单提货，清关。

（11）CNEE 拿着 HBL 向 FORWARDER 提货。这是国际货运代理一般做法。

（三）美线提单的简要操作

（1）美线提单专指到美国航线的提单。美线提单必须在 FMC（FEDERAL MARITIME COMMISSION）“国际海事联邦委员会”备案后才能使用，故美线提单不是所有货代的提单均可用；如外代公司抬头的提单是有在 FMC 备案的，才能使用。

（2）美线提单一般是使用货代单，因为货代报价约比船公司直接报出的美线运价会更低，通常货代不能赚取差价，而只能赚取定舱佣金（NVOCC 才可以赚取差价以及定舱佣金），这也是其生存的原因之一。

（3）货代单的流程是：SHIPPER 拿着 B/L——交结汇银行——开信用证银行——收货人——货物代理，代理将 Master B/L 给到收货人提货（收货人当在货到前一周就做好清关手续及交目的港产生的费用及换单费）。

（4）值得注意的是，要让 SHIPPER 只寄收货人一套三正三副提单的二正一副或二副则可，留一份正本备丢失时使用，因为在整个流程中银行需要一份正本，代理需要一份正本，其他均是多余，将自动作废；而一旦整套丢失，后果将是可怕的，必须要报关金额的150%在银行押13个月并连续登报三天，然后船东或货代才可以再出一份新的B/L给SHIPPER。

（5）提单的有效期是12个月，一正本背书提货后其他自动作废；副本几乎无作用。

（6）对记名提单与TO ORDER提单也要分清楚，TO ORDER提单是谁都可以去提货的；提单的倒签、顺签、预借，对于美线基本是不能操作的。但如发生需更改提单日的情况，可以让收货人修改信用证期限；或是让收、发货人均出正本保函进行担保。

（7）在美国的背书非常简单，只要收货人在正本提单背后画个符号即可。

（8）提单还必须特别注意不能显示“CLEAN ON BOARD”，因为提单若没有不清洁批注的话，则表明此提单已是清洁提单了，无必要再签注“CLEAN ON BOARD”。如签注则表明提单出单人很清楚其内面所装的货物，如果混有白粉或走私品等，虽然有“SAID TO THE SHIPPER LOAD & COUNT & SEAL”，提单签单者也需要负责。

（9）美线提单不建议使用“ALL IN OCEAN FREIGHT”的写法，因为此“ALL IN”是包含了O/F、ORC、DDC、BAF、DOC、H/C、LOCAL CHARGE中那部分，非常含糊。

（10）美国的地名很多重复，不同的州相同的名字很多，如“华盛顿”，相同的地名就不下10个，因此应当写清楚州名，否则要多花几倍的运费。尤其是中转港，如在船公司提单中不明确，不仅花费巨大，而且时间还长；拖车的卸车时间一般是2小时内免费，超过则按时计费。

第三节　有关国际货物运输的国际公约

提单在国际贸易中用作转移货物的媒介，它的背面载明了承运人和托运人以及提单持有人之间的权利和义务，由于各国的法律不同，其具体内容也不尽相同。在19世纪中叶，船公司所签发的提单列举大量免责事项，形成了“除了收取费用，对所承运的货物几乎不负任何责任”的状况，引起了代表货方利益的商界的不满。1893年，美国国会通过哈特法，规定了承运人承担的最低责任，把承运人的过失分为管货过失和管船过失，在有2种过失的情况下，提单中免责条款无效。

为了统一海上运输中承运人和托运人以及提单持有人的权利和义务，1921年国际法协会在海牙召开会议制定海牙规则。1924年，布鲁塞尔会议上对其作了一些修改，正式定名为《关于统一提单的若干法律规则的国际公约》，通称为《1924年海牙规则》，1931年生效，目前有87个成员国。海牙规则依然侧重保护船方利益。

1968年在布鲁塞尔制定了《修订统一提单法规国际公约的议定书》，简称《维斯比规则》，其对海牙规则作了小的修改。该议定书影响不大。由于发展中国家的斗争和要求，1978 年联合国贸易会议主持制定了《汉堡规则》，全称为《联合国海上货物运输公约》。该公约在有 20 个国家批准后一年届满的次月第一日起生效。目前已有 20 个缔约国，1991 年 11 月 1 日生效。

一、海牙规则（The Hague Rules）

《海牙规则》的全称是《统一有关提单的若干法律规则的国际公约》（International Convention for the unification of Certain Rules Relating to Bill of Lading）。该公约是 1924 年 8 月 25 日在布鲁塞尔由 26 国代表签字通过的，于 1931 年 6 月正式生效。由于公约草案是 1921 年在海牙通过的，因此就简称为《海牙规则》。我国于 1981 年承认该公约，我国船公司的提单均参照该公约规则制订。

《海牙规则》的主要内容包括：

（1）公约的适用范围及货物的含义。公约明确规定，它适用于在任何缔约国所签发的提单。公约所指“货物”包括货物、制品、商品和任何种类的物件，但活动物和装载于甲板上的货物不属“货物”范围。

（2）承运人的责任期限。公约将承运人的责任期限限定为自货物装上船时起至卸下船时止的一段期间，即采用“钩至钩”原则。

（3）承运人的责任。主要是使船舶处于适航状态，适当和谨慎地装载、搬运、配载、运送、保管、照料和卸载所运货物。

（4）承运人免责范围。该公约规定承运人对由 17 种原因造成的货物损失或延迟交货，可以免除责任。不仅海难、天灾、战争、货物内在缺陷以及由于托运人的疏忽而造成的货物损失可以免责，而且由于船长、船员、引水员或承运人的雇员在航行或管理船舶的行为、疏忽或不履行义务所造成的损失也可不负责任。

（5）承运人的责任限额。公约规定，承运人对每件或每单位货物的灭失或赔偿金额不超过 100 英镑或相当于 100 英镑的其他货币。

（6）诉讼时效。公约规定的诉讼时效为从货物交付之日或应交付之日起一年。

二、维斯比规则（The Visby Rules）

《维斯比规则》全称为《修改海牙规则的议定书》（Protocol to amend the International Convention for the Unification of Certain Rules relating to Bill of Lading signed at Brussels on 25 August. 1924），也称为《1968 年布鲁塞尔议定书》（The 1968 Brussel-sProtoco1）。因该规则的准备工作是在维斯比完成的，因而简称为《维斯比规则》。它于 1977 年 6 月 23 日起生效。

《维斯比规则》与《海牙规则》的内容基本相同。只是对《海牙规则》作了以下修改和补充：

（1）扩大了规则的适用范围。该规则既适用于《海牙规则》适用的任何缔约国所签发的提单，也适用于从一个缔约国起运的提单，同时还适用于受该规则约束的任何提单。

（2）提高了承运人的责任限额。承运人的责任限额由《海牙规则》的每件或每计费单位的100英镑改为10 000金法朗，或按毛重每千克30金法朗计算，以两者中较高的为准。

（3）增加了“集装箱准则”条款。规定如果在提单上载明装在集装箱和托盘中的件数或单位数，就以提单上所载的件数或单位数计算赔偿责任的限制数额。如果提单未载明具体数量，则把一个集装箱或一个托盘视作一个单位。

三、汉堡规则（Hamburg Rules）

《汉堡规则》的全称是《1978年联合国海上货物运输公约》（United Nations Convention on the Carriage Of Goods by Sea，1978）。该规则是1978年在汉堡通过的，已于1991年11月1日起生效。

《汉堡规则》的主要内容有：

（1）公约适用范围及货物的含义。该公约适用于在任何缔约国签发的提单，或装卸港在缔约国内的提单，或受该公约约束的任何提单。该公约所指“货物”既包括《海牙规则》所列范围，也包括活动物和甲板货。

（2）承运人的责任期限。公约规定承运人的责任期限是从接受货物时起到交付货物时止。

（3）承运人的责任。公约摒弃了关于承运人的免责事项，规定承运人不仅对于管理货物疏忽而致货物灭失、损坏或延迟交货所造成的损失负赔偿责任，而且对于管理和驾驶船舶的过失而造成的损失也应负责。

（4）承运人的责任限额。规定承运人对货物灭失或损坏造成的损失所负的赔偿责任，以灭失或损坏的货物每单位835特别提款权或毛重每千克2.5特别提款权为限，两者中以较高者为准。

（5）诉讼时效。公约规定诉讼时效为两年，即自承运人交付货物之日或应该交付货物最后之日起两年。

四、有关提单的国际公约比较

以上管辖提单的三大国际公约有如下区别：

1. 适用范围

《海牙规则》适用于在任何缔约国签发的一切提单；《汉堡规则》在此基础上扩大其适用范围，规定：

①装货港在一缔约国内；

②预订的卸货港或实际的卸货港在一缔约国内；

③提单或证明海上运输合同的其他单据是在缔约国内签发；

④提单或证明海上运输合同的其他单据规定，公约的各项规定或使其生效的国内立法，约束该提单；

⑤依租船合同签发的提单，如果该提单约束承运人和非承租人的提单持有人之间的关系。

2. 承运人责任起讫

从《海牙规则》规定的从货物装上船时起至卸下船时止，货物处于承运人掌管之下的全部期间扩展为承运人在装货港接管货物时起至卸货港货交收货人为止货物在承运人掌管之下的整个期间。

值得注意的是我国海上运输实践中一直采用《海牙规则》规定的责任起讫时间。新颁布的《海商法》作了新的规定，对集装箱货物和非集装箱货物的运输加以区分，并在承运人承担责任上分别作出规定。

我国《海商法》第四十六条规定："承运人对集装箱装运的货物的责任期间，是指从装货港接收货物时起至卸货港交付货物时止，货物处于承运人掌管之下的全部期间。承运人对非集装箱装运的货物的责任期间，是指从货物装上船时起至卸下船时止，货物处于承运人掌管之下的全部期间。在承运人的责任期间，货物发生灭失或者损坏，除本节另有规定外，承运人应当负赔偿责任。前款规定，不影响承运人就非集装箱装运的货物，在装船前和卸船后所承担的责任，达成任何协议。"

由此可见，按照我国的《海商法》，对于集装箱装运的货物的责任期间，是从装货港接收货物时起至卸货港交付货物时止，货物处于承运人掌管之下的全部期间；对非集装箱装运的货物，其责任期间从货物装上船时起至卸下船时止，货物处于承运人掌管之下的全部期间。对于装船前和卸船后所承担的责任，由双方协议决定之。这样，对非集装箱货物适用《海牙规则》，而对集装箱货物承运人的责任起讫适用《汉堡规则》。

3. 赔偿责任

《汉堡规则》把《海牙规则》中承运人的不完全过失责任改为承运人的推定完全过失责任制。即除非承运人证明他本人及代理人和所雇佣人员为避免事故的发生及其后果已采取了一切合理要求的措施，否则，承运人对在其掌管期间因货物灭失、损坏及延迟交货所造成的损失负赔偿责任。

4. 货物

《海牙规则》中货物的概念不包括舱面货物和集装箱装运的货物及活动物。《汉堡规则》规定，承运人只有与托运人达成协议或符合特定的贸易习惯或为法规或条例要求时，才能在舱面载运货物，否则要对舱面货物发生的损失负赔偿责任。对于活动物，只要承运人证明是按托运人对该动物作出的指示办事，则对动物的灭失、损坏或延迟交货造成的损失视为运输固有的特殊风险而不承担责任。我国《海商法》中也规定了与之相类似的内容。

5. 赔偿金额

《汉堡规则》将《海牙规则》和《维斯比规则》的规定提高到每件或其他装运单位835计算单位或相当于毛重每千克2.5计算单位的金额，以较高者为准。所谓计算单位是指国际货币基金组织规定的特别提款权。对于延迟交货，承运人的赔偿责任以相当于该延迟交付货物应付运费的2.5倍为限，但不得超过海上运输合同中规定的应付运费金额。

6. 保函

《汉堡规则》将保函合法化，规定托运人为取得清洁提单向承运人出具承担赔偿责任的保函在托运人和承运人之间有效，但对提单受让人包括任何收货人在内的任何第三方无效。在发生欺诈的情况下（无论是托运人或者承运人），承运人承担赔偿责任，且不能享受公约规定的责任限制的权利。

7. 索赔与诉讼时效

《汉堡规则》将《海牙规则》和《维斯比规则》规定的1年时效改为2年，经接到索赔要求人（通常为收货人）的声明可以多次延长。

收货人应在收到货物次日，将损失书面通知承运人。如货物损失属非显而易见的，则在收货后连续15日内（《海牙规则》规定3天内、我国《海商法》规定7天内），集装箱在运输交付货物次日起15天内，延迟交货应在收货后连续60天内将书面通知送交承运人，否则，收货人丧失索赔权利。

8. 管辖权

对此，《海牙规则》和《维期比规则》均未作规定。《汉堡规则》规定，原告就货物运输的法律程序，可就法院地作下列选择：

① 被告主营业所所在地或惯常居所所在地；

② 合同订立地，且合同是通过被告“在该地的营业所、分支机构或代理机构订立的；

③ 装货港或卸货港；

④ 海上运输合同中指定的其他地点。

五、鹿特丹规则

2008年12月11日，在纽约举行的联合国大会上，《联合国全程或部分海上国际货物运输合同公约》正式得到通过，并且大会决定在2009年9月23日于荷兰鹿特丹举行签字仪式，开放供成员国签署，因而该公约又被命名为《鹿特丹规则》，但目前尚未生效。

从内容上看，《鹿特丹规则》是当前国际海上货物运输规则之集大成者，不仅涉及包括海运在内的多式联运、在船货两方的权利义务之间寻求新的平衡点，而且还引入了如电子运输单据、批量合同、控制权等新的内容，此外公约还特别增设了管辖权和仲裁的内容。从公约条文数量上看，公约共有96条，实质性条文为88条，是《海牙规则》的9倍，《汉堡规则》的3.5倍。因此，该公约被称为一部“教科书”式的国际公约。

联合国贸法会制定该公约的目的主要是取代现行的三个国际海上货物运输公约——1924年《海牙规则》、1968年《海牙—维斯比规则》和1978年《汉堡规则》，以实现海上货物运输和包括海运区段的国际货物多式联运法律制度的国际统一。

《鹿特丹规则》与现在国际上普遍采用的《海牙规则》、《海牙—维斯比规则》以及我国的《海商法》相比较，大大加重了承运人的责任。

1. 承运人责任期间的变化

《鹿特丹规则》规定承运人责任期间是“收货—交货”，并且不限定接收货物和交付货物的地点。因此，该规则适用于承运人在船边交接货物、港口交接货物、港外交接货物或者“门到门”运输。与《海牙规则》、《海牙—维斯比规则》、我国《海商法》规定的“装货—卸货”和《汉堡规则》规定的“装港—卸港”相比，《鹿特丹规则》扩大了承运人的责任期间。这一承运人责任期间的扩大，一方面将有利于航运业务尤其是国际货物多式联运业务的开展，但同时在一定程度上将增加承运人的责任。

2. 承运人责任基础与免责的变化

承运人责任基础的规定，在海上货物运输法律中始终处于核心地位，是船货双方最为关注的条款。与现存法律制度比较，《鹿特丹规则》主要有以下变化：

（1）采用承运人完全过错责任，高于我国《海商法》和《海牙规则》、《海牙—维斯比规则》的不完全过错责任，与《汉堡规则》采用的承运人责任原则相同。

（2）废除了承运人“航海过失”免责和“火灾过失”免责。而《海牙规则》、《海牙—维斯比规则》及我国《海商法》规定承运人对由于船长、船员、引航员或者承运人的其他受雇人在驾驶船舶或者管理船舶中的过失（“航海过失”）和火灾中的过失（“火灾过失”）而导致的货物灭失、损坏或迟延交付免责。

（3）承运人谨慎处理使船舶适航的义务扩展至整个航次期间；而我国《海商法》和《海牙规则》、《海牙—维斯比规则》要求的承运人对船舶的适航义务仅限于在船舶开航前和开航当时。

《鹿特丹规则》使承运人对货物的灭失、损坏可以免责的情形大大减少，甚至承运人几乎没有免责的机会，并延长了承运人对船舶适航义务的期间，从而将大大加重承运人的责任，并对航运及海上保险产生如下影响：

（1）取消航海过失免责。实务中承运人由于很难证明何种货损是由于航海过失造成的，何种货损是由于海上意外风险造成的，所以承运人几乎没有免责的机会。

（2）承运人责任基础的变化势必要对承运人和货物的利害关系人之间划分海运风险做出重要调整，从而将对海上保险业务产生重大影响。

（3）虽然承运人对国际海上货物运输中货物灭失、损坏的赔偿责任由船东互保协会承保，但如果适用《鹿特丹规则》，由于承运人责任的加重，将导致保赔保险的保险费大幅度增加，从而增加船公司经营船舶的成本。

（4）决定运费水平的关键因素是航运市场运力的供求关系，而非承运人承担的责任大小，因此《鹿特丹规则》不会对海运运费水平产生大的影响。但是，船公司因该规则生效而多付的保险费不一定能通过提高运费来获得补偿，从而会增加船公司经营船舶的成本。

（5）保赔协会为了规避过大的责任风险，将不会承保船龄大、技术状况差的船舶或者由管理水平不高的公司管理的船舶，而这势必会给这些船舶及公司的生存带来重大影响。

3. 承运人赔偿责任限制提高

《鹿特丹规则》使承运人赔偿责任限制大大提高。

（1）《鹿特丹规则》规定承运人对货物的灭失或损坏的赔偿限额为每件或者每一其他货运单位875个特别提款权，比《海商法》和《海牙—维斯比规则》666.67特别提款权提高31%，比《汉堡规则》835特别提款权提高5%；或货物毛重每千克赔偿3个特别提款权，比我国《海商法》和《海牙—维斯比规则》规定的2个特别提款权提高了50%，比《汉堡规则》2.5个特别提款权提高了20%。

（2）与以往三大公约及我国《海商法》不同，《鹿特丹规则》对承运人赔偿责任的规定并不限于货物灭失或者损坏的情形，也适用于除迟延交付之外的其他情形。

（3）《鹿特丹规则》对承运人丧失责任限制的情形，与现行公约和我国《海商法》相比没有变化。即：经证明，货物的灭失、损坏或者迟延交付是由于承运人的故意或者明知可能造成损失而轻率地作为或者不作为造成的，承运人不得援用限制赔偿责任的规定。

《鹿特丹规则》规定承运人赔偿责任限制适用于违反该公约规定的承运人义务所应负赔偿责任的所有情况（迟延交付除外），使承运人可以适用责任限制的范围有所扩大。但规则使承运人对于货物的灭失或者损坏能够援引责任限制的机会极少，在绝大多数情况下需全部赔偿，从而使传统的国际海上货物运输法律赋予承运人的赔偿责任限制权利几乎不再发挥作用，会大大加重承运人责任。

4. 货物索赔举证责任的变化

货物索赔的举证责任，是指发生货物灭失、损坏或者迟延交付后，提供证据证明其原因以及责任或免责的责任，《海牙—维斯比规则》和我国《海商法》对此规定不够明确，《汉堡规则》采用了推定承运人有过错的原则。《鹿特丹规则》对船货双方的举证责任分担作了分层次的详细规定，在举证的顺序和内容上构建了“三个推定”的立法框架：①如推定承运人有过失，承运人需举证无过失；②如承运人举证免责事项所致，则推定其无过失；③如船舶不适航，则推定承运人有过失，而承运人需举证因果关系（不适航原因）或者已谨慎处理（而未能避免）。

《鹿特丹规则》规定的举证责任分配，与《海牙规则》、《海牙—维斯比规则》、《汉堡规则》和我国《海商法》相比较，以承运人推定过失为基础，明确了船货双方各自的举证内容与顺序，举证责任分配体系层次分明，具有较好的可操作性，比《汉堡规则》对承运人有利。但该规则加重了承运人的举证责任，排除了承运人利用举证责任规定不明确可能具有的抗辩利益。

5. 货物迟延交付的规定

《海牙规则》和《海牙—维斯比规则》没有明确规定迟延交付以及承运人的赔偿责任。《鹿特丹规则》规定，“未在约定时间内在运输合同规定的目的地交付货物，为迟延交付。”这与我国《海商法》的相关规定基本相同，没有像《汉堡规则》采用的“合理时间”标准。而《鹿特丹规则》规定的货物迟延交付责任限额为2.5倍运费，这与《汉堡规则》的规定相似。

《鹿特丹规则》对货物迟延交付的规定具有可操作性的优点，比《汉堡规则》对承运人有利。因为如果采用“合理时间”标准，对于何为承运人应当将货物运抵目的港的合理时间，很容易产生争议，并且不同的法院可能对该用语作广义解释，造成法律适用的不确定性，从而有损国际立法的统一性目标。

《鹿特丹规则》与我国《海商法》及现在国际上普遍采用的《海牙规则》、《海牙—维斯比规则》相比较，对承运人责任制度的规定有很大的变化，扩大了承运人责任期间，改变了承运人的责任基础，取消了传统的承运人免责事项，提高了承运人责任限额，如果该规则生效，将大大加重承运人的责任，可以预见其对航运业及保险业将会带来重大影响，尤其是对一些经营船龄较大、管理水平不高的中小航运企业带来的冲击。

虽然国际社会对《鹿特丹规则》的前景，即是否能够生效，主要航运和贸易国家是否能够批准加入，是否能够在国际上发挥重要作用存在不同看法，但毋庸置疑的是，《鹿特丹规则》必将引发国际海上货物运输立法的一场革命。该公约一旦生效，将会对船东、港口营运商、货主等各个国际海上货物运输相关方带来重大影响；也将会对船舶和货物保险、共同海损制度等带来影响。该公约即使未能生效，因其代表最新的国际立法趋势，其有关规定也将通过渗透进国内法等途径，对国际海上货物运输产生一定的影响。

第四节 电子提单与海运单

一、电子提单

（一）定义

电子提单不同于传统提单，它是无纸单证，即按照一定规则组合而成的电子数据。各有关当事人凭密码通过 EDI 进行电子提单相关数据的流转，既解决了因传统提单晚于船舶到达目的港，不便于收货人提取货物的问题，又具有一定的交易安全性，因而有着广阔的应用前景。INCOTERMS 1990、INCOTERMS 2000、INCOTERMS 2010 和 UCP600 明确允许使用电子提单。1990 年在国际海事委员会第 34 届大会上通过了《国际海事委员会电子提单规则》。该规则可以由当事人协议适用。联合国国际贸易法委员会也通过了《1996 年联合国国际贸易法委员会电子商务示范法》。1997 年，我国交通部颁布了《国际海上集装箱运输电子数据管理办法》，为我国有关电子提单的使用和管理提供了相关依据。

（二）电子提单的适用

（1）电子提单的法律适用。电子提单规则规定，强制调整传统提单的国际公约或国内法同样适用于电子提单。

（2）电子提单的书面形式。根据电子提单规则的规定，应当将在电脑存储器中存储的，可以以人类语言在电脑屏幕上显示，或者由电脑打印出来的电子数据视为书面形式。

（3）运输合同的条款和条件。使用电子提单时，只需将特定的运输合同条款和条件转化为电子数据进行传输。

（4）密码。各持有人持有不同的密码，该密码不得转让。各个持有人和承运人应当各自保持密码的安全性。

（5）交付货物。承运人应将货物的预期交付地点和日期通知给有关的密码持有人，由密码持有人指定收货人。

（6）要求签发书面提单的选择。根据电子提单规则的规定，在交货前的任何时候，密码持有人有权选择向承运人索取书面提单，承运人也有权选择向持有人签发书面提单。

二、海运单

（一）海运单的含义

海运单就是承运人直接签发给托运人或其代理的表明已收到货物的单证。

有的海运单没有背面条款，仅在海运单的正面或者背面载明参照何运输条件或者某种提单或其他文件中的规定。

海运单不能背书转让，收货人无须凭海运单，只需出示适当的身份证明，就可以提取货物。因此海运单迟延到达、灭失、失窃等均不影响收货人提货，这样可以有效地防止海运欺诈、错误交货的发生。海运单在无转卖货物意图的贸易运输中焕发了勃勃生机。1990 年在国际海事委员会第 34 届大会上通过了《国际海事委员会海运单统一规则》，供当事人选择适用。

海运单仅涉及托运人、承运人、收货人三方，程序简单，操作方便，有利于货物的转移。首先，海运单是一种安全凭证，它不具有转让流通性，可避免单据遗失和伪造提单所产生的后果。其次，提货便捷、及时、节省费用，收货人提货无须出示海运单，这既解决了近途海运货到而提单未到的常见问题，又避免了延期提货所产生的滞期费、仓储费等。再次，海运单不是物权凭证，扩大海运单的使用，可以为今后推行 EDI 电子提单提供实践的依据和可能。

（二）海运单与提单的区别和联系

（1）提单是货物收据、运输合同的证明、也是物权凭证，海运单只具有货物收据和运输合同这两种性质，它不是物权凭证。

（2）提单可以是指示抬头形式，可以背书流通转让：海运单是一种非流动性单据，海运单上标明了确定的收货人，不能转让流通。

（3）海运单和提单都可以作成“已装船”（Shipped on board）形式，也可以是“收妥备运”（Received for shipment）形式。海运单的正面各栏目的格式和缮制方法与海运单提单基本相同，只是海运单收货人栏不能做成指示性抬头应缮制确定的具体收货人。

（4）提单的合法持有人和承运人凭提单提货和交货，海运单上的收货人并不出示海运单，仅凭提货通知或其身份证明提货，承运人凭收货人出示适当身份证明交付货物。

（5）提单有全式和简式提单之分，而海运单是简式单证，背面不列详细货运条款但载有一条可援用海运提单背面内容的条款。

（6）海运单和记名提单（Straight B/L），虽然都具有收货人，不作背书转让。我国法律对于记名提单还是当作提单来看的。但事实上，记名提单不具备物权凭证的性质。所以，虽然在有些国家收货人提货需要出具记名提单。但在有些国家，比如美国，只要能证明收货人身份也可以提货。如此，记名提单在提货时和海运单无异。但是海运单并不经过银行环节，这一点与记名提单不同。

（三）海运单的作用及适用范围

海运单主要作为承运人接管货物或货物已装船的货物收据，也作为承运人与托运人之间订立海上货物运输合同的证明。一般来说，其适用范围为：

（1）跨国公司的总分公司或相关的子公司间的业务往来。

（2）在赊销或双方以买方付款作为转移货物所有权的前提条件，提单已失去其使用意义。

（3）往来已久、充分信任、关系密切的伙伴贸易间的业务。

（4）在短途海运的情况下，往往是货物先到而提单未到，宜采用海运单。

海运单在实践中也存在着一些问题，为此，国际海事委员会制订并通过了《海运单统一规则》。海运单的不足主要体现在以下两方面：

（1）进口方作为收货人，但他不是运输契约的订约人，与承运人无契约关系，如果出口方发货收款后，向承运人书面提出变更收货人，则原收货人无诉讼权。

《海运单统一规则》第三条规定:“托运人订立运输合同,不仅代表自己,同时也代表收货人,并且向承运人保证他有此权限”。同时,第六条规定:“托运人具有将支配权转让给收货人的选择权,但应在承运人收取货物之前行使,这一选择权的行使,应在海运单或类似的文件上注明。”此规定既明确了收货人与承运人之间也具有法律契约关系,也终止了托运人在原收货人提货前变更收货人的权利。

(2)对出口托运人来说,海运单据项下的货物往往是货到而单未到,进口方已先行提货,如果进口收货人借故拒付、拖付货款,出口方就会有货、款两失的危险。为避免此类情况,可以考虑以银行作为收货人,使货权掌握在银行手中,直到进口方付清货款。

(四)海运单的相关法律问题

有关海运单的法律问题主要有:

1. 海运单的法律适用

海运单是海上货物运输合同的证明,因而调整海上货物运输合同的汉堡规则和有关国内法适用于海运单。然而,调整提单法律问题的海牙规则、海牙—维斯比规则能否适用于海运单,目前观点不一。

2. 收货人的法律地位

海运单规则规定了代理原则,规定托运人不仅为其自身利益,同时也作为收货人的代理人,为收货人的利益订立运输合同。因而收货人被视为海运单所证明的运输合同的当事人,可以依据海运单向承运人主张权利并承担义务。

3. 货物支配权

在使用海运单的情况下,托运人有权在承运人向收货人交付货物之前的任何时候书面变更收货人,实现对货物的支配。

思考题

1. 简述提单的性质和作用。
2. 简述提单的种类及其对结汇的影响。
3. 提单正面的内容有哪些?其制作要求如何?
4. 提单的背面通常有哪些条款?
5. 海运提单的操作流程是怎样的?
6. 简述提单签发日期的规定与实际操作中存在的问题。
7. 什么是货代单?其操作是怎样的?
8. 简述比较提单三大国际公约。
9. 电子提单的适用范围如何?
10. 海运单与提单的区别与联系是怎样的?

第三章　国际集装箱运输与国际多式联运

第一节　集装箱运输

集装箱运输（Container Transport；Container freight transport），是指以集装箱这种大型容器为载体，将货物集合组装成集装单元，以便在现代流通领域内运用大型装卸机械和大型载运车辆进行装卸、搬运作业和完成运输任务，从而更好地实现货物“门到门”运输的一种新型、高效率和高效益的运输方式。

一、集装箱运输

（一）集装箱的含义

集装箱具有下述的条件：

（1）能长期反复使用，具有足够的强度和刚度；

（2）有装卸、搬运的装置，便于进行机械装卸；

（3）能方便地在各种运输工具之间直接换装、固定，不翻动箱内的货物；

（4）便于货物满装和卸空；

（5）容积不小于1立方米。

（二）集装箱尺寸定义及四大标准

1. 尺寸定义

集装箱内尺寸（container's internal dimensions）是指集装箱内部的最大长、宽、高尺寸。高度为箱底板面至箱顶板最下面的距离，宽度为两内侧衬板之间的距离，长度为箱门内侧板量至端壁内衬板之间的距离。它决定集装箱内容积和箱内货物的最大尺寸。如：

外尺寸为 20 英尺×8 英尺×8 英尺 6 寸，简称 20 尺货柜；40 英尺×8 英尺×8 英尺 6 寸，简称 40 尺货柜；及近年较多使用的 40 英尺×8 英尺×9 英尺 6 寸，简称 40 尺高柜。

20 尺柜（20′GP：20 feet general purpose）：内容积为 5. 89 米×2. 33 米×2. 38 米，装箱限重 22 吨，实际装货体积为 28 立方米左右；

40 尺柜（40′GP：40 feet general purpose）：内容积为 12. 02 米×2. 33 米×2. 38 米，装箱限重 26 吨，实际装货体积为 58 立方米左右；

40 尺高柜（40′HQ：40 feet HIGH CUBE）：内容积为 12. 02 米×2. 33 米×2. 69 米，装箱限重 26 吨，实际装货体积为 68 立方米左右。

2. 标准

集装箱标准按使用范围分，有国际标准、国家标准、地区标准和公司标准四种。

（1）国际标准集装箱。

国际标准集装箱是指根据国际标准化组织（ISO）第 104 技术委员会制订的国际标准来建造和使用的国际通用的标准集装箱。

集装箱标准化历经了一个发展过程。国际标准化组织 ISO/TC104 技术委员会自 1961 年成立以来，对集装箱国际标准作过多次补充、增减和修改，现行的国际标准为第 1 系列共 13 种，其宽度均一样（2 438mm）、长度有四种（12 192mm、9 125mm、6 058mm、2 991mm）、高度有四种（2 896mm、2 591mm、2 438mm、2 438mm）。

（2）国家标准集装箱。

各国政府参照国际标准并考虑本国的具体情况，而制订本国的集装箱标准。

我国现行国家标准《集装箱外部尺寸和额定重量》（GB1413-2008）中规定了集装箱各种型号的外部尺寸、极限偏差及额定重量。

（3）地区标准集装箱。

此类集装箱标准，是由地区组织根据该地区的特殊情况制订的，此类集装箱仅适用于该地区。如根据欧洲国际铁路联盟（VIC）所制订的集装箱标准而建造的集装箱。

（4）公司标准集装箱。

某些大型集装箱船公司，根据本公司的具体情况和条件而制订的集装箱船公司标准，这类箱主要在该公司运输范围内使用。如美国海陆公司的 35ft 集装箱。

此外，目前世界还有不少非标准集装箱。如非标准长度集装箱有美国海陆公司的 35ft 集装箱、总统轮船公司的 45ft 及 48ft 集装箱；非标准高度集装箱，主要有 9ft 和 9. 5ft 两种高度集装箱；非标准宽度集装箱有 8. 2ft 宽度集装箱等。由于经济效益的驱动，目前世界上 20ft 集装箱总重达 24ft 集装箱载重量的越来越多，而且普遍受到欢迎。

（三）集装箱运输的发展

集装箱运输虽然是一种现代化的运输方式，但其发展却经历了漫长的过程。集装箱运输的发展可分为以下几个阶段：

1. 初始阶段（19 世纪初～1966 年）

集装箱运输起源于英国。早在 1801 年，英国的詹姆斯·安德森博士已提出将货物装入集装箱进行运输的构想。1845 年英国铁路曾使用载货车厢互相交换的方式，视车厢为集装箱，使集装箱运输的构想得到初步应用。19 世纪中叶，在英国的兰开夏已出现运输棉纱、棉布的一种带活动框架的载货工具，这是集装箱的雏形。

正式使用集装箱来运输货物是在 20 世纪初期。1900 年，在英国铁路上首次试行了集装箱运输，后来相继传到美国（1917 年）、德国（1920 年）、法国（1928 年）及其他欧美国家。

1966 年以前，虽然集装箱运输取得了一定的发展，但在该阶段集装箱运输仅限于欧美一些先进国家，主要从事铁路、公路运输和国内沿海运输；船型以改装的半集装箱船为主，其典型船舶的装载量不过 500TEU（20ft 集装箱换算单位，简称“换算箱”）左右，速度也较慢；箱型主要采用断面为 8ft×8ft，长度分别为 24ft、27ft、35ft 的非标准集装箱，部分使用了长度为 20ft 和 40ft 的标准集装箱；箱的材质开始以钢质为主，到后期铝质箱开始出现；船舶装卸以船用装卸桥为主，只有极少数专用码头上有岸边装卸桥；码头装卸工艺主要采用海陆联运公司开创的底盘车方式，跨运车刚刚出现；集装箱运输的经营方式是仅提供港到港的服务。以上这些特征说明，在 1966 年以前集装箱运输还处于初始阶段，但其优越性已经得以显示，这为以后集装箱运输的大规模发展打下了良好的基础。

2. 发展阶段（1967—1983 年）

自 1966 年至 1983 年，集装箱运输的优越性越来越被人们承认，以海上运输为主导的国际集装箱运输发展迅速，是世界交通运输进入集装箱化时代的关键时期。

1970 年约有 23 万 TEU，1983 年达到 208 万 TEU。集装箱船舶的行踪已遍布全球范围。随着海上集装箱运输的发展，各港纷纷建设专用集装箱泊位，世界集装箱专用泊位到 1983 年已增至 983 个。世界主要港口的集装箱吞吐量在 20 世纪 70 年代的年增长率达到 15%。专用泊位的前沿均装备了装卸桥，并在鹿特丹港的集装箱码头上出现了第二代集装箱装卸桥，每小时可装卸 50TEU。码头堆场上轮胎式龙门起重机、跨运车等机械得到了普遍应用，底盘车工艺则逐渐趋于没落。在此时期，传统的件杂货运输管理方法得到了全面改革，与先进运输方式相适应的管理体系逐步形成，电子计算机也得到了更广泛的应用，尤其是 1980 年 5 月在日内瓦召开了有 84 个贸发会议成员国参加的国际多式联运会议，通过了《联合国国际货物多式联运公约》。该公约对国际货物多式联运的定义、多式联运单证的内容、多式联运经营人的赔偿责任等问题均有所规定。公约虽未生效，但其主要内容已为许多国家所援引和应用。

虽然在 20 世纪 70 年代中期，由于石油危机的影响，集装箱运输发展速度减慢，但是这一阶段发展时期较长，特别是许多新工艺、新机械、新箱型、新船型以及现代化管理，都是在这一阶段涌现出来的。世界集装箱向多式联运方向发展也孕育于此阶段之中，故可称之为集装箱运输的发展阶段。

3. 成熟阶段（1984 年以后）

1984 年以后，世界航运市场摆脱了石油危机所带来的影响，开始走出低谷，集装箱运输又重新走上稳定发展的道路。有资料显示，发达国家件杂货运输的集装箱化程度已超过 80%。据统计，到 1998 年世界上约有各类集装箱船舶 6 800 多艘，总载箱量达 579 万 TEU。集装箱运输已遍及世界上所有的海运国家，随着集装箱运输进入成熟阶段。世界海运货物的集装箱化已成为不可阻挡的发展趋势。

集装箱运输进入成熟阶段的特征主要表现在以下两个方面：

（1）硬件与软件的成套技术趋于完善。

干线全集装箱船向全自动化、大型化发展，出现了 2 500～4 000TEU 的第三代和第四代集装箱船。一些大航运公司纷纷使用大型船舶组织了环球航线。为了适应大型船停泊和装卸作业的需要，港口大型、高速。自动化装卸桥也得到了进一步发展。为了使集装箱从港口向内陆延伸，一些先进国家对内陆集疏运的公路、铁路和中转场站以及车辆、船舶进行了大量的配套建设。在运输管理方面，随着国际法规的日益完善和国际管理的逐步形成，实现了管理方法的科学化，管理手段的现代化。一些先进国家已从原仅限于港区管理发展为与口岸相关各部门联网的综合信息管理，一些大公司已能通过通信卫星在全世界范围内对集装箱实行跟踪管理。先进国家的集装箱运输成套技术为发展多式联运打下了良好的基础。

（2）开始进入多式联运和“门到门”运输阶段。

实现多种运输方式的联合运输是现代交通运输的发展方向，集装箱运输在这方面具有独特优势。先进国家由于建立和完善了集装箱的综合运输系统，使集装箱运输突破了传统运输方式的“港到港”概念，综合利用各种运输方式的优点，为货主提供“门到门”的优质运输服务，从而使集装箱运输的优势得到充分发挥。“门到门”运输是一项复杂的国际性综合运输系统工程，先进国家为了发展集装箱运输，将此作为专门学科，培养了大批集装箱运输高级管理人员、业务人员及操作人员，使集装箱运输在理论和实务方面都得到逐步完善。

二、集装箱运输的特点

集装箱运输具有以下优点及缺点：

（一）集装箱运输的优点

（1）保证货物运输安全。集装箱运输大大减少了传统运输方式中人力装卸、搬运的次数，这就可以避免人为和自然因素造成的货物破损、湿损、丢失等货运事故，减少经济损失。

（2）节省货物包装材料。使用集装箱运输，可以简化或不用运输包装，节省包装材料和费用，降低商品的成本。

（3）简化货运作业手续。货物采用集装箱运输后，以箱作为货物的运输单元，减少了繁杂的作业环节，简化了货运作业手续。

（4）提高装卸作业效率。由于集装箱的装卸作业适于机械化，其装卸作业效率得到了大幅度的提高。同时，大大缩短了集装箱的站（港）的停留时间，加速了车船的周转和货物的送达。

（5）减少运营费用，降低运输成本。货损、货差大为减少，货物保险费也随之下降；开展“门到门”运输业务后，可大量节省仓库的建造费用和仓库作业费用等。

（6）便于自动化管理。集装箱是一种规格化货物运输单元，这就为自动化管理创造了便利条件。

（二）集装箱运输的缺点

1. 集装箱运输需要大量的初始投资

开展集装箱运输需要一系列新的设施与设备，这都需要有大量资金投入。如港口，需要投资装备集装箱桥吊、跨运车、轮胎式龙门吊等机械，需要专门铺设集装箱场地；铁路运输需要投资集装箱车皮，能装卸集装箱的办理站；公路运输需投资集装箱卡车，能处理集装箱的公路中转站等。而且各种运输方式的投资还必须配套，集装箱运输是一种多式联运，只在一种运输方式上配备了必要的设备，还是无法形成完整的运输能力，这就需要非常大的初始投资。

2. 建立新的管理体制、形成新的管理人员队伍

集装箱运输在信息管理、箱务管理、堆场管理、装卸运输管理、机械设备管理、单证报表管理等方面有全新的理念和方法，必须形成新的管理体制，建立新的管理理念，形成新的管理队伍。这些目标都不是一蹴而就的，需要有相当时间的积累。

3. 增加了一些潜在的不安全因素

第一，全集装箱船常有三分之一（有时高达二分之一）的集装箱装在甲板上，这样就提高了船舶的重心，降低了稳定性。同时甲板上的堆箱，会影响驾驶台的视线，还影响消防通道的畅通。

第二，全集装箱船为使箱子入舱，其舱口必须大于普通货轮，这使得集装箱船与普通货船相比，在抗纵向变形的能力方面减弱许多。

第三，货物装箱铅封后，在途中无法知道箱内货物的状态。如果在装箱时处置不妥，用集装箱运输方式，途中就没有任何纠正的机会，由此可能导致发生比杂货运输方式更严重的货损。

三、集装箱运输的主要关系方及其责任划分

集装箱运输的管理方法和工作体系与传统运输方式不同，其主要的关系方有集装箱运输经营人、无船承运人（NVOCC）、实际承运人、集装箱租赁公司、集装箱专用码头（堆场）和货运站。

（一）主要关系方

无船承运人：他们专门经营集装货运的揽货、装箱、拆箱、内陆运输及经营中转站或内陆站业务，可以具备实际运输工具，也可不具备。

实际承运人：掌握运输工具、并参与集装箱运输的承运人。通常他们拥有大量的集装箱，利于集装箱的周转、调拨、管理以及集装箱与车船机的衔接。

集装箱租赁公司：专门经营集装箱出租业务。集装箱租赁对象主要是一些较小的运输公司、无船承运人以及少数货主。这类公司业务包括出租、回收、存放、保管以及维修等。

集装箱堆场：指办理集装箱重箱或空箱装卸、转运、保管、交接的场所。

集装箱货运站：是处理拼箱货的场所，它办理拼箱货的交接、配箱积载后，将箱子送往堆场，并接受堆场交来的进口货箱、进行拆箱、理货、保管，最后拨交给各收货人。同时也可按承运人的委托进行铅封和签发场站收据等业务。

（二）集装箱托运人及承运人的责任

托运人在集装箱运输中应有的责任是不完全同于传统海运方面的。拼箱货托运人的责任与传统海运相同。整箱货托运人的责任不同于传统运输，主要必须在：

（1）应保证所报货运资料的正确和完整；

（2）承运人有权核对箱内所装货物，因核对而发生的费用，由托运人承担；

（3）海关或其他权力机关开箱检查，其费用和由此发生的货损货差，由托运人承担；

（4）如集装箱货不满，或是垫衬不良、积载不当，或是装了不适于集装箱运输的货物，因此而引起的货损、货差，概由托运人负责；

（5）如使用了托运人自有的不适航的集装箱，所引起的货损事故应由托运人负责，若使用承运人集装箱及设备，其间造成了第三者财产或生命的损害，应由托运人负责赔偿。

责任限制（Limits of Liability）是集装箱运输中发生货损货差，承运人应承担的最高赔偿额。拼箱货的责任限制与传统运输相同。整箱货的赔偿参照国际上的一些判例：如果提单上没有列明箱内所装货物的件数，每箱作为一个理赔计算单位；如提单上列明箱内载货件数的，仍按件数计算；如果货物的损坏和灭失不属海运过程，而是在内陆运输中发生的，则按陆上运输最高赔偿额办理；如集装箱是由托运人所有或提供的，遇有灭失或损坏，且其责任确属承运人应承担者，亦应视作一个理赔

计算单位。

四、集装箱运输的分类

集装箱运输分为整箱货物运输和拼箱货物运输两大类。

（1）整箱货物运输。接取送达作业是以“箱”为单位的，其装箱与拆箱作业由货主负责自理，货主自行施封，铅封上注明发货人、发货点及施封日期等，并在箱门把手上拴挂货物标记，标记应注明起讫地点、发收货人等内容。集装箱运输过程中，凭铅封进行交接。

（2）拼箱货物运输。接取作业仍以普通货物形态完成，拼箱货物的装箱与拆箱作业应在集装箱货运站内完成。

第二节　集装箱运输实务

一、集装箱运输的组织

（一）货源组织

1. 集装箱货源

集装箱的适箱货源，根据国家《关于发展我国集装箱运输若干问题的规定》中规定的适箱货为12个品类，即交电、仪器、小型机械玻璃陶瓷、工艺品；印刷品及纸张、医药、烟酒食品、日用品，化工品、针纺织品和小五金等杂货、贵重、易碎、怕湿的货物均属于集装箱运输货物、集装箱货源从运输组织上分为整箱货和拼箱货两类。整箱货是指发货人需单独使用一个集装箱的货物，整箱货是由发货人负责装箱、计数并施封。拼箱货是指两个以上发货人货物拼装在 个集装箱内的货物，拼箱货的装卸作业由承运人或有关运输代理部门负责。

2. 日常货源组织工作

做好日常货源的组织工作，对于组织合理运输，充分利用现有设备能力；有着十分重要的意义。日常货源组织对于货物的品种、数量、流向、时间上都有着一定的要求。对于不同品种的货物要详细了解其尺寸、外形、重量和需要的集装箱类型及数量等；在流向上要提出货物到站、港，以便组织拼装货；在时间上按照运输作业的需要进行货源的组织工作。日常资源组织工作是一项十分重要又十分细致的工作，要产、运、销共同配合完成。

（二）运输工作组织

集装箱运输组织作业可以分为发送作业、中转作业和交付作业三部分，以铁路集装箱运输组织工作为例：

1. 发送作业

发送作业是指在发站装运之前各项货运作业，包括集装箱承运前的组织工作和承运后至装运前的作业。具体包括货主要明确使用集装箱运输的条件及有关规定，如必须在指定的集装箱办理站，按：站内规定承运日期办理：办理站受理、审核、装箱等。

2. 中转作业

集装箱运输除了由发站至到站的形式外，还有一部分集装箱还要经过中转才能至到站。中转站的任务是负责将到达中转站的集装箱迅速按去向、到站重新配装继续发往到站。

3. 交付作业

交付作业是指装运集装箱的货车到货场后需要办理的卸车和向货主办理交付手续等工作，具体包括卸车作业、交付作业，铁路货运员根据车站的卸车计划及时安排货位、核对运单、货票、装载清单与集装箱箱号、印封号是否一致、需要逐箱检查，卸车；完毕后填写到达记录；最后，由货运室通知发货人。门到门的集装箱由铁路货运员与收货人代理共同核对箱号，检查箱体封印，确认无误后，填发门到门运输作业单，并在作业单上签收。

（三）联运形式

集装箱运输是现代化物流发展的必然产物，集装箱运输的发展又必须进行集装箱的联运，单独靠一种运输方式开展集装箱运输已经不能充分发挥集装箱运输的优越性，达不到顶期的效果。因此，组织铁路、水运、公路多种运输的集装箱联运已成为现代化运输的必然产物，当今集装箱运输被称为海陆空的主体运输，已由国内联运发展到国际联运，由在一个国家内的不同运输方式中进行，发展到几个国家甚至洲际范围内进行。集装箱联运就是通过各种运输方式主管部门相互配合共同努力而完成运输的全过程。

二、集装箱的交接操作

集装箱运输中，整箱货和拼箱货在船货双方之间的交接方式有以下操作：

（一）装箱方式

（1）整箱（FCL：Full Container Load）：货主向承运人或租赁公司租用一定的集装箱。空箱运到工厂仓房后在海关人员监管下，货主把货装入箱内，加锁铅封后，交承运人并取得站场收取费用字据，最后凭收取费用字据换取提单或运单。

（2）拼箱（LCL：Lessthan Container Load）：承运人接受货主托运的数量不足整箱的小票货运后，根据货类性质和目的地进行分类整理，把去同一目的地的货集中到一定数量，拼装入箱。

（二）交接方式

（1）整箱交整箱接（FCL/FCL）。货主在工厂或仓库将装满货的整箱交给承运人，收货人在目的地同样整箱接货。换言之，承运人以整箱为单位负责交接，货物的装箱和拆箱均由货方负责。

（2）拼箱交拆箱接（LCL/LCL）。货物的装箱和拆箱均由承运人负责。

（3）整箱交拆箱接（FCL/LCL）。货主负责装箱，承运人负责拆箱。

（4）拼箱交整箱接（LCL/FCL）。承运人负责装箱，收货人在目的地整箱接货。

（三）交接地点

“门（Door）”指发收货人工厂或仓房。“场（CY：Court Yard）”指港口的集装箱堆场。“站（CFS：Container Freight Station）”指港口的集装箱货运站。

（1）门到门（Door to Door）：由托运人负责装载的集装箱，在其货仓或工厂仓库交承运人验收后，由承运人负责全程运输，直到收货人的货仓或工厂仓库交箱为止。这种全程连线运输，称为“门到门”运输。在整个运输过程中，完全是集装箱运输，并无货物运输，适宜于整箱交整箱接。

（2）门到场（Door to CY）：由发货人货仓或工厂仓库至目的地或卸箱港的集装箱装卸区堆场。从场站到门是货物运输，适宜于整箱交拆箱接。

（3）门到站（Door to CFS）：由发货人货仓或工厂仓库至目的地或卸箱港的集装箱货运站。

（4）场到门（CY to Door）：由起运地或装箱港的集装箱装卸区堆场至收货人的货仓或工厂仓库。由场站至门是集装箱运输，适宜于拼箱交整箱接。

（5）场到场（CY to CY）：由起运地或装箱港的集装箱装卸区堆场至目的地或卸箱港的集装箱装卸区堆场。除中间一段为集装箱运输外，两端的内陆运输均为货物运输，适宜于拼箱交拼箱接。

（6）场到站（CY to CFS）：由起运地或装箱港的集装箱装卸区堆场至目的地或卸箱港的集装箱货运站。

（7）站到门（CFS to Door）：由起运地或装箱港的集装箱货运站至收货人的货仓或工厂仓库。

（8）站到场（CFS to CY）：由起运地或装箱港的集装箱货运站至目的地或卸箱港的集装箱装卸区堆场。

（9）站到站（CFS to CFS）：由起运地或装箱港的集装箱货运站至目的地或卸箱港的集装箱货运站。

三、集装箱运输的进出口流程

（一）出口流程

（1）订舱：发货人根据贸易合同或信用证条款的规定，在货物托运前一定时间内填好集装箱货物托运单委托其代理或直接向船公司申请订舱。

（2）接受托运申请：船公司确认订舱后，着手编制订舱清单，然后分送集装箱堆场（CY），集装箱货运站（CFS），据以安排空箱及办理货运交接。

（3）发送空箱：整箱货运所需的空箱，由船公司送交或发货人领取。拼箱货运所需的空箱，可由货运站领取。

（4）拼箱货装箱：发货人将不足一整箱的货物交至货运站，由货运站根据订舱清单和场站收据负责装箱，然后由装箱人编制集装箱装箱单（CONTAINER LOAD PLAN）。

（5）整箱货交接：由发货人自行负责装箱，并将已加海关封铅的整箱货运到CY。CY根据订舱清单，核对场站收据（DOCK RECEIPT D/R）及装箱单验收货物。

（6）集装箱的交接签证：CY或CFS在验收货物和/或箱子，即在场站收据上签字，并将签署后的D/R交还给发货人，场站收据是发货人交货和船公司收货的凭证。

（7）换取提单：发货人凭D/R向集装箱运输经营人或其代理换取提单（COMBINED TRANSPORT BILL OF LADING），然后去银行办理结汇。

（8）装船：集装箱堆场根据船舶积载计划，进行装船。

（二）进口流程

（1）货运单证：凭出口港寄来的有关货运单证着手安排处置工作。

（2）分发单证：将单证分别送代理集装箱货运站和集装箱堆场。

（3）到货通知：通知收货人有关船舶到港时间，便于准备接货，并于船舶到港以后，发出到货通知。

（4）提单：收货人按到货通知持正本提单向船公司换取提货单。

（5）提货单：船公司审核查对正本提单无讹后，即签发提货单。

（6）提货：收货人凭提货单连同进口许可证至集装箱堆场处置提箱或提货手续。

（7）整箱交：集装箱堆场根据提货单交收货人集装箱并与货方代表处置设备交接单手续。

（8）拼箱交：集装箱货运站凭提单交货。

四、集装箱运输运费

（一）基本运费

集装箱基本运费计收，采用班轮公司的运价本或船公司的运价本。目前，中国远洋运输（集团）总公司按航线、货种和箱型，定有集装箱货物运价本。对整箱货采用包箱费率的形式，即对具体航线实行分货种和箱型的包箱费率或不分货种只按箱型的包箱费率。而对拼箱货，则按货物品种及不同的计费标准计算运费。

（二）附加费

除基本运费外，集装箱货物也要加收附加费。附加费的标准根据航线、货种不同而有所不同的规定。中国远洋运输（集团）总公司包箱费率表中，目前列有下列几种附加费项目：①超重、超长、超大件附加费；②半危、全危、冷藏货附加费；③选择或变更目的港附加费；④转船附加费；⑤港口附加费和拥挤附加费；⑥其他附加费。

（三）费用构成

1. 集装箱运输费用构成

（1）整箱/整箱：装港拖箱费+码头操作费+运费+卸港码头操作费+拖箱费。

（2）整箱/拼箱：船公司提供的拖箱费+码头操作费+运费+拆箱费。

（3）拼箱/拼箱：装箱费+运费+拆箱费。

（4）拼箱/整箱：装箱费+运费+码头操作费+船公司提供的拖箱费。

2. 运输费用计算方式

（1）包箱费率

以每个集装箱为计费单位，据中国远洋运输公司使用的交通部《中国远洋货运运价本》有以下3种包箱费率：

FAK包箱费率。即对每一集装箱不分货类统一收取的费率。

FCS包箱费率。按不同货物等级制定的包箱费率。货物等级也是1~20级，但级差较小。一般低价货费率高于传统运输费率，高价货则低于传统费率；同一等级货物，实重货运价高于体积货运价。

FCB包箱费率。既按不同货物等级或货类，又按计算标准制定的费率。同一级费率因计算标准不同，费率也不同。如8~10级，CY/CY交接方式，20英尺集装箱货物如按重量费为1 500美元，如按尺码计费则为1 450美元。

（2）最低运输费用方式

规定最低运费等级。如中远公司规定以7级货为最低收费等级，低于7级货均按7级收费。

规定最低运费吨。如远东航运公司规定，20英尺箱最低运费吨实重货为17.5吨，尺码货为21.5立方米，W/M/为21.5运费吨。

规定最低箱载利用率。一般说来，班轮公会在收取集装箱海运运费时通常只计算箱内所装货物的吨数，而不对集装箱自身的重量或体积进行收费，但是对集装箱的装载利用率有一个最低要求，即“最低利用率”。规定集装箱最低利用率的主要目的是，如果所装货物的吨数（重量或体积）没有达到规定的要求，则仍按该最低利用率时相应的计费吨计算运费，以确保承运人的利益。最低装载吨可以是重量吨或体积吨，也可以是占集装箱装载能力（载重或容积）的一个百分比。

（3）最高运输费用方式

规定最高计费吨。如在货物体积超过集装箱通常载货容积时，仍按标准体积收费。若按等级包箱费率计费，而箱内等级不同时，则可免较低货物等级的运费。

规定最高计费等级。不高于该货物等级的货物，均以规定的最高计费等级收费。

五、港口集装箱货运吞吐量的影响因素

决定港口集装箱货运吞吐量的增长与否的因素是比较复杂的，可以说是一个综合性的因素。就我国情况分析，主要由以下因素：

1. 港口价格

港口对船舶提供进出港口、航道航行，提供装卸设备进行装卸及其他相关劳务，因而向船公司、收发货人收取的各种费用即为港口费用，而港口费用的计算基础与标准即为港口价格。港口价格包括船舶港务费、货物港务费、港口建设费、引航费、停泊费、系解缆费、开关舱费、装卸费、上下车费、翻装费、搬移费、堆存费、拖轮费、理货费、船舶代理费、箱管费、EDI 费及检验费等。一个港口的价格名目多少与价格高低直接影响集装箱的吞吐量。

目前我国港口价格的制订及管理模式，依然带有计划经济的烙印。我国港口价格的管理可以讲是统一领导分级管理，交通部制订港口收费规则，明确收费费目，确定收费标准，另有部分收费标准由地方自定，如集装箱中转包干费、非标准集装箱的装卸费、冷藏箱的制冷费等。

2. 世界经济的影响

港口是船舶停靠装卸的地方，是商品交流的集散地。当世界经济繁荣时，各国间贸易繁忙，商品进出口增多，港口的吞吐量自然随之增长。港口的吞吐量在相当大的程度上取决于世界经济情况。

3. 码头供求关系

价格因受供求关系的影响而波动，供大于求，价格下跌，供不应求，价格上涨。对于集装箱运输的枢纽港口来讲，吞吐量也受到供求关系的影响，周边港口多，竞争力强，集装箱货源必将分流。

4. 港口自身条件

港口价格高低对港口的集装箱吞吐量有一些关系。但一个港口要成为国际性枢纽港，还受到航道、码头前沿水深、气候的影响，还要看城市经济建设的作用地位，经济腹地是否辽阔，集装箱疏运的条件等。

5. 港口外部环境

集装箱运输涉及面广，环节多，涉及船公司、船务代理公司、支线船航运公司、保险公司、码头、领航、港监、理货、报关公司、货运代理公司、运输车队、堆场公司、海关、检验检疫、铁路运输等。在这些环节中，操作繁琐，收费名目繁多，价格不一，也造成货主成本上升，影响货主进出口贸易积极性，继而影响港口吞吐量。

第三节　国际多式联运

国际多式联运（International Multi-modal Transport）是一种以实现货物整体运输的最优化效益为目标的联运组织形式。它通常是以集装箱为运输单元，将不同的运输方式有机地组合在一起，构成连续的、综合性的一体化货物运输。国际多式联运是一种比区段运输高级的运输组织形式，20 世纪 60 年代末美国首先试办多式联运业务，受到货主的欢迎。随后，国际多式联运在北美、欧洲和远东地区开始采用；20 世纪 80 年代，国际多式联运已逐步在发展中国家实行。目前，国际多式联运已成为一种新型的重要的国际集装箱运输方式，受到国际航运界的普遍重视。

一、国际多式联运的含义

（一）含义

国际多式联运简称多式联运，是在集装箱运输的基础上产生和发展起来的。根据《联合国国际货物多式联运公约》对国际多式联运所下的定义，国际多式联运是指按照国际多式联运合同，以至少两种不同的运输方式，由多式联运经营人将货物从一国境内的接管地点运至另一国境内指定交付地点的货物运输。国际多式联运适用于水路、公路、铁路和航空多种运输方式。

在国际贸易中，由于 85%~90%的货物是通过海运完成的，故海运在国际多式联运中占据主导地位。而中国海商法对于多式联运的规定是，必须有种方式是海运。譬如从上海到南非的约翰内斯堡（JOHANNESBURG），经过了海运——从上海到德班（DURBAN），再经陆运——德班到约翰内斯堡。但国际贸易意义上的多式联运，不光是要有这样的前提，而且要有“多式联运提单”——也就是“多式联运”合同。

（二）国际多式联运的要件

国际多式联运应具备以下条件：

（1）多式联运经营人与托运人之间必须签订多式联运合同，以明确承、托双方的权利、义务和豁免关系。多式联运合同是确定多式联运性质的根本依据，也是区别多式联运与一般联运的主要依据。

（2）必须使用全程多式联运单据（Multi-modal Transport Documents，M. T. D，我国现在使用的是 C. T. B/L）。该单据既是物权凭证，也是有价证券。

（3）货物主要为集装箱货物，具有集装箱运输的特点。必须是全程单一运价。这个运价一次收取，包括运输成本（各段运杂费的总和）、经营管理费和合理利润。

（4）必须由一个多式联运经营人对全程运输负总责。他是与托运人签订多式联运合同的当事人，也是签发多式联运单据或多式联运提单者，他承担自接受货物起至交付货物止的全程运输责任。

(5) 必须是两种或两种以上不同运输方式的连贯运输。如为海/海、铁/铁、空/空联运，虽为两程运输，但仍不属于多式联运，这是一般联运与多式联运的一个重要区别。同时，在单一运输方式下的短途汽车接送也不属于多式联运。

(6) 必须是跨越国境的国际货物运输。这是区别国内运输和国际运输的限制条件。

(三) 特点

开展国际集装箱多式联运具有许多优越性，主要表现在以下几个方面：

(1) 简化托运、结算及理赔手续，节省人力、物力和有关费用。在国际多式联运方式下，无论货物运输距离有多远，由几种运输方式共同完成，且不论运输途中货物经过多少次转换，所有一切运输事项均由多式联运经营人负责办理。而托运人只需办理一次托运，订立一份运输合同，一次支付费用，一次保险，从而省去托运人办理托运手续的许多不便。同时，由于多式联运采用一份货运单证，统一计费，因而也可简化制单和结算手续，节省人力和物力，此外，一旦运输过程中发生货损货差，由多式联运经营人对全程运输负责，从而也可简化理赔手续，减少理赔费用。

(2) 缩短货物运输时间，减少库存，降低货损货差事故，提高货运质量。在国际多式联运方式下，各个运输环节和各种运输工具之间配合密切，衔接紧凑，货物所到之处中转迅速及时，大大减少货物的在途停留时间，从而从根本上保证了货物安全、迅速、准确、及时地运抵目的地，因而也相应地降低了货物的库存量和库存成本。同时，多式联运系通过集装箱为运输单元进行直达运输，尽管货运途中须经多次转换，但由于使用专业机械装卸，且不涉及箱内货物，因而货损货差事故大为减少，从而在很大程度上提高了货物的运输质量。

(3) 降低运输成本，节省各种支出。由于多式联运可实行门到门运输，因此对货主来说，在货物交由第一承运人以后即可取得货运单证，并据以结汇，从而提前了结汇时间。这不仅有助于加速货物占用资金的周转，而且可以减少利息的支出。此外，由于货物是在集装箱内进行运输的，因此从某种意义上来看，可相应地节省货物的包装，理货和保险等费用的支出。

(4) 提高运输管理水平，实现运输合理化。对于区段运输而言，由于各种运输方式的经营人各自为政，自成体系，因而其经营业务范围受到限制，货运量相应也有限。而一旦由不同的运输经营人共同参与多式联运，经营的范围可以大大扩展，同时可以最大限度地发挥其现有设备作用，选择最佳运输线路组织合理化运输。

(5) 其他作用。从政府的角度来看，发展国际多式联运具有以下重要意义：有利于加强政府部门对整个货物运输链的监督与管理；保证本国在整个货物运输过程中获得较大的运费收入分配比例；有助于引进新的先进运输技术；减少外汇支出；改善本国基础设施的利用状况；通过国家的宏观调控与指导职能保证使用对环境破坏最小的运输方式达到保护本国生态环境的目的。

二、国际多式联运经营人

多式联运经营人指本人或通过其代表与发货人订立多式联运合同的任何人，他是事主，而不是发货人的代理人或代表或参加多式联运的承运人的代理人或代表，并且负有履行合同的责任。

（一）多式联运经营人分类

多式联运经营人可以分为两种：

一是有船承运人为多式联运经营人。此经营人在接受货物后，不但要负责海上运输，还须安排汽车、火车与飞机的运输，对此经营人往往再委托给其他相应的承运人来运输，对交接过程中可能产生的装卸和包装储藏业务，也委托给有关行业办理。但是，这个经营人必须对货主负整个运输过程中产生的责任。

二是无船承运人为多式联运经营人。此经营人在接受货物后，也是将运输委托给各种方式运输承运人进行，但他本人对货主仍应负责。无船经营人不拥有船舶，通常是内陆运输承运人，仓储业者或其他从事陆上货物运输中某一环节的人，也就是说无船经营人往往拥有除船舶以外一定的运输工具。

（二）国际多式联运经营人的性质和法律特征

（1）多式联运经营人是“本人”而非代理人，他承担承运人的义务。

（2）国际多式联运经营人在以“本人”身份开展业务的同时，并不妨碍他同时也以“代理人”身份兼营有关货运代理服务，或者在一项国际多式联运中不以“本人”身份而是以其他诸如代理人、居间人等身份开展业务。

（3）国际多式联运经营人是“中间人”，有双重身份，对于货主是承运人；对丁实际承运人是货主。

（4）国际多式联运经营人可以拥有运输工具也可以不拥有运输工具

三、多式联运单据

（一）含义

多式联运单据（Combined Transport Documents，CTD；或 Multi-modal Transport Document，MTD）是指证明国际多式联运合同成立及证明多式联运经营人接管货物，并负责按照多式联运合同条款支付货物的单据。

多式联运单据由承运人或其代理人签发，其作用与海运提单相似，既是货物收据也是运输契约的证明、在单据作成指示抬头或不记名抬头时，可作为物权凭证，经背书可以转让。

国际集装箱多式联运经营人在接收集装箱货物时，应由本人或其授权的人签发国际集装箱多式联运单据。多式联运单据并不是多式联运合同，而只是多式联运合同的证明，同时是多式联运经营人收到货物的收据和凭其交货的凭证。根据我国于

1997年10月1日施行的《国际集装箱多式联运管理规则》，国际集装箱多式联运单据（简称“多式联运单据”）是指证明多式联运合同以及多式联运经营人接管集装箱货物并负责按合同条款交付货物的单据，该单据包括双方确认的取代纸张单据的电子数据交换信息。

（二）多式联运单据与联运提单的区别

多式联运单据表面上与海运业务中使用的“联运提单”有相似之处，但也有着本质区别，主要表现在以下几方面：

（1）联运提单限于在由海运与其他运输方式所组合的联合运输时使用，多式联运单据使用范围更为广泛，它既可用于海运与其他运输方式的联运，也可用于不包括海运的其他运输方式的联运。

（2）联运提单由承运人或其代理人签发，签发人仅对自己执行的第一程运输负责，以后各程运输的责任由各程承运人分别承担；多式联运单据则由多式联运经营人签发，签发人要对全程运输负责。

（3）联运提单一般是已装船提单，提单上都载明装船的船名和装船日期；多式联运单据是一种收讫待运性质的单据，无须载明具体的运输工具和装运时间。

（三）内容

多式联运单据的主要内容如下：

（1）货物品类、识别货物所必需的主要标志（如属危险货物，其危险特性的明确声明）、包数或件数、货物的毛重或其他方式表示的数量等，所有这些事项均由发货人提供。

（2）货物外表状况。

（3）多式联运经营人的名称和主要营业所。

（4）发货人名称。

（5）如经发货人指定收货人、收货人的名称。

（6）多式联运经营人接管货物的地点和日期。

（7）交货地点。

（8）如经双方明确协议，在交付地点交货的日期或期间。

（9）表示该多式联运单据为可转让或不可转让的声明。

（10）多式联运单据的签发地点和日期。

（11）多式联运经营人或经其授权的人的签字。

（12）如经双方明确协议，每种运输方式的运费；或者应由收货人支付的运费，包括用以支付的货币；或者关于运费由收货人支付的其他说明。

（13）如在签发多式联运单据时已经确知，预期经过的路线、运输方式和转运地点。

（14）如不违背签发多式联运单据所在国的法律，双方同意列入多式联运单据的任何其他事项。

但是以上一项或者多项内容的缺乏，不影响单据作为多式联运单据的性质。如果多式联运经营人知道或者有合理的根据怀疑多式联运单据所列的货物品类、标志、包数或者数量、重量等没有准确地表明实际接管货物的状况，或者无适当方法进行核对的，多式联运经营人应在多式联运单据上作出保留，注明不符合之处及怀疑根据或无适当核对方法。如果不加批注，则应视为已在多式联运单据上注明货物外表状况的良好。

（四）多式联运单据的使用

1. 多式联运单据的签发

（1）多式联运经营人接管货物时，应签发一项多式联运单据，该单据应依发货人的选择，或为可转让单据或为不可转让单据。

（2）多式联运单据应由多式联运经营人或经他授权的人签字。

（3）多式联运单据上的签字，如不违背签发多式联运单据所在国的法律，可以是手签、手签笔迹的复印、打透花字、盖章、符号或用任何其他机械或电子仪器打出。

（4）经发货人同意，可以用任何《联合国国际货物多式联运公约》第八条所规定的多式联运单据应列明的事项的方式，签发不可转让的多式联运单据。在这种情况下，多式联运经营人在接管货物后，应交给发货人一份可以阅读的单据，载有用此种方式记录的所有事项。就本公约而言，这份单据应视为多式联运单据。

2. 多式联运单据中的保留

（1）如果多式联运经营人或其代表知道、或有合理的根据怀疑多式联运单据所列货物的品类、主要标志、包数或件数、重量或数量等事项没有准确地表明实际接管货物的状况，或无适当方法进行核对，则该多式联运经营人或其代表应在多式联运单据上作出保留，注明不符之处、怀疑的根据、或无适当核对方法。

（2）如果多式联运经营人或其代表未在多式联运单据上对货物的外表状况加以批注，则应视为他已在多式联运单据上注明货物的外表状况良好。

3. 多式联运单据的转让

多式联运单据分为可转让的和不可转让的。根据《联合国国际货物多式联运公约》的要求，多式联运单据的转让性在其记载事项中应有规定。

作为可转让的多式联运单据，具有流通性，可以像提单那样在国际货物买卖中扮演重要角色。多式联运公约规定，多式联运单据以可转让方式签发时，应列明按指示或向持票人交付：如列明按指示交付，须经背书后转让；如列明向持票人交付，无须背书即可转让。此外，如签发一套一份以上的正本，应注明正本份数；如签发任何副本，每份副本均应注明“不可转让副本”字样。对于签发一套一份以上的可转让多式联运单据正本的情况，如多式联运经营人或其代表已正当按照其中一份正本交货，该多式联运经营人便已履行其交货责任。

作为不可转让的多式联运单据，则没有流通性。多式联运经营人凭单据上记载的收货人而向其交货。按照多式联运公约的规定，多式联运单据以不可转让的方式签发时，应指明记名的收货人。同时规定，多式联运经营人将货物交给此种不可转让的多式联运单据所指明的记名收货人或经收货人通常以书面正式指定的其他人后，该多式联运经营人即已履行其交货责任。

对于多式联运单据的可转让性，我国的《国际多式联运管理规则》也有规定。根据该规则，多式联运单据的转让依照下列规定执行：

（1）记名单据：不得转让；

（2）指示单据：经过记名背书或者空白背书转让；

（3）不记名单据：无须背书，即可转让。

四、《联合国国际货物多式联运公约》

《联合国国际货物多式联运公约》是1980年5月24日在日内瓦举行的联合国国际联运会议第二次会议上，经与会的84个贸发会议成员国一致通过的。《联合国国际货物多式联运公约》全文共40条和一个附件。该公约在结构上分为总则、单据、联运人的赔偿责任、发货人的赔偿责任、索赔和诉讼、补充规定、海关事项和最后条款等8个部分。公约主要内容为：

（1）多式联运合同双方当事人的法律地位。多式联运合同的双方当事人分别为联运人和发货人。根据公约第一条的规定，联运人是以“本人”的身份同发货人签订多式联运合同的当事人，他不是发货人的代理人或代表，也不是参与多式联运的承运人的代理人或代表。联运人负有履行整个联运合同的责任，并以“本人”的身份对联运的全过程负责。因此，在发货人将货物交由联运人收管后，不论货物在运输过程中的哪个运输阶段发生灭失或损坏，联运人均须以“本人”的身份直接赔偿责任。

（2）多式联运合同和多式联运单据。按照公约的有关规定，多式联运合同是指多式联运人凭以收取运费、负责完成或组织完成国际多式联运的合同。多式联运单据是指证明多式联运合同以及证明多式联运人接管货物并负责按照合同条款交付货物的单据。根据公约第五条的规定，联运人在接管货物时，应签发多式联运单据。依照发货人的选择，可以是可转让的，也可以是不可转让的。多式联运单据中应当包括15项内容，其中包括：货物的品类、标志、包数或件数、货物的毛重、危险货物的性质、货物的外表状况、联运人的名称和地址、发货人的名称、收货人的名称、联运人接管货物的地点和日期、交货地点、多式联运单据的签发地点和日期、联运人或其授权人的签字等。不过，多式联运单据中若缺少上述内容中的一项或数项，并不影响其作为多式联运单据的法律性质。

（3）联运人的赔偿责任。公约的第三部分是关于联运人赔偿责任的规定。联运人对多式联运单据项下货物的责任期间，是从其接管该货物之时起至交付货物时为止。公约对联运人的赔偿责任采取了“推定过失原则”，即除非联运人能证明他和他的受雇或代理人为避免损害事故的发生及其后果已经采取了一切所能合理要求的措施，否则就推定联运人对事故的发生有过失，因而应对货物在其掌管期间所发生的灭失、损坏或延迟交货，负赔偿责任。

（4）发货人的赔偿责任。公约的第四部分是关于发货人赔偿责任的规定。如果多式联运人遭受的损失是由于发货人的过失或疏忽，或者他的受雇人或代理人在其受雇范围内行事时的过失或疏忽造成的，发货人对这种损失应负赔偿责任。如果损失是由于发货人的受雇人或代理人本身的过失或疏忽所造成的，该受雇人或代理人对这种损失应负赔偿责任。

（5）索赔与诉讼。公约的第五部分是关于索贿和诉讼的规定。该部分规定的内容由灭失、损坏或延迟交货的通知、诉讼时效、管辖和仲裁等四个方面构成。

第四节　国际多式联运实务

一、业务流程

多式联运经营人是全程运输的组织者，在多式联运中，其业务流程如下：

（一）接受托运申请，订立多式联运合同

多式联运经营人根据货主提出的托运申请和自己的运输路线等情况，判断是否接受该托运申请。如果能够接受，则双方议定有关事项后，在交给发货人或其代理人的场站收据副本上签章，证明接受托运申请，多式联运合同已经订立并开始执行。

发货人或其代理人根据双方就货物交接方式、时间、地点、付费方式等达成协议，填写场站收据，并把其送至多式联运经营人处编号，多式联运经营人编号后留下货物托运联，将其他联交还给发货人或其代理人。

（二）集装箱的发放、提取及运送

多式联运中使用的集装箱一般应由多式联运经营人提供。这些集装箱来源可能有三个：一是经营人自己购置使用的集装箱；二是由公司租用的集装箱，这类箱一般在货物的起运地附近提箱而在交付货物地点附近还箱；三是由全程运输中的某一区段承运人提供，这类箱一般需要在多式联运经营人为完成合同运输与该分运人订立分运合同后获得使用权。

如果双方协议由发货人自行装箱，则多式联运经营人应签发提箱单或者租箱公司或区段承运人签发的提箱单交给发货人或其代理人，由他们在规定日期到指定的堆场提箱并自行将空箱托运到货物装箱地点准备装货。如发货人委托亦可由经营人办理从堆场装箱地点的空箱托运。如是拼箱货或整箱货但发货人无装箱条件不能自装时，则由多式联运经营人将所用空箱调运至接受货物集装箱货运站，做好装箱

准备。

（三）出口报关

若联运从港口开始，则在港口报关；若从内陆地区开始，应在附近的海关办理报关。出口报关事宜一般由发货人或其代理人办理，也可委托多式联运经营人代为办理。报关时应提供场站收据、装箱单、出口许可证等有关单据和文件。

（四）货物装箱及接收货物

若是发货人自行装箱，发货人或其代理人提取空箱后在自己的工厂和仓库组织装箱，装箱工作一般要在报关后进行，并请海关派员到装箱地点监装和办理加封事宜。如需理货，还应请理货人员现场理货并与之共同制作装箱单。若是发货人不具备装箱条件，可委托多式联运经营或货运站装箱，发货人应将货物以原来形态运至指定的货运站由其代为装箱。如是拼箱货物，发货人应负责将货物运至指定的集装箱货运站，由货运站按多式联运经营人的指示装箱。无论装箱工作由谁负责，装箱人均需制作装箱单，并办理海关监装与加封事宜。

对于由货主自装箱的整箱货物，发货人应负责将货物运至双方协议规定的地点，多式联运经营人或其代理人在指定地点接收货物。如是拼箱货，经营人在指定的货运站接收货物。验收货物后，代表联运经营人接收货物的人应在场站收据正本上签章并将其交给发货人或其代理人。

（五）订舱及安排货物运送

经营人在合同订立之后，即应制订货物的运输计划，该计划包括货物的运输路线和区段的划分，各区段实际承运人的选择确定及各区段衔接地点的到达、起运时间等内容。这里所说的订舱泛指多式联运经营人要按照运输计划安排洽定各区段的运输工具，与选定的各实际承运人订立各区段的分运合同。这些合同的订立由经营人本人或委托的代理人办理，也可请前一区段的实际承运人作为代表向后一区段的实际承运人订舱。

（六）办理保险

在发货人方面，应投保货物运输险。该保险由发货人自行办理，或由发货人承担费用由多式联运经营人代为办理。货物运输保险可以是全程，也可分段投保。在多式联运经营人方面，应投保货物责任险和集装箱保险，由经营人或其代理人向保险公司或以其他形式办理。

（七）签发多式联运提单，组织完成货物的全程运输

多式联运经营人的代表收取货物后，经营人应向发货人签发多式联运提单。在把提单交给发货人前，应注意按双方议定的付费方式及内容、数量向发货人收取全部应付费用。

多式联运经营人有完成或组织完成全程运输的责任和义务。在接收货物后，要组织各区段实际承运人、各派出机构及代表人共同协调工作，完成全程中各区段的运输以及各区段之间的衔接工作，运输过程中所涉及的各种服务性工作和运输单据、

文件及有关信息等组织和协调工作。

（八）运输过程中的海关业务

按惯例国际多式联运的全程运输均应视为国际货物运输。因此该环节工作主要包括货物及集装箱进口国的通关手续，进口国内陆段保税运输手续及结关等内容。如果陆上运输要通过其他国家海关和内陆运输线路时，还应包括这些海关的通关及保税运输手续。

这些涉及海关的手续一般由多式联运经营人的派出所机构或代理人办理，也可由各区段的实际承运人作为多式联运经营人的代表办理，由此产生的全部费用应由发货人或收货人负担。

如果货物在目的港交付，则结关应在港口所在地海关进行。如在内陆地交货，则应在口岸办理保税运输手续，海关加封后方可运往内陆目的地，然后在内陆海关办理结关手续。

（九）货物交付

当货物运至目的地后，由目的地代理通知收货人提货。收货人需凭多式联运提单提货，经营人或其代理人需按合同规定，收取收货人应付的全部费用。收回提单后签发提货单，提货人凭提货单到指定堆场和集装箱货运站提取货物。如果整箱提货，则收货人要负责至掏箱（Unstuffing/Devanning）地点的运输，并在货物卸下后将集装箱运回指定的堆场，运输合同终止。

（十）货运事故处理

如果全程运输中发生了货物灭失、损害和运输延误，无论是否能确定发生的区段，发（收）货人均可向多式联运经营人提出索赔。多式联运经营人根据提单条款及双方协议确定责任并做出赔偿。如果已对货物及责任投保，则可要求保险公司赔偿和向保险公司进一步追索。如果受损人和责任人之间不能取得一致，则需在诉讼时效内通过提起诉讼和仲裁来解决。

二、国际多式联运与一般国际货物运输的主要不同点

国际多式联运极少由一个经营人承担全部运输。往往是接受货主的委托后，联运经营人自己办理一部分运输工作，而将其余各段的运输工作再委托其他的承运人。但这又不同于单一的运输方式，这些接受多式联运经营人负责转托的承运人，只是依照运输合同关系对联运经营人负责，与货主不发生任何业务关系。因此，多式联运经营人可以是实际承运人，也可是“无船承运人”（Non-Vessel Operating Carrier，简称 NVOC）。国际多式联运与一般国际货物运输的主要不同点有以下几个方面：

（一）货运单证的内容与制作方法不同

国际多式联运大都为“门到门”运输，故货物于装船或装车或装机后应同时由实际承运人签发提单或运单，多式联运经营人签发多式联运提单，这是多式联运与

任何一种单一的国际货运方式的根本不同之处（单一的国际货运是谁承运谁签发单据，只有一份货运单据，承运人只对自己那部分运输负责）。在此情况下，海运提单或运单上的发货人应为多式联运的经营人，收货人及通知方一般应为多式联运经营人的国外分支机构或其代理；多式联运提单上的收货人和发货人则是真正的、实际的收货人和发货人，通知方则是目的港或最终交货地点的收货人或该收货人的代理人。

多式联运提单上除列明装货港、卸货港外，还要列明收货地、交货地或最终目的地的名称以及第一程运输工具的名称、航次或车次等。

（二）多式联运提单的适用性与可转让性与一般海运提单不同

一般海运提单只适用于海运，从这个意义上说多式联运提单只有在海运与其他运输方式结合时才适用，但现在它也适用于除海运以外的其他两种或两种以上的不同运输方式的连贯的跨国运输（国外采用“国际多式联运单据”就可避免概念上的混淆）。

多式联运提单把海运提单的可转让性与其他运输方式下运单的不可转让性合二为一，因此多式联运经营人根据托运人的要求既可签发可转让的，也可签发不可转让的多式联运提单。如属前者，收货人一栏应采用指示抬头；如属后者，收货人一栏应具体列明收货人名称，并在提单上注明不可转让。

（三）信用证上的条款不同

根据多式联运的需要，信用证上的条款应有以下三点变动：

1. 向银行议付时不能使用船公司签发的已装船清洁提单，而应凭多式联运经营人签发的多式联运提单，同时还应注明该提单的抬头如何制作，以明确可否转让。

2. 多式联运一般采用集装箱运输（特殊情况除外，如在对外工程承包下运出机械设备则不一定采用集装箱），因此，应在信用证上增加指定采用集装箱运输条款。

3. 如不由银行转单，改由托运人或发货人或多式联运经营人直接寄单，以便收货人或代理能尽早取得货运单证，加快在目的港（地）提货的速度，则应在信用证上加列“装船单据由发货人或由多式联运经营人直接寄收货人或其代理人”之条款。如由多式联运经营人寄单，发货人出于议付结汇的需要应由多式联运经营人出具一份“收到货运单据并已寄出”的证明。

（四）海关验放的手续不同

一般国际货物运输的交货地点大都在装货港，目的地大都在卸货港，因而办理报关和通关的手续都是在货物进出境的港口。而国际多式联运货物的起运地大都在内陆城市，因此，内陆海关只对货物办理转关监管手续，由出境地的海关进行查验放行。进口货物的最终目的地如为内陆城市，进境港口的海关一般不进行查验，只办理转关监管手续，待货物到达最终目的地时由当地海关查验放行。

三、国际多式联运的运输组织形式

国际多式联运是采用两种或两种以上不同运输方式进行联运的运输组织形式。

这里所指的至少两种运输方式可以是：海陆、陆空、海空等。这与一般的海海、陆陆、空空等形式的联运有着本质的区别。后者虽也是联运，但仍是同一种运输工具之间的运输方式。众所周知，各种运输方式均有自身的优点与不足。一般来说，水路运输具有运量大，成本低的优点；公路运输则具有机动灵活，便于实现货物门到门运输的特点，铁路运输的主要优点是不受气候影响，可深入内陆和横贯内陆实现货物长距离的准时运输；而航空运输的主要优点是可实现货物的快速运输。由于国际多式联运严格规定必须采用两种和两种以上的运输方式进行联运，因此这种运输组织形式可综合利用各种运输方式的优点，充分体现社会化大生产大交通的特点。

（一）海陆联运

海陆联运是国际多式联运的主要组织形式，也是远东/欧洲多式联运的主要组织形式之一。组织和经营远东/欧洲海陆联运业务的主要有班轮公会的三联集团、北荷、冠航和丹麦的马士基等国际航运公司，以及非班轮公会的中国远洋运输公司、台湾长荣航运公司和德国那亚航运公司等。这种组织形式以航运公司为主体，签发联运提单，与航线两端的内陆运输部门开展联运业务，与大陆桥运输展开竞争。

（二）陆桥运输

在国际多式联运中，陆桥运输（Land Bridge Service）起着非常重要的作用。它是远东/欧洲国际多式联运的主要形式。所谓陆桥运输是指采用集装箱专用列车或卡车，把横贯大陆的铁路或公路作为中间“桥梁”，使大陆两端的集装箱海运航线与专用列车或卡车连接起来的一种连贯运输方式。严格他讲，陆桥运输也是一种海陆联运形式。只是因为其在国际多式联运中的独特地位，故在此将其单独作为一种运输组织形式。

1. 西伯利亚大陆桥（Siberian Land Bridge）

西伯利亚大陆桥（SLB）是指使用国际标准集装箱，将货物由远东海运到俄罗斯东部港口，再经跨越欧亚大陆的西伯利亚铁路运至波罗的海沿岸如爱沙尼亚的塔林或拉脱维亚的里加等港口，然后再采用铁路、公路或海运运到欧洲各地的国际多式联运的运输线路。

西伯利亚大陆桥于1971年由原全苏对外贸易运输公司正式确立。全年货运量高达10万标准箱（TEU），最多时达15万标准箱。使用这条陆桥运输线的经营者主要是日本、中国和欧洲各国的货运代理公司。其中，日本出口欧洲杂货的1/3，欧洲出口亚洲杂货的1/5是经这条陆桥运输的。由此可见，它在沟通亚欧大陆，促进国际贸易中所处的重要地位。

西伯利亚大陆桥运输包括“海铁铁”“海铁海”“海铁公”和“海公空”等四

种运输方式。由俄罗斯的过境运输总公司（SOJUZTRANSIT）担当总经营人，它拥有签发货物过境许可证的权利，并签发统一的全程联运提单，承担全程运输责任。至于参加联运的各运输区段，则采用“互为托、承运”的接力方式完成全程联运任务。可以说，西伯利亚大陆桥是较为典型的一条过境多式联运线路。

西伯利亚大陆桥是目前世界上最长的一条陆桥运输线。它大大缩短了从日本、远东、东南亚及大洋洲到欧洲的运输距离，并因此而节省了运输时间。从远东经俄罗斯太平洋沿岸港口去欧洲的陆桥运输线全长 13 000 千米。而相应的全程水路运输距离（经苏伊士运河）约为 20 000 千米。从日本横滨到欧洲鹿特丹，采用陆桥运输不仅可使运距缩短 1/3，运输时间也可节省 1/2。此外，在一般情况下，运输费用还可节省 20%~30%，因而对货主有很大的吸引力。

由于西伯利亚大陆桥所具有的优势，因而随着它的声望与日俱增，也吸引了不少远东、东南亚以及大洋洲地区到欧洲的运输业务，使西伯利亚大陆桥在短短的几年时间中就有了迅速发展。但是，西伯利亚大陆桥运输在经营管理上存在的问题如港口装卸能力不足、铁路集装箱车辆的不足、集装箱流动数量的严重不平衡以及严寒气候的影响等在一定程度上阻碍了它的发展。尤其是随着我国兰新铁路与中哈边境的土西铁路的接轨，一条新的“欧亚大陆桥”形成，为远东至欧洲的国际集装箱多式联运提供了又一条便捷路线，使西伯利亚大陆桥面临严峻的竞争形势。

2. 北美大陆桥（North American Landbridge）

北美大陆桥是指利用北美的大铁路从远东到欧洲的“海陆海”联运。该陆桥运输包括美国大陆桥运输和加拿大大陆桥运输。美国大陆桥有两条运输线路：一条是从西部太平洋沿岸至东部大西洋沿岸的铁路和公路运输线；另一条是从西部太平洋沿岸至东南部墨西哥湾沿岸的铁路和公路运输线。美国大陆桥于 1971 年年底由经营远东/欧洲航线的船公司和铁路承运人联合开办“海陆海”多式联运线，后来美国几家班轮公司也投入营运。主要有四个集团经营远东经美国大陆桥至欧洲的多式联运业务。这些集团均以经营人的身份，签发多式联单证，对全程运输负责。加拿大大陆桥与美国大陆桥相似，由船公司把货物海运至温哥华，经铁路运到蒙特利尔或哈利法克斯，再与大西洋海运相接。

北美大陆桥是世界上历史最悠久、影响最大、服务范围最广的陆桥运输线。据统计，从远东到北美东海岸的货物有大约 50%以上是采用双层列车进行运输的，因为采用这种陆桥运输方式比采用全程水运方式通常要快 1~2 周。例如，集装箱货从日本东京到欧洲鹿特丹港，采用全程水运（经巴拿马运河或苏伊士运河）通常约需 5~6 周时间，而采用北美陆桥运输仅需 3 周左右的时间。

随着美国和加拿大大陆桥运输的成功营运，北美其他地区也开展了大陆桥运输。墨西哥大陆桥（Mexican Landbridge）就是其中之一。该大陆桥横跨特万特佩克地峡（Isthmus Tehuantepec），连接太平洋沿岸的萨利纳克鲁斯港和墨西哥湾沿岸的夸察夸尔科斯港，陆上距离 182 n mile。墨西哥大陆桥于 1982 年开始营运，其服务范围还很有限，对其他港口和大陆桥运输的影响很小。

在北美大陆桥强大的竞争面前，巴拿马运河可以说是最大的输家之一。随着北美西海岸陆桥运输服务的开展，众多承运人开始建造不受巴拿马运河尺寸限制的超巴拿马型船（Post-Panamax Ship），从而放弃使用巴拿马运河。可以预见，随着陆桥运输的效率与经济性的不断提高，巴拿马运河将处于更为不利的地位。

3. 其他陆桥运输

北美地区的陆桥运输不仅包括上述大陆桥运输，而且还包括小陆桥运输（Minibridge）和微桥运输（Microbridge）等运输组织形式。

（1）小陆桥运输

小陆桥运输从运输组织方式上看与大陆桥运输并无大的区别，只是其运送的货物的目的地为沿海港口。北美小陆桥运送的主要是日本经北美太平洋沿岸到大西洋沿岸和墨西哥湾地区港口的集装箱货物。当然也承运从欧洲到美国西海岸及海湾地区各港的大西洋航线的转运货物。北美小陆桥在缩短运输距离、节省运输时间上效果是显著的。以日本/美东航线为例，从大阪至纽约全程水运（经巴拿马运河）航线距离 9 700 n mile，运输时间 21～24 天。而采用小陆桥运输，运输距离仅 7 400 n mile，运输时间 16 天，可节省 1 周左右的时间。

（2）微桥运输

微桥运输与小陆桥运输基本相似，只是其交货地点在内陆地区。北美微桥运输是指经北美东、西海岸及墨西哥湾沿岸港口到美国、加拿大内陆地区的联运服务。随着北美小陆桥运输的发展，出现了新的矛盾，主要反映在：如货物由靠近东海岸的内地城市运往远东地区（或反向），首先要通过国内运输，以国内提单运至东海岸交船公司，然后由船公司另外签发由东海岸出口的国际货运单证，再通过国内运输运至西海岸港口，然后海运至远东。货主认为，这种运输不能从内地直接以国际货运单证运至西海岸港口转运，不仅增加费用，而且耽误运输时间。为解决这一问题，微桥运输应运而生。进出美、加内陆城市的货物采用微桥运输既可节省运输时间，也可避免双重港口收费，从而节省费用。例如，往来于日本和美东内陆城市匹兹堡的集装箱货，可从日本海运至美国西海岸港口，如奥克兰，然后通过铁路直接联运至匹兹堡，这样可完全避免进入美东的费城港，从而节省了在该港的港口费支出。

（三）海空联运

海空联运又被称为空桥运输（Airbridge Service）。在运输组织方式上，空桥运输与陆桥运输有所不同：陆桥运输在整个货运过程中使用的是同一个集装箱，不用换装，而空桥运输的货物通常要在航空港换入航空集装箱。不过。两者的目标是一致的，即以低费率提供快捷、可靠的运输服务。

海空联运方式始于 20 世纪 60 年代，但到 80 年代才得到较大的发展。采用这种运输方式，运输时间比全程海运短，运输费用比全程空运便宜。20 世纪 60 年代，将远东船运至美国西海岸的货物，再通过航空运至美国内陆地区或美国东海岸，从而出现了海空联运。当然，这种联运组织形式是以海运为主，只是最终交货运输区段由空运承担。1960年年底，原苏联航空公司开辟了经由西伯利亚至欧洲航空线。1968年，加拿大航空公司参加了国际多式联运。80年代，出现了经由香港、新加坡、泰国等至欧洲航空线。国际海空联运线主要有：

（1）远东—欧洲：远东与欧洲间的航线有以温哥华、西雅图、洛杉矶为中转地，也有以香港、曼谷、海参崴为中转地。此外还有以旧金山、新加坡为中转地。

（2）远东—中南美：远东至中南美的海空联运发展较快，因为此处港口和内陆运输不稳定，所以对海空运输的需求很大。该联运线以迈阿密、洛杉矶、温哥华为中转地。

（3）远东—中近东、非洲、澳洲：这是以香港、曼谷为中转地至中近东、非洲的运输服务。在特殊情况下，还有经马赛至非洲、经曼谷至印度、经香港至澳洲等联运线，但这些线路货运量较小。

总的来讲，运输距离越远，采用海空联运的优越性就越大，因为同完全采用海运相比，其运输时间更短。同直接采用空运相比，其费率更低。因此，从远东出发将欧洲、中南美以及非洲作为海空联运的主要市场是合适的。

思考题

1. 简述集装箱运输的特点。
2. 简述集装箱托运人及承运人的责任。
3. 简述集装箱的交接操作。
4. 简述集装箱的出口流程。
5. 国际多式联运的要件是什么？其经营人有哪些？
6. 多式联运单据效力如何？
7. 简述多式联运单据与联运提单的区别。
8. 多式联运单据的签发有什么特点？
9. 国际多式联运与一般国际货物运输的主要不同点是什么？
10. 国际上多式联运的组织形式有哪几种？

第四章　其他运输方式

第一节　铁路运输

铁路运输（Rail Transportation）是一种利用铁路进行国际贸易货物运输的方式，是仅次于海洋运输的主要运输方式。

一、铁路运输概论

铁路运输是指利用铁路进行货物运输的一种方式。铁路运输由于受气候和自然条件影响较小，且运输能力及单车装载量大，在运输的经常性和低成本性上占据了优势，再加上有多种类型的车辆，使它几乎能承运任何商品，可以不受重量和容积的限制，而这些都是公路和航空运输方式所不能比拟的。因而，在国际贸易货物运输中，铁路运输是一种仅次于海洋运输的主要运输方式。

（一）特点

一般来说，铁路运输能力大，运输成本低；运输连续性好，能耗低；不受自然气候条件的影响，可保障全年的正常运输；运输安全可靠；货运手续较为简单，且交接货物方便。

（二）种类

铁路货物运输种类即铁路货物运输方式，按经营方式的不同可分国际铁路货物联运和国内铁路运输。按中国铁路技术条件，现行的铁路货物运输种类分为整车、零担、集装箱三种。整车适于运输大宗货物；零担适于运输小批量的零星货物；集装箱适于运输精密、贵重、易损的货物。

（三）承运人责任

（1）货损责任：自接受承运时起到交付时止。

（2）迟延交付责任：逾期支付违约金。

（3）免责：不可抗力；货物本身的自然属性或合理损耗；托运人或收货人的过错。

二、铁路货物运输基本流程

（一）货运合同的签订

货运合同是承运人将货物从发站运输至指定地点，托运人或收货人支付运输费用的合同。货运合同的当事人是承运人、托运人与收货人。根据《合同法》、《铁路货物运输合同实施细则》的规定，承、托双方必须签订货运合同。

铁路货运合同有预约合同和承运合同，都属于书面形式的合同。

1. 预约合同

预约合同以"铁路货物运输服务订单"（简称为"订单"）作为合同书，预约合同签订过程就是订单的提报与批准过程。根据《铁路货物运输计划管理暂行办法》，操作具体如下：

（1）订单提报

①托运人应于每月 19 日前向铁路提报次月集中审定的订单，其他订单可以随时提报。

②托运人办理整车货物（包括以整车形式运输的集装箱）运输应提出订单一式两份；与铁路联网的托运人，可通过网络向铁路提报。

③订单内容应正确填写，字迹清楚，不得涂改。

（2）订单审定

订单审定方式有集中审定、随时审定、立即审定等。集中审定是指为编制次月月统计划，对每月 19 日前提报的次月订单进行定期审定；随时审定是指对未列入月编计划的订单进行随时受理随时审定；立即审定是指对抢险救灾等必须迅速运输的物资审定的方式。

2. 承运合同

承运合同也可以"货物运单"（简称为"运单"）来表示。托运人按要求填写运单提交承运人，经承运人审核同意并承运后承运合同成立。运单是托运人与承运人之间为运输货物而签订的一种货运合同或货运合同的组成部分。因此，运单既是确定托运人、承运人、收货人之间在运输过程中的权利、义务和责任的原始依据，又是托运人向承运人托运货物的申请书、承运人承运货物和核收运费、填制货票以及编制记录和理赔的依据。

零担货物和以零担形式运输的集装箱货物使用运单作为货运合同。整车货物与以整车形式运输的集装箱货物的货运合同包括经审定的订单和运单。

（二）货物的托运和承运

1. 货物运单

（1）运单

运单是托运人与承运人之间，为运输货物而签订的一种运输合同或运输合同的组成部分。它是确定托运人、承运人、收货人之间在铁路运输中的权利、义务和责任的原始依据。货物运单即是托运人向承运人托运货物的申请书，也是承运人承运货物和核收运费、填制货票以及编制记录和备查的依据。货物运单由货物运单和领货凭证两部分组成。

（2）货物运单的传递过程

货物运单：托运人→发站→到站→收货人。

领货凭证：托运人→发站→托运人→收货人→到站

（3）运单的填写

运单填写的基本要求：

正确：要求填记的内容和方法符合规定。

完备：要求填记的事项，必须填写齐全，不得遗漏。如危险货物不但要填写货物的名称，而且要填写其编号。

真实：要求实事求是地填写，内容不得虚假隐瞒。如不能错报、匿报货物品名。

详细：要求填写的品名应具体，有具体名称的不填概括名称，如双人床、沙发、立柜不能填写为“家具”。

清楚：填写字迹清晰，应使用钢笔、毛笔、圆珠笔或加盖戳记、打字机打印或印刷等方法填写，不能用红色墨水填写，文字规范，以免造成办理上的错误。

更改盖章：运单内填写各栏有更改时，在更改处，属于托运人填记事项，应由托运人盖章证明；属于承运人记载事项，应由车站加盖站名戳记。

2. 货物的托运与受理

（1）托运：托运人向承运人提出货物运单和运输要求，称为货物的托运。

铁路运输货物以批为单位。“一批”就是一个运输单位，也是承运人计算货物运输费用的一个单位。一批货物的托运人、收货人、发站、到站、装卸地点必须相同（整车分卸的货物可以例外）。

整车货物以一车为一批（但跨装、爬装及使用游车的货物，可以每一车组为一批），零担货物以每张货物运单所托运的货物为一批，集装箱货物以每张货物运单所托运的集装箱数为一批（每批必须同一箱型，至少一箱，最多不得超过铁路一辆货车所能装运的箱数）。

托运人向承运人交运货物，应向车站按批填写货物运单一份。托运人向车站填写货物运单，即说明其向铁路详细而正确提出了书面申请，并愿意遵守铁路货物运输的有关规定，履行义务，且货物已准备就绪，随时可以移交承运人。

（2）受理：车站对托运人提出的货物运单，经审查符合运输要求，在货物运单上签上货物搬入或装车日期后，即为受理。

3. 进货与验货

（1）进货：托运人凭车站签证后的货物运单，按指定日期将货物搬入货场指定的货位即为进货。

托运人进货时，应根据货物运单核对是否符合签证上的搬入日期，品名与现货是否相等。经检查无误后，方准搬入货场。

（2）验货：进货验收是为了保证货物运输安全、完整以及划清承运人与托运人之间的责任，如检查疏忽，则可能会使不符合运输要求的货物进入运输过程，造成或扩大货物的损失。

检查的内容主要有以下几项：

①货物的名称、件数是否与货物运单的记载相符。

②货物的状态是否良好。

③货物的运输包装和标记及加固材料是否符合规定。托运人托运货物，应根据货物的性质、重量、运输种类、运输距离、气候以及货车装载等条件，使用符合运输要求，便于装卸和保证货物安全的运输包装。

④货物的标记（货签）是否齐全、正确。

⑤货件上的旧标记是否撤换或抹消。

⑥装载整车货物所需要的货车装备物品或加固材料是否齐备。

4. 货物的件数、重量

在铁路运输过程中，保证货物的件数和重量的完整是承运人必须履行的义务。因此，铁路明确规定了确定货物件数和重量的范围。

按整车运输的货物，原则上按件数和重量承运，但有些非成件货物或一批货物件数过多而且规格不同，在承运、装卸、交接和交付时，点件费时、费力，只能按重量承运，不再计算件数。只按重量承运，不计算件数的货物有：

（1）散堆装货物。

（2）以整车运输的规格相同（规格在3种以内视为规格相同）的货物件数超过2 000件。

（3）规格不同一批数量超过1 600件的成件货物。

整车货物与集装箱货物，由托运人确定重量；零担货物除标准重量、标记重量或有过秤清单及一件重量超过车站衡器最大称量的货物外，由承运人确定重量，并核收过秤费。

5. 货票

整车货物装车后（零担货物过秤完了，集装箱货物装箱后），货运员将签收的运单移交货运室填制货票，核收运杂费。

货票是铁路运输货物的凭证，也是一种具有财务性质的票据，可以作为承运货物的依据和交接运输的凭证。

货票一式四联。甲联为发站存查联；乙联为报告联，由发站报发局；丙联由发站给托运人报销用。丁联为运输凭证，由发站随货物递交到站，到站由收货人签章交付，作为完成运输合同的唯一依据。

6. 货物的承运

（1）承运前的保管

托运人将货物搬入车站，经验收完毕后，一般不能立即装车，需在货场内存放，这就产生了承运前保管的问题。

整车货物，发站实行承运前保管的，从收货完毕填发收货证起，即负责承运前保管责任；零担货物和集装箱运输的货物，车站从收货完毕时即负保管责任。

（2）承运

零担和集装箱运输的货物由发站接收完毕，整车货物装车完毕，发站在货物运单上加盖车站日期戳时起，即为承运。承运是货物运输合同的成立，从承运起承托双方就要分别履行运输合同的权利，义务和责任。因此，承运意味着铁路负责运输的开始，是承运人与托运人划分责任的时间界线。同时承运标志着货物正式进入运输过程。

7. 标打标志、标记

在储运过程中有特殊要求的货物，应有包装上标打包装储运图示标志。对于危险货物，还应在包装上按规定标打危险货物包装标志。对于零担货物，还应在包装上标打货物标志，标签上填写的内容必须与运单相应内容一致。

（三）货物的到达领取

1. 货物的暂存

对到达的货物，收货人有义务及时将货物搬出，铁路也有义务提供一定的免费保管期间，以便收货人安排搬运车辆，办理仓储手续。免费保管期间规定为：由承运人组织卸车的货物，收货人应于承运人发出催领通知的次日（不能实行催领通知或会同收货人卸车的货物为卸车的次日）起算，2 天（铁路局规定 1 天的为 1 天）内将货物搬出，超过此期限未将货物搬出，其超过的时间核收货物暂存费。

货物运抵到站，收货人应及时领取。拒绝领取时，应出具书面说明。自拒领之日起，3 日内应及时通知托运人和发站，征求处理意见。托运人自接到通知之日起，30 日内提出处理意见答复到站。

从承运人发出催领通知次日起（不能实行催领通知时，从卸车完毕的次日起），经过查找，满 30 日（搬家货物满 60 天）仍无人领取的货物或收货人拒领，托运人又未按规定期限提出处理意见的货物，承运人可按无法交付货物处理。

无法交付货物的范围、保管期限、上报和移交手续、价款处理，应按照国家经济委员会颁发的《关于港口、车站无法交付货物的处理办法》规定办理。

对性质不宜长期保管的货物，承运人根据具体情况，可缩短通知和处理期限。

2. 票据交付

收货人持领货凭证和规定的证件到货运室办理货物领取手续，在支付费用和在货票丁联盖章（或签字）后，留下领货凭证，在运单和货票上加盖到站交付日期戳，然后将运单交给收货人，凭此领取货物。如收货人在办理货物领取手续时领货凭证未到或丢失时，机关、企业、团体应提出本单位的证明文件；个人应提出本人居民身份证、工作证（或户口簿）或服务所在单位（或居住单位）出具的证明文件。

货物在运输途中发生的费用（如包装整修费、托运人责任的整理或换装费、货物变更手续等）和到站发生的杂费，在到站时应由收货人支付。

3. 现货交付

现货交付即承运人向收货人点交货物。收货人持货运室交回的运单到货物存放地点领取货物，货运员向收货人点交货物完毕后，在运单上加盖“货物交讫”戳记，并记明交付完毕的时间，然后将运单交还给收货人，凭此将货物搬出货场。

在实行整车货物交付前保管的车站，货物交付完毕后，如收货人不能在当日将货物全批撤出车站时，对其剩余部分，按件数和重量承运的货物，可按件数点交车站负责保管，只按重量承运的货物，可向车站声明。

收货人持加盖“货物交讫”的运单将货物搬出货场，门卫对搬出的货物应认真检查品名、件数、交付日期与运单记载是否相符，经确认无误后放行。

三、铁路运费

铁路货物运输费用包括车站费用、运行费用、服务费用和额外占用铁路设备等各项费用。铁路货物运输费用由铁路运输企业使用“货票”和“运费杂费收据”核收。

（一）运输费用的计算

（1）计算运输费用的基本依据是《铁路货物运价规则》（以下简称《价规》）；

（2）查出发站至到站的运价里程；

（3）从《铁路货物运输品名分类与代码表》（《价规》附件一）和《铁路货物运输品名检查表》（《价规》附件三）查出该品名的适用运价号；

（4）按适用的货物运价号，依下侧附表计算出货物单位重量（整车为吨、零担为10千克，集装箱为箱）的运费。单位重量运费与货物总重量相乘，即为该批货物的运费；

（5）依《价规》附录一、二、三的规定，分别计算货物的电气化附加费、新路新价均摊运费、建设基金等3项费用，再与运费相加即为货物的运输费用；

（6）杂费按《价规》的规定核收。

货物单位重量的运费计算公式：

整车货物每吨运价=发到基价+运行基价×运价公里

零担货物每 10 千克运价 = 发到基价 + 运行基价 × 运价公里

集装箱货物每箱运价 = 发到基价 + 运行基价 × 运价公里

（二）货物计费重量的确定

货物计费重量：整车是以吨为单位，吨以下四舍五入；零担是以 10 千克（10 千克）为单位，不足 10 千克进为 10 千克；集装箱是以箱为单位。每项运费的尾数不足 1 角时，按四舍五入处理；每项杂费不满 1 个计算单位，均按 1 个计算单位计算。零担货物的起码运费每批为 2 元。

（三）《价规》所附几项运输费用核收方法（表 4-1、表 4-2）

表 4-1　**铁路货物运价率表**

办理类别	货价号	发到基价		运行基价	
		单位	标准	单位	标准
整车	1	元／吨	4.60	元／吨公里	0.021 2
	2	元／吨	5.40	元／吨公里	0.024 3
	3	元／吨	6.20	元／吨公里	0.028 4
	4	元／吨	7.00	元／吨公里	0.031 9
	5	元／吨	7.90	元／吨公里	0.036 0
	6	元／吨	8.50	元／吨公里	0.039 0
	7	元／吨	9.60	元／吨公里	0.043 7
	8	元／吨	10.70	元／吨公里	0.049 0
	9			元／吨公里	0.150 0
	冰保	元／吨	8.30	元／吨公里	0.045 5
	机保	元／吨	9.80	元／吨公里	0.067 5
零担	21	元／吨	0.087	元／吨公里	0.000 365
	22	元/10 千克	0.104	元/10 千克公里	0.000 438
	23	元/10 千克	0.125	元/10 千克公里	0.000 526
	24	元/10 千克	0.150	元/10 千克公里	0.000 631
集装箱	1 吨箱	元／箱	7.40	元／箱公里	0.003 29
	5.6 吨箱	元／箱	57.00	元／箱公里	0.252 5
	10 吨箱	元／箱	86.20	元／箱公里	0.381 8
	20 英尺箱	元／箱	161.00	元／箱公里	0.712 8
	40 英尺箱	元／箱	314.70	元／箱公里	1.393 5

铁路电气化附加费核收办法：

凡货物运输中途经过下表所列电气化区段时，均按《铁路电气化附加费核收办法》（《价规》附录一）的规定收取电气化附加费。

电气化附加费计算公式：

电气化附加费 = 费率 × 计费重量（箱数或轴数）× 电化里程

表 4-2　　　　费率见电气化附加费费率表

项目种类			计费单位	费率
整车货物			元／吨公里	0.012
零担货物			元/10 千克公里	0.000 12
自轮运装货物			元／轴公里	0.036
集装箱	1 吨箱		元／箱公里	0.007 2
	5.6 吨箱		元／箱公里	0.06
	10 吨箱		元／箱公里	0.100 8
	20 英尺箱		元／箱公里	0.192
	40 英尺箱		元／箱公里	0.408
	自备空箱	1 吨箱	元／箱公里	0.003 6
		5.6 吨箱	元／箱公里	0.03
		10 吨箱	元／箱公里	0.050 4
		20 英尺箱	元／箱公里	0.096
		40 英尺箱	元／箱公里	0.204

新路新价均摊运费核收办法：

铁路建设中新建线路不断增加，为了既体现国家实行新路新价的原则，又方便计算运费，凡经国家铁路运输的货物，按发站至到站国铁正式营业线和实行统一运价的运营临管线的运价里程，均按《新路新价均摊运费核收办法》（《价规》附录二）的规定收取新路新价均摊运费。

新路新价均摊运费计算公式：

新路新价均摊运费=均摊运价率×计费重量（箱数或轴数）×运价里程。

铁路建设基金计算核收办法：

铁路收取建设基金的目的是专款专用，保证铁路建设的不断发展。

铁路建设基金的计算公式：

建设基金=费率×计费重量（箱数或轴数）×运价里程

（四）部分临管铁路和新线特殊运价

根据国家有关政策，国家计委、铁道部对部分临管铁路和新线运费实行特殊运价。

（五）货物装卸搬运费率

铁路货物装卸搬运作业费收费项目分整车、零担、集装箱、杂项作业 4 种。各地区、各车站按其实际发生的项目和铁道部规定的费率标准核收。

计算装卸搬运费重量：整车货物以吨为单位，吨以下四舍五入；零担货物以 10 千克为单位，不足 10 千克进为 10 千克；集装箱货物以箱为单位。

货物堆放地点与车辆的最大距离：整车、零担货物为 30 米，集装箱货物为 50 米。人力装卸堆放于仓库和雨棚以外的货物、整车包装成件货物的装车距离为 20

米，散堆装货物除木材、毛竹、草秸类货物重复装车为 20 米外，其他货物均为 6 米。

凡超过上述规定的装卸距离，其超过部分按搬运处理。

货物装卸，搬运费用，按各铁路局规定收取。

（六）其他运输费用

根据货物运输的需要，按《价规》的规定，核收货物快运费。

铁路国际联运货物、水陆联运货物、军事运输货物，分别按有关规定收取。

（七）运输费用退补

托运人、收货人要求承运人退还多收运输费用时，须提出货票丙联或运费杂费收据。要求承运人支付货物运到逾期违约金时，须提出货物运单和货物全部搬出货场实际时间的证明。

承运人与托运人或收货人相互间要求退补费用的有效期间为 180 日，要求承运人支付违约金的有效期间为 60 日。每批货物发生退补的款额不足 5 元（零担货物每批不足 1 元）互不退补、互付或核收。个人托运的搬家货物、行李不受以上规定款额的限制。

四、铁路运输单据

（一）铁路运单

铁路运单是由铁路运输承运人签发的货运单据，是收、发货人同铁路之间的运输契约。当通过国际铁路办理货物运输时，在发运站由承运人加盖日戳签发的运单叫“铁路运单”（Railwaybill）。如表 4-3～表 4-5 所示：

表 4-3　　货物运单（普通）

<table>
<tr><td colspan="10">货物指定于　1　月　17　日搬入　　重庆铁路局
承运人/托运人装车
承运人/托运人施封
货位：23　　　货物运单
计划号码或运输号码：415　　托运人→发站→到站→收货人
运到期限　4　日　　　货票第　1　号</td></tr>
<tr><td colspan="5">托运人填写</td><td colspan="5">承运人填写</td></tr>
<tr><td>发站</td><td>四川宜宾</td><td>到站（局）</td><td colspan="2">重庆</td><td>车种车号</td><td colspan="2">集装箱车 5200000</td><td>货车标重</td><td>5T</td></tr>
<tr><td rowspan="2">托运人</td><td>名称</td><td colspan="3">四川宜宾食品公司</td><td>经由</td><td colspan="2">铁路货车篷布号码</td><td colspan="2">3000000</td></tr>
<tr><td>住址</td><td>四川××路</td><td>电话</td><td>55555</td><td></td><td rowspan="2">集装箱号　码</td><td colspan="3" rowspan="2">5200000</td></tr>
<tr><td rowspan="2">收货人</td><td>名称</td><td colspan="3">重庆国都实业有限公司</td><td>运价里程</td></tr>
<tr><td>住址</td><td>重庆××路</td><td>电话</td><td>45454</td><td>231KM</td><td></td><td colspan="3"></td></tr>
</table>

表4-3(续)

<table>
<tr><td>货物名称</td><td>件数</td><td>包装</td><td>货物价格</td><td>托运人确定重量（千克）</td><td>承运人确定重量(千克)</td><td>计费重量</td><td>运价号</td><td>运价率</td><td>运费</td></tr>
<tr><td>雪梨</td><td>220</td><td>箱装</td><td>5 800</td><td>3 300</td><td>3 300</td><td>3/1</td><td>21</td><td>0.523</td><td>2 000</td></tr>
<tr><td></td><td></td><td></td><td></td><td></td><td></td><td></td><td></td><td></td><td></td></tr>
<tr><td>合计</td><td>220</td><td>箱装</td><td>5 800</td><td>3 300</td><td>3 300</td><td>3/1</td><td>21</td><td>0.523</td><td>2 000</td></tr>
<tr><td>托运人记载事项</td><td colspan="4">保险：
所运货物属于水果，须注意货物的平稳，避免强光，以免货物受损</td><td>承运人记载事项</td><td colspan="4">避免强光，保证包装稳定性</td></tr>
<tr><td colspan="4">注：本单不作为收款凭证，托运人签约须知见背面。
规格：350×185mm</td><td colspan="3">托运人盖章或签字　万诗涛
到站交付日期戳
2009 年 1 月 20 日</td><td colspan="3">发站承运日期戳
2009. 1. 19</td></tr>
</table>

表 4-4　　**货物运单（背面）**

托运人须知

1. 托运人持本货物运单向铁路托运货物，证明并确认和愿意遵守铁路货物运输的有关规定。
2. 货物运单所记载的货物名称、重量与货物的实际完全相符，托运人对其真实性负责。
3. 货物的内容、品质和价值是托运人提供的，承运人在接收和承运货物时并未全部核对。
4. 托运人应及时将领货凭证寄交收货人，凭以联系到站领取货物。

表 4-5　　**领货凭证样式**

<table>
<tr><td>领货凭证
车种及车号集装箱/5200000
货票第　1　号
运到期限　4　日</td><td>领货凭证（背面）</td></tr>
<tr><td>
<table>
<tr><td>发　站</td><td colspan="2">四川宜宾</td></tr>
<tr><td>到　站</td><td colspan="2">重庆</td></tr>
<tr><td>托运人</td><td colspan="2">四川宜宾食品公司</td></tr>
<tr><td>收货人</td><td colspan="2">重庆国都实业有限公司</td></tr>
<tr><td>货物名称</td><td>件数</td><td>重量</td></tr>
<tr><td>雪梨</td><td>220</td><td>3 300KG</td></tr>
<tr><td></td><td></td><td></td></tr>
<tr><td colspan="3">承运人盖章或签字：四川宜宾铁路局</td></tr>
<tr><td colspan="3">发站承运日期戳 2009. 1. 17</td></tr>
</table>
注：收货人领货须知见背面</td><td>收货人领货须知
1. 收货人接到托运人寄交的领货凭证后，应及时向到站联系领取货物。
2. 收货人领取货物已超过免费暂存期限时，应按规定支付货物暂存费。
3. 收货人在到站领取货物，如遇货物未到时，应要求到站在本证背面加盖车站戳证明货物未到。</td></tr>
</table>

（二）铁路运输单据的制作注意事项

铁路运单一律以目的地收货人作记名抬头，一式两份。正本随货物同行，到目的地交收货人作为提货通知；副本交托运人作为收到托运货物的收据。在货物尚未到达目的地之前，托运人可凭运单副本指示承运人停运，或将货物运给另一个收货人。

铁路货物运单是承运人与托运人之间，为运输货物而签订的一种运输合同，运单的内容包括：

①托运人、收货人名称及其详细地址、邮政编码、电话号码；②发站、到站及到站所属的铁路局；③货物名称；④货物包装、标志；⑤件数和重量；⑥承运日期；⑦运到期限；⑧运输费用；⑨货车类型及车号；⑩施封货车的施封号码；⑪需要由托运人、承运人记明的事项。

铁路货物运单规定了在货物运输过程中托运人、承运人和收货人的权利、义务和责任，并对所填记的内容负责。货物运单既是办理铁路货物运输的最原始依据，又是划清承运人与托运人、收货人之间责任的重要依据，因此，货物在运输过程中，如果发生货运事故或运输费用计算错误时，货物运单就是处理承运人与托运人，收货人间责任的依据。

五、国际铁路联运实务

国际铁路货物联运是指两个或两个以上国家的铁路按照共同签署的有关协定，联合完成货物的全程运输任务，使用一份运输单据，在由一国铁路向另一国铁路移交货物时，无须收、发货人参加，由托运人支付全程费用的铁路货物运输组织形式。采用这种运输方式，有关当事国事先必须签有书面协定。

（一）分类

1.“货协国”之间的运输

《国际铁路货物联运协定》（简称《国际货协》）。1953 年，我国与朝鲜、罗马尼亚、苏联、阿尔巴尼亚、越南、保加利亚、匈牙利、民主德国、波兰、蒙古、捷克斯洛伐克等共 12 个国家，签订了《国际铁路货物联运协定》（简称《国际货协》)、按《国际货协》规定，凡参加《国际货协》国家的进出口货物，发货人使用一张运单在发货站向铁路托运，即可由铁路以连带责任办理货物的全程运输，在最终到达站将货物交付收货人。在由一国铁路向另一国铁路移交货物时，收发货人也无须参加。我国于 1954 年也加入了该协定。

2.“货协国”与“货约国”之间的运输

国际货约——由铁路联运开始较早的欧洲国家组成的，其公约为《国际铁路货物运送公约》（简称《国际货约》），《国际货约》是 1890 年欧洲各国在瑞士的伯尼尔举行的各国铁路代表会议上制定的《国际铁路货物运送规则》，1938 年改为

《国际铁路货物运送公约》（简称《国际货约》）参加国有：德国、奥地利、比利时、丹麦、西班牙、芬兰、法国、希腊、意大利、列士敦士登、瑞士、土耳其、南斯拉夫、保加利亚、匈牙利、罗马尼亚、捷克斯洛伐克。

参加《国际货协》国家的进出口货物，可以通过铁路转运至参加《国际货约》的国家，反方向亦可以。其具体做法是：从参加国际货协的国家发货，使用国际铁路货协的联运运单，当货物运到离开国际货协参加国的最终出口国国境站时，由铁路过境站负责改换适当的联运单据继续转运至最终到站。从未参加《国际货协》的国家向参加《国际货协》国家铁路发货，其继续转运发送事宜，则由参加《国际货协》的第一过境铁路的进口国国境站负责办理。

（二）国际铁路联运办理类别

1. 按货量、体积和性质划分

按货量、体积和性质划分为整车货物、零担货物（重量不超过 5 000kg）以及吨位集装箱；

特殊货物只限按整车办理，具体有：需要冷藏、保温或加温运输的货物；危险货物；易于污染其他货物的污秽品；蜂蜜；未装容器的活动物；不易计算件数的货物；一件重量超过 2 000kg，体积超过 $3m^3$ 或长度超过 9m 的货物；一件重量不足 10kg、体积小于 $0.01m^3$ 的货物。

2. 按运送速度划分

（1）快运：整车或大吨位集装箱每 320 运价公里为一天（昼夜）；零担每 200 运价公里为一天（昼夜）。

（2）慢运：每 200 运价公里为一天（昼夜）；零担每 150 运价公里为一天（昼夜）。

（3）随旅客列车挂运：每 420 运价公里为一天（昼夜）。

（三）联运货运代理业务

1. 国际铁路联运运单

国际铁路联运运单（以下简称运单），由运单正本、运行报单、运单副本、货物交付单和货物到达通知单 5 张组成。

（1）运单正本：是运输合同的凭证，它随同货物至到站，并连同第 5 张（货物到达通知单）和货物一起交给收货人

（2）运行报单：是参加联运各铁路办理货物交接、划分运送责任以及清算运送费用，统计运量和运输收入的原始依据，它随同货物至到站，并留存到达路。

（3）货物交付单：随同货物至到站，并留存到达路。

（4）货物到达通知单：随同货物至到站，并连同第 1 张和货物一并交给收货人。

在实际业务中，可视情况需要增加若干补充运行报单。补充运行报单包括：带号码的补充运行报单（以下简称有号报单）和不带号码的补充运行报单（以下简称

无号报单）两种。

（1）有号报单是为发送路准备的，一般填制三份，一份留站存查，一份报所属铁路局，一份随同货物至出口国境站截留。

（2）无号报单是为过境路准备的，每过境一个国家的铁路要填制一份。

2. 联运出口货代操作实务

（1）联运计划

根据现行铁路规定，凡发运整车货物，都需要有铁路部门批准的月度要车计划和旬度要车计划。

零担货物和集装箱货物不需要向铁路部门编报月度要车计划，但发货人须事先向发站办理托运手续。

（2）货物的托运与承运

接受客户询价—接受委托—运输单证—填写联运大票—报关—发车—口岸交接—退单收费

3. 联运进口代理操作实务

审查客户资料—询价、报价—签协议、收费—文件交付—接运—委托代办报关等—费用核收

注意事项：

（1）运输标志的编制和使用

按照我国规定，联运进口货物在订货工作开始前，由商务部统一编制向国外订货的代号，运输标志必须绘制清楚醒目、色泽鲜艳、大小适中，印制在货物外包装显著位置。

（2）审核联运进口货物的运输条件

审核收货人唛头是否正确，商品品名是否准确具体，货物性质和数量是否符合到站的办理种别，包装是否有关规定等。

（3）向国境站货运代理寄送单证，办理委托代理手续

合同副本及其附件、补充协议书、合同更改书及有关确认函电等资料。

第二节　航空运输

一、航空运输概论

（一）概念

航空运输又称飞机运输，它是在具有航空线路和飞机场的条件下，利用飞机作为运输工具进行货物运输的一种运输方式。航空运输在我国运输业中，其货运量占全国运输量比重还比较小，主要是承担长途客运任务，伴随着物流的快速发展，航

空运输在货运方面将会扮演重要角色。

（二）种类

航空运输企业经营的形式主要有班期运输、包机运输和航空快递业务。

1. 班机运输

班机运输（Scheduled Airline）指具有固定开航时间、航线和停靠航站的飞机。通常为客货混合型飞机，货舱容量较小，运价较贵，但由于航期固定，有利于客户安排鲜活商品或急需商品的运送。

2. 包机运输

包机运输（Chartered Carrier）是指航空公司按照约定的条件和费率，将整架飞机租给一个或若干个包机人（包机人指发货人或航空货运代理公司），从一个或几个航空站装运货物至指定目的地。包机运输适合于大宗货物运输，费率低于班机，但运送时间则比班机要长些。

3. 集中托运

集中托运（Consolidation）可以采用班机或包机运输方式，是指航空货运代理公司将若干批单独发运的货物集中成一批向航空公司办理托运，填写一份总运单送至同一目的地，然后由其委托当地的代理人负责分发给各个实际收货人。这种托运方式，可降低运费，是航空货运代理的主要业务之一。

4. 航空快递

航空快递中急件专递是目前航空运输中最快捷的方式，它由专门经营此项业务的部门和航空公司合作，以最迅速的方式传送急件。

（三）特点

航空运输具有破损率低，安全性好，时效性高，运输速度快等优点，但同时航空运输又具有运输成本高，运价昂贵，受天气状况限制大，载量有限等缺点。

二、航空运输托运流程

（1）托运人托运货物应向承运人填交货物运输单，并根据国家主管部门规定随附必要的有效证明文件。托运人应对运输单填写内容的真实性和正确性负责。托运人填交的货物运输单经承运人接受，并由承运人填发货物运输单后，航空货物运输合同即告成立。

（2）托运人要求包用飞机运输货物，应填交包机申请书，经承运人同意接受并签订包机运输协议书以后，航空包机货物运输合同即告成立，签订协议书的当事人，均应遵守民航主管机关有关包机运输的规定。

（3）托运人对运输的货物，应当按照国家主管部门规定的包装标准包装；没有统一规定包装标准的，托运人应当根据保证运输安全的原则，按货物的性质和承载飞机等条件包装。凡不符合上述包装要求的，承运人有权拒绝承运不符合规格的货物。

（4）托运人必须在托运的货物上标明发站、到站和托运人、收货人的单位。姓名和地址，按照国家规定标明包装储运指标标志。

（5）国家规定必须保险的货物，托运人应在托运时投保货物运输险。

（6）托运人托运货物，应按照民航主管机关规定的费率缴付运费和其他费用。除托运人和承运人另有协议外，运费及其他费用一律于承运入开具货物运单时一次付清。

（7）承运人应于货物运达到货地点后二十四小时内向收货人发出到货通知、收货人应及时凭提货证明到指定地点提取货物，货物从发出到货通知的次日起，免费保管三天。收货人逾期提取，应按运输规则缴讨保管费。

（8）收货人在提取货物时，对货物质量或重量无异议，并在货物运输单上签收，承运人即解除运输责任。

（9）因承运人的过失或故意造成托运人或收货人损失，托运人或收货人要求赔偿，应在填写货物运输事故记录的次日起一百八十日内，以书面形式向承运人提出，并附有关证明文件。

三、航空运价与运费

（一）基本概念

1. 航空运费（Weight Charge）

货物的航空运费是指将一票货物自始发地机场运输到目的地机场所应收取的航空运输费用，不包括其他费用。货物的航空运费主要由两个因素组成，即货物适用的运价与货物的计费重量。由于航空运输货物的种类繁多，货物运输的起讫地点所在航空区域不同，每种货物所适用的运价亦不同。

2. 运价（Rate）

运价又称费率，是指承运人对所运输的每一重量单位货物（千克或磅）（kg or lb）所收取的自始发地机场至目的地机场的航空费用。货物的航空运价一般以运输始发地的本国货币公布。

（1）航空货物运价所使用的货币

用以公布航空货物运价的货币称为运输始发地货币。货物的航空运价一般以运输始发地的本国货币公布，有的国家以美元代替其本国货币公布。以美元公布货物运价的国家视美元为当地货币。运输始发地销售的航空货运单的任何运价、运费值均应为运输始发地货币，即当地货币。

（2）货物运价的有效期

销售航空货运单所使用的运价应为填制货运单之日的有效运价，即在航空货物运价有效期内适用的运价。

3. 计费重量（Chargeable Weight）

货物的计费重量或者是货物的实际毛重，或者是货物的体积重量，或者是较高重量分界点的重量。

（1）实际毛重（Actual Gross Weight）：包括货物包装在内的货物重量。

（2）体积重量（Volume Weight）：体积重量的折算，换算标准为每 6 000 立方厘米折合 1 千克。

（3）计费重量（Chargeable Weight）：采用货物的实际毛重与货物的体积重量两者比较取高者；但当货物较高重量分界点的较低运价计算的航空运费较低时，则此较高重量分界点的货物起始重量作为货物的计费重量。

国际航协规定，国际货物的计费重量以 0.5 千克为最小单位，重量尾数不足 0.5 千克的，按 0.5 千克计算；0.5 千克以上不足 1 千克的，按 1 千克计算。例如，103.001kg → l03.5kgs，103.501kg → 104.0kgs。

当用同一份运单，收运两件或两件以上可以采用同样种类运价计算运费的货物时，计费重量为货物总的实际毛重与总的体积重量两者较高者。同上所述，较高重量分界点重量也可能成为货物的计费重量。

4. 最低运费（Minimum Charge）

货物按其适用的航空运价与其计费重量计算所得的航空运费，应与货物最低运费相比，取高者。

5. 其他费用（Other Charges）

其他费用是指由承运人、代理人或其他部门收取的与航空货物运输有关的费用。具体如下：

（1）货运单费（Documentation Charges）。用两字代码“AW”表示，按国际航协规定，航空货运单若由航空公司销售或填制，表示为“AWC”；由航空公司的代理人销售或填制，则表示为“AWA”。

（2）垫付款和垫付费（Disbursements and Disbursements Fees）。①垫付款仅适用于货物费用及其他费用到付。垫付款由最后一个承运人向提货人收取。在任何情况下，垫付款数额不能超过货运单上全部航空运费总额，但当货运单运费总额低于 100 美元时，垫付款金额可以达到 100 美元标准。②垫付费，代码为“DB”。

（3）危险品处理费（Charges for Shipments of Dangerous Goods-Handling）。代码为“PA”，自中国至 IATA 业务一区、二区、三区，每票货物的最低收费标准均为 400 元人民币。

（4）运费到付货物手续费（Charges Collect Fee，又称 CC Fee），代码为 CC Fee，在中国，CCFee 最低收费标准为 CNY100。

（5）声明价值附加费（Valuation Charges）

当托运人托运的货物，毛重每千克价值超过 20 美元或其等值货币时，可以办理货物声明价值，托运人办理声明价值必须是一票货运单上的全部货物，不得分批或者部分办理。托运人办理货物声明价值时，应按照规定向承运人支付声明价值附加费。声明价值附加费的计算公式为：

声明价值附加费=［货物声明价值-（货物毛重×20 美元）］

（二）航空国际货物运价体系

1. 国际货物运价的种类

（1）按运价的组成形式划分，国际货物运价包括协议运价、公布直达运价和非公布直达运价。公布直达运价包括普通货物运价（General Cargo Rate）、指定商品运价（Specific Commodity Rate）、等级货物运价（Commodity Classification Rate）、集装货物运价（Unit load Device Rate）。非公布直达运价包括比例运价和分段相加运价。

（2）按货物的性质划分，国际货物运价包括普通货物运价、指定商品运价、等级运价和集装货物运价。

2. 国际货物运价使用一般规定

（1）使用顺序：优先使用协议运价；如果没有协议运价，使用公布直达运价；如果没有协议运价和公布直达运价，使用比例运价；最后采用分段相加运价（最低组合）。

（2）货物运价应为填开货运单当日承运人公布的有效货物运价。

（3）货物运价的使用必须严格遵守货运运输路线的方向性，不可反方向使用运价。

（4）使用货物运价时，必须符合货物运价注释中要求和规定条件。

3. 普通货物运价（General Cargo Rate，简称 GCR）的计算步骤

（1）术语：Volume（体积）、Volume Weight（体积重量）、Chargeable Weight（计费重量）、Applicable Rate（适用运价）、Weight Charge（航空运费）。

（2）计算步骤：

第一步：计算出航空货物的体积（Volume）及体积重量（Volume Weight）。

体积重量的折算，换算标准为每 6 000 立方厘米折合 1 千克。即：

$$体积重量（千克）=\frac{货物体积}{6\ 000cm^3/kg}$$

第二步：计算货物的总重量（Gross Weight）。

总重量=单个商品重量×商品总数

第三步：比较体积重量与总重量，取大者为计费重量（Chargeable Weight）。根据国际航协规定，国际货物的计费重量以 0.5 千克为最小单位，重量尾数不足 0.5 千克的，按 0.5 千克计算；0.5 千克以上不足 1 千克的，按 1 千克计算。

第四步：根据公布运价，找出适合计费重量的适用运价（Applicable Rate）。

（1）计费重量小于 45 千克时，适用运价为 GCR N 的运价（GCR 为普通货物运价，N 运价表示重量在 45 千克以下的运价）。

(2) 计费重量大于45千克时，适用运价为GCR Q45、GCR Q100、GCR Q300等与不同重量等级分界点相对应的运价（航空货运对于45千克以上的不同重量分界点的普通货物运价均用“Q”表示）。

第五步：计算航空运费（Weight Charge）。

航空运费=计费重量×适用运价

第六步：若采用较高重量分界点的较低运价计算出的运费比第五步计算出的航空运费较低时，取低者。

第七步：比较第六步计算出的航空运费与最低运费M，取高者。

4. 指定商品运价（SCR）的计算步骤

（1）使用指定商品运价的条件

①运输始发地至目的地之间有公布的指定商品运价；②托运人所交运的货物，其品名与有关指定商品运价的货物品名相吻合；③货物的计费重量满足指定商品运价使用时的最低重量要求。

（2）计算步骤

第一步：先查询运价表，如运输始发地至目的地之间有公布的指定商品运价，则考虑使用指定商品运价。

第二步：查找TACT RATES BOOK的品名表，找出与运输货物品名相对应的指定商品代号。

第三步：计算计费重量。此步骤与普通货物的计算步骤相同。

第四步：找出适用运价，然后计算出航空运价。此时需要比较计费重量与指定商品运价的最低重量：

A、如果货物的计费重量超过指定商品运价的最低重量，则优先使用指定商品运价作为商品的适用运价，此时航空运价=计费重量×适用运价。

B、如果货物的计费重量没有达到指定商品运价的最低重量，则需要比较计算：

①按普通货物计算，适用运价为GCR N或GCR Q的运价，航空运价=计费重量×适用运价；

②按指定商品运价计算，适用运价为SCR的运价，航空运价=计费重量×适用运价；

③比较①和②计算出的航空运价，取低者。

第五步：比较第四步计算出的航空运费与最低运费M，取高者。

5. 其他运价

等级货物运价：等级货物运价是指在规定的业务区内或业务区之间运输特别指定的等级货物的运价。

IATA规则规定，等级货物包括以下各种货物：活动物；贵重货物；书报杂志类货物；作为货物运输的行李；灵柩、骨灰；汽车等。

6. 比例运价和分段相加运价

如果货物运输的始发地至目的地没有公布直达运价，则可以采用比例运价和分段相加运价的方法构成全程直通运价，计算全程运费。

（1）比例运价（Construction Rate）

当货物运输始发地至目的地无公布直达运价时，比例运价采用货物运价手册中公布的一种不能单独使用的运价附加数（Add-on Amount），与已知的公布直达运价相加构成非公布直达运价，此运价称为比例运价。

1）使用要求：TACT RATES BOOK 中所列的比例运价分为三类：①普通货物的比例运价，用“GCR”表示；②指定商品的比例运价，用“SCR”表示；③集装箱的比例运价，用“ULD”表示。

2）采用比例运价与公布直达运价相加时，必须严格遵守下列原则：

只有相同种类的货物运价才能组成始发站至目的站的货物运价。如：①普通货物比例运价只能与普通货物运价相加；②指定商品的比例运价只能与指定商品的运价相加；③集装箱的比例运价只能与集装箱的运价相加。

3）注意事项：①比例运价只适合于国际运输，不适合于当地运输；②采用比例运价构成直达运价，比例运价可加在公布运价的两端，但每一端不能连加两个以上的比例运价；③当始发地或目的地可以经不同的运价组成点与比例运价相加组成不同的直达运价，应采用最低运价；④运价的构成不影响货物的运输路线。

（2）分段相加运价（Combination of Rates and Charges）

1）基础知识。对于相同运价种类，当货物运输的始发地至目的地无公布直达运价和比例运价时，只能采用分段相加的办法，组成运输起讫地点间的运价，一般采用最低组合运价。分段相加运价（COMBINATION RATES AND CHARGES），译为分段相加运价和分段相加运费。

对于采用不同的运价种类，组成分段相加运价，必须严格按 TACT RULES3. 8. 2 的运价相加规则进行组合：

①运输起讫地点间的运价采用相同种类、相同重量分界点运价直接相加构成，则为分段相加运价（其中可能涉及货币换算），该运价乘以货物的计费重量即构成全程航空运费；

②如果运输起讫地点间的运价是采用不同种类运价或虽采用相同种类运价，但采用不同的重量等级分界点，则称为分段相加运费。

采用分段相加运价构成全程运费，在航空货运单的运费计算栏中，应在“NO. Pieces RCP”一栏的货物件数下面，填上运价组成点城市的英文三字代码。

2）国际货运分段相加运价的相加规则。具体见表 4-6：

表 4-6　　国际货运分段相加运价的相加规则

运价类别	可相加运价
国际普通货物运价（International GCR）	普通货物比例运价（Construction Rates for GCR） 国际普通货物运价（International GCR） 国内运价（Domestic Rates） 过境运价（Transborder Rates）
国际指定商品运价（International SCR）	指定商品运价（Construction Rates for SCR） 国内运价（Domestic Rates） 过境运价（TransborderRates）
国际等级运价（International Class Rates）	国内运价（Domestic Rates） 过境运价（TransborderRates）

从上表中可以看出，国际指定商品运价不可以与国际指定商品运价相加；国际等级货物运价不可以与国际等级货物运价相加。否则，这将违背了某种国际指定商品运价与国际等级货物运价的特定含义，从而破坏了运输起讫地点间的运价体系。

根据运价组成表，可采用左列运价和右列相加，也可采用右列运价和左列相加，以构成始发地至目的地的分段相加运价。国内运价和过境运价在组成分段相加运价时具有普遍性，其运价则受到一定的限制。

如果货物运输起讫地点间无公布直达运价且比例运价无指定商品运价，而运输的货物属于指定商品，按分段相加组成办法，可以采用以下两种计算方法：

①按普通货物比例运价计算；

②按分段相加的指定商品运价计算。

由于属于不同运价种类，比较计算时应考虑优先使用指定商品运价之原则，还应兼顾货物的重量是否满足指定商品运价的最低重量限制。总之，通过比较，计算出较低的航空运费。

国际航空货物运输中，航空运费是指自运输始发地至运输目的地之间的航空运输费用。在实际工作中，对于航空公司或其代理人将收运的货物自始发地（或从托运人手中）运至目的地（或提取货物后交给提货人）整个运输组织过程，除发生航空运费外，在运输始发站、中转站、目的站经常发生与航空运输有关的其他费用。

四、航空运单

（一）航空运单及其用途

航空运单（Airway Bill）与海运提单有很大不同，却与国际铁路运单相似。它是由承运人或其代理人签发的重要的货物运输单据，是承托双方的运输合同，其内容对双方均具有约束力。航空运单不可转让，持有航空运单也并不能说明可以对货物要求所有权。在航空运单的收货人栏内，必须详细填写收货人的全称和地址，而不能做成指示性抬头。

1. 航空运单是发货人与航空承运人之间运输合同

与海运提单不同，航空运单不仅证明航空运输合同的存在，而且航空运单本身就是发货人与航空运输承运人之间缔结的货物运输合同，在双方共同签署后产生效力，并在货物到达目的地交付给运单上所记载的收货人后失效。

2. 航空运单是承运人签发的已接收货物的证明

航空运单也是货物收据，在发货人将货物发运后，承运人或其代理人就会将其中一份交给发货人（即发货人联），作为已经接收货物的证明。除非另外注明，它是承运人收到货物并在良好条件下装运的证明。

3. 航空运单是承运人据以核收运费的账单

航空运单分别记载着属于收货人负担的费用，属于应支付给承运人的费用和应支付给代理人的费用，并详细列明费用的种类、金额，因此可作为运费账单和发票。承运人往往也将其中的承运人联作为记账凭证。

4. 航空运单是报关单证之一

出口时航空运单是报关单证之一。在货物到达目的地机场进行进口报关时，航空运单也通常是海关查验放行的基本单证。

5. 航空运单同时可作为保险证书

如果承运人承办保险或发货人要求承运人代办保险，则航空运单也可用来作为保险证书。

6. 航空运单是承运人内部业务的依据

航空运单随货同行，证明了货物的身份。运单上载有有关该票货物发送、转运、交付的事项，承运人会据此对货物的运输做出相应安排。

航空运单的正本一式三份，每份都印有背面条款，其中一份交发货人，是承运人或其代理人接收货物的依据；第二份由承运人留存，作为记账凭证；最后 份随货同行，在货物到达日的地，交付给收货人时作为核收货物的依据。

（二）航空货运单的填制责任及其限制

托运人有责任填制航空货运单。托运人对货运单所填各项内容的正确性、完备性负责。由于货运单所填内容不准确、不完全，致使承运人或其他人遭受损失，托运人负有责任。根据《中华人民共和国民用航空法》第一百一十三条和第一百一十四条规定，托运人应当填写航空货运单正本一式三份，连同货物交给承运人。航空货运单不符合规定或航空货运单遗失，不影响运输合同的存在或者有效。

一张货运单只能用于一个托运人在同一时间、同一地点托运的由承运人承运的，运往同一目的站同一收货人的一件或多件货物。任何 IATA 成员都不允许印制可以转让的航空货运单，货运单上的“不可转让”字样不可被删去或篡改。

（三）航空运单内容及填制

1. 航空运单内容

货运单一式八联。其中正本三联，副本五联。

货运单的三联正本具有同等法律效力。一联交承运人；一联交收货人；一联交托运人，分别由托运人签字或盖章，由承运人接收货物后签字或盖章。货运单的承运人联应当自填开次日起保存两年。(见图 4-1)

IATA – FIATA INTRODUCTORY COURSE

Shipper's Name and Address | Shipper's Account Number

Not Negotiable
Air Waybill
ISSUED BY

Copies 1, 2 and 3 of this Air Waybill are originals and have the same validity.

Consignee's Name and Address | Consignee's Account Number

It is agreed that the goods described herein are accepted in apparent good order and condition (except as noted) for carriage SUBJECT TO THE CONDITIONS OF CONTRACT ON THE REVERSE HEREOF. ALL GOODS MAY BE CARRIED BY ANY OTHER MEANS INCLUDING ROAD OR ANY OTHER CARRIER UNLESS SPECIFIC CONTRARY INSTRUCTIONS ARE GIVEN HEREON BY THE SHIPPER, AND SHIPPER AGREES THAT THE SHIPMENT MAY BE CARRIED VIA INTERMEDIATE STOPPING PLACES WHICH THE CARRIER DEEMS APPROPRIATE. THE SHIPPER'S ATTENTION IS DRAWN TO THE NOTICE CONCERNING CARRIER'S LIMITATION OF LIABILITY. Shipper may increase such limitation of liability by declaring a higher value for carriage and paying a supplemental charge if required.

Issuing Carrier's Agent Name and City | Accounting Information

Agent's IATA Code | Account No.

Airport of Departure(Addr. of First Carrier) and Requested Routing | Reference Number | Optical Shipping Information

To	By First Carrier (Routing and Destination)	to	by	to	by	Currency	CHGS Code	WT/VAL PPD	WT/VAL COLL	Other PPD	Other COLL	Declared Value for Carriage	Declared Value for Customs
JFK	CA					CNY		×		×		NVD	NCV

Airport of Destination | Flight/Date | For Carrier Use only | Flight/Date | Amount of Insurance × × × | INSURANCE - If carrier offers Insurance, and such insurance is requested in accordance with the conditions thereof, indicate amount to be insured in figures in box marked "Amount of Insurance".

Handling Information

SCI

No. of Pieces RCP	Gross Weight	kg lb	Rate Class	Commodity Item No.	Chargeable Weight	Rate / Charge	Total	Nature and Quantity of Goods (incl. Dimensions or Volume)
4	53.8	K	Q		48.34	77.00	3722.18	MECHINERY DIMS:70×47×35 CM×4

Prepaid	Weight Charge	Collect
3722.18		

Valuation Charge

Tax

Total Other Charges Due Agent

Total Other Charges Due Carrier
50

Other Charges
AWC:50

Shipper certifie that the particulars on the face hereof are correct and that insofar as any part of the consignment contains dangerous goods, such part is properly described by name and is in proper condition for carriage by air according to the applicable Dangerous Goods Regulations.

Signature of Shipper or his Agent

Total Prepaid: 3722.18 | Total Collect

Currency Conversion Rates | CC Charges in Dest. Currency

Executed on (date) at(place) Signature of Issuing carrier or its Agent

For Carrier's Use only at Destination | Charges at Destination | Total Collect Charges

ORIGINAL 3(FOR SHIPPER)

图 4-1

2. 航空运单填写要点

根据“华沙公约”第五条第（1）和（5）款规定，运单应由托运人填写，也可由承运人或其代理人代为填写。实际上，目前货运单均由承运人或其代理人填制。为此，作为填开货运单的依据托运书，应由托运人自己填写，而且托运人必须在上面签字。

（1）货运单要求用英文打字机或计算机，用英文大写字母打印，各栏内容必须准确、清楚、齐全，不得随意涂改。

（2）货运单已填内容在运输过程中需要修改时，必须在修改项目的近处盖章，注明修改货运单的空运企业名称、地址和日期。修改货运单时，应将所有剩余的各联一同修改。

（3）货运单的各栏目中，有些栏目印有阴影。其中，有标题的阴影栏目仅供承运人填写。使用设有标题的阴影栏目一般不需填写，除非承运人特殊需要。

3. 航空托运单

托运书（Shippers Letter of Instruction）是托运人用于委托承运人或其代理人填开航空货运单的一种表单，表单上列有填制货运单所需各项内容，并应印有授权于承运人或其代理人代其在货运单上签字的文字说明。

托运书包括下列内容栏：

（1）托运人（SHIPPER）填托运人的全称、街名、城市名称、国名，以及便于联系的电话号、电传号或传真号。

（2）收货人（CONSIGNEE）：填收货人的全称、街名、城市名称、国名，（特别是在不同国家内有相同城市名称时，必须要填上国名）以及电话号、电传号或传真号，本栏内不得填写“order”或“to order of the shipper”（按托运人的指示）等字样，因为航空货运单不能转让。

（3）始发站机场（AIRPORT OF DEPARTURE）：填始发站机场的全称。

（4）目的地机场（AIRPORT OF DESTINATION）：填目的地机场（不知道机场名称时，可填城市名称），如果某一城市名称用于一个以上国家时，应加上国名。例如：LONDON UK 伦敦，英国；LONDON KY US 伦敦，肯达基州，美国；LONDON TO CA 伦敦，安大略省，加拿大。

（5）要求的路线/申请订舱（REQUESTEDROUTING/REQUSETING BOOKING）：本栏用于航空公司安排运输路线时使用，但如果托运人有特别要求时，也可填入本栏。

（6）供运输用的声明价值（DECLAREDVALUE FOR CARRIAGE）：填供运输用的声明价值金额，该价值即为承运人负赔偿责任的限额。承运人按有关规定向托运人收取声明价值费，但如果所交运的货物毛重每千克不超过 20 美元（或其等值货币），无须填写声明价值金额，可在本栏内填入“NVD”（NO Value Declared 未声明价值），如本栏空着未填写时，承运人或其代理人可视为货物未声明价值。

（7）供海关用的声明价值（DECLAREDVALUE FOR CUSTOMS）：国际货物通常要受到目的站海关的检查，海关根据此栏所填数额征税。

（8）保险金额（INSURANCE AMOUNT REQUESTED）：中国民航各空运企业暂未开展国际航空运输代保险业务，本栏可空着不填。

以上内容如图 4-2 所示：

国际货物托运书（SHIPPERS LETTER OF INSTRUTION）

<table>
<tr><td>托运人姓名及地址
SHIPPER NAME AND ADDRESS</td><td>托运人账号
SHIPPERS ACCOUNT NUMBER</td><td colspan="2">供承运人用
FOR CARRIAGE USE ONLY</td></tr>
<tr><td colspan="2" rowspan="3">CHINA INDUSTRY CORP., BEIJING.
P.R.CHINA
TEL: 86(10)64596666 FAX: 86(10)64598888</td><td>班期/日期
FLIGHT/DAY</td><td>航班/日期
FLIGHT/DAY</td></tr>
<tr><td colspan="2">CA921/30 JUL，2002</td></tr>
<tr><td colspan="2"></td></tr>
<tr><td>收货人姓名及地址
Consignee's NAME AND ADDRESS</td><td>收货人账号
CONSIGNEE ACCOUNT NUMBER</td><td colspan="2">已预留吨位
BOOKED</td></tr>
<tr><td colspan="2">NEWYORK SPORT IMPORTERS，NEWYORK,U.S.A
TEL:78789999</td><td colspan="2">运费 CHARGES
CHARGES PREPAID</td></tr>
<tr><td colspan="2">代理人的名称和城市
Issuing Carriers Agent Name and City
KUNDA AIR FRIGHT CO. LTD</td><td colspan="2" rowspan="3">ALSO notify</td></tr>
<tr><td colspan="2">始发站 AIRPORT OF DEPARTURE
CAPTIAL INTERNATIONAL AIRPORT</td></tr>
<tr><td colspan="2">到达站 AIRPORT OF DESTINATION
JOHN KENNEDY AIRPORT（JFK）</td></tr>
<tr><td colspan="2">托运人声明价值
SHIPPERS DECLARED VALUE</td><td rowspan="2">保险金额
AMOUNTOF INSURANCE
XXX</td><td rowspan="2">所附文件
DOCUMENT TO ACCOMPANY AIR WAYBILL
1 COMMERCIAL INVOICE</td></tr>
<tr><td>供运输用
FOR CARRIAGE
NVD</td><td>供海关用
FOR CUSTOMS
NCV</td></tr>
<tr><td colspan="4">处理情况（包括包装方式、货物标志及号码）
HANDING INFORMATION(INGL.METHOD OF PACKING IDENTFYING AND NUMBERS)
KEEP UPSIDE</td></tr>
</table>

件数 NO.OF PACKAGES	实际毛重 ACTUAL GROSS WEIGHT(KG.)	运价种类 RATE CLASS	收费重量 CHARGEABLE WEIGHT	费率 RATE/CHARGE	货物品名及数量（包括体积或尺寸）NATURE AND QUANTITY OF GOODS (INCL.DIMENSION OF VOLUME)
4	53.8				MECHINERY DIMS: 70×47×35 CM ×4

图 4-2 国际货物托运书

（9）处理事项（HANDLING INFORMATION）：填附加的处理要求，例如：另请通知（ALSO NOTIFY）。除填收货人之外，如托运人还希望在货物到达的同时通知他人，请另填写通知人的全名和地址。

（10）货运单所附文件（DOCUMENT TO ACCOMPANY AIRR WAYBILL）：填随附在货运单上往目的地的文件，应填上所附文件的名称，例如：托运人的动物证明（SHIPPER SCERTIFICATION FOR LIVE ANIMALS）。

（11）件数和包装方式（MUMBER ANDKIND OF PACKAGES）：填该批货物的总件数，并注明其包装方法，例如：包裹（Package）、纸板盒（Carton）、盒（Case）、板条箱（Crate）、袋（Bag）、卷（Roll）等，如货物没有包装时，就注明为散装（Loose）。

（12）实际毛重（ACIUAL GROSS WEIGHT）：本栏内的重量应由承运人或其代理人在称重后填入。如托运人已经填上重量，承运人或其代理人必须进行复核。

（13）运价类别（RATE CLASS）：本栏可空着不填，由承运人或其代理人填写。

（14）计费重量（千克）（CHARGEABLEWEIGHT）（kg）：本栏内的计费重量应由承运人或其代理人在量过货物的尺寸（以厘米为单位）由承运人或其代理人算出计费重量后填入，如托运人已经填上时，承运人或其代理人必须进行复核。

（15）费率（RAIE/CHARGE）：本栏可空着不填。

（16）货物的品名及数量（包括体积及尺寸）［NATURE AND QUANTITY OF-GOODS（INCL. DIMENSIONS OR VOLUME）托运书 货运单号码 货运单号码（NO. OF AIR WAYBILL SHIPPER'S LETTER OF INSTRUCTION）：填货物的品名和数量（包括尺寸或体积）。

货物中的每一项均须分开填写，并尽量填写详细，如："9 筒 35 毫米的曝光动画胶片 \ 新闻短片"（美国制）等，本栏所属填写内容应与出口报关发票和进口许可证上所列明的相符。危险品应填写适用的准确名称及标贴的级别。

17. 托运人签字（SIGNATURE OF SHIPPER）：托运人必须在本栏内签字。

18. 日期（DATE）：填托运人或其代理人交货的日期。

（五）航空货运代理实务

1. 航空出口货运代理流程

（1）市场销售

承揽货物是航空货运代理业务的核心。在具体操作时，需及时向出口单位介绍本公司的业务范围、服务项目、各项收费标准，特别是向出口单位介绍优惠运价，介绍本公司的服务优势等。

（2）委托运输

在双方就航空货运代理事宜达成意向后，航空货运代理就可以向发货人提供一份自己所代理的航空公司的空白"国际货物托运书"，让发货人填写，并在上面签字或盖章。在接受托运人委托后，航空货运代理公司通常会指定专人对托运书进行审核。审核后，审核人员必须在托运书上签名并注明日期以示确认。

(3) 审核单证

航空货代从发货人处取得单据后，应指定专人对单证进行认真核对，看看单证是否齐全，内容填写是否完整规范。

(4) 预配舱

代理人汇总所接受的委托，制定预配舱方案，并对每票货配上运单号。

(5) 预订舱

代理人根据预配舱方案，向航空公司预订舱。

货物订舱需根据发货人的要求和货物标识的特点而定。一般来说，大宗货物、紧急物资、鲜活易腐物品、危险品、贵重物品等，必须预订舱位。

(6) 接受单证

接受托运人或其代理人送交的已经审核确认的托运书及报关单证和收货凭证。

(7) 填制货运单

直接运输的货物，填开航空公司运单即可，并将收货人提供的货物随机单据订在运单后面。如果是集中托运的货物，必须先为每票货物填开航空货运代理公司的分运单；然后再填开航空公司的总运单；还需要制作集中托运货物舱单，并将舱单，所有分运单及随行单据装入一个信袋，订在运单后面。

最后制作《空运出口业务日报表》，供制作标签用。

(8) 接受货物

货物一般是运送到货代仓库或直接送机场货站。接收货物一般与接单同时进行。接货时，双方应办理货物的交接、验收，并进行过磅称重和丈量，并根据发票、装箱单或送货单清点货物，并核对货物的数量、品名、合同号或唛头等是否与货运单上所列一致；检查货物的外包装是否符合运输的要求。

(9) 标记和标签

通常一件货物贴一张航空公司标签，有分运单的货物（如集中托运的货物），每件再贴一张分标签。

(10) 配舱

配舱时，需运出的货物都已入库。这时需要核对货物的实际件数、重量、体积与托运书上预报数量的差别；应注意对预订舱位、板箱的有效领用、合理搭配，按照各航班机型、板箱型号、高度、数量进行配载。

(11) 订舱

订舱，就是将所接收空运货物向航空公司正式提出运输申请并订妥舱位。货运代理公司订舱时，可依照发货人的要求选择最佳的航线和最佳的承运人，同时为发货人争取最低、最合理的运价。订舱后，要及时向客户确认航班以及相关信息（即将订舱情况通知委托人），以便及时备单、备货。

（12）出口报检报关

海关审核无误后，海关官员即在用于发运的运单正本上加盖放行章。

（13）出仓单

配舱方案制订后就可着手编制出仓单。

（14）提板箱

货运代理向航空公司办理申领板、箱的相应手续，以便装货。

（15）装板箱

俗称“打板”，即装货。除特殊情况外，航空公司均以集装箱、集装板的形式装运。

（16）签单

货运单在盖好海关放行章后还需到航空公司签单。只有签单确认后才允许将单、货交给航空公司。

（17）交接发运

交接是向航空公司交单交货。

交单就是将随机单据和应有承运人留存的单据交给航空公司。交货即把与单据相符的货物交给航空公司。交货之前必须粘贴或拴挂货物标签，（交货时根据标签）清点和核对货物，填制《国际货物交接清单》。大宗货、集中托运货，以整板、整箱称重交接；零散小货按票称重，计件交接。航空公司审单验货后，在交接签单上验收，将货物存入出口仓库，单据交吨控部门，以备配舱。

（18）航班跟踪

要进行货物追踪，首先要确认货物是通过哪家航空公司来承运的，得到其相应的运单号码。通过相应航空公司的对应网站的货物在线追踪系统即可得知。若有些尚未在网上使用在线追踪系统的，可以通过相关的查询电话进行追踪。

（19）费用结算

费用结算主要涉及向发货人、承运人和国外代理人三方面的结算。

2. 航空进口货代流程

（1）代理预报

在国外发货之前，国外代理公司会将运单、航班、件数、重量、品名、实际收货人及其他地址、联系电话等内容通过传真或 E-mail 发给目的地代理公司，这一过程被称为预报。

（2）交接单、货

航空公司进港操作如表 4-7 所示：

表4-7　　航空公司进港操作表

步骤名称	操作内容	角色	接收角色
运输工具入境申报	发送总运单、发送联程载货清单、发送进口载货清单	机场地面代理	航空货站
	在运单上盖到达航班、日期章	航空货站	机场地面代理
	发送总运单、货物舱单、发送邮件路单	机场地面代理	海关
	运单上盖海关监管章	海关	机场地面代理
卸货入仓	交接货物，如有问题填写运输事故记录； 标出每票货的去向； 填写货物到达通知	机场地面代理	航空货站
单据移交	移交随机文件、总运单及空运货运代理交接单	机场地面代理	进口柜台

交接时要做到：

①单、单核对，即交接清单与总运单核对；

②单、货核对，即交接清单与货物核对。

核对后，出现问题的处理方式见表4-8：

表4-8　　航空公司交接单、货物问题处理表

总运单	清单	货物	处理方式
有	无	有	清单上加总运单号
有	无	无	总运单退回
无	有	有	总运单后补
无	有	无	清单上划去
有	有	无	总运单退回
无	无	有	货物退回

发现货物短缺，破损或其他异常情况，应向民航索要商务事故记录，作为实际收货人交涉索赔事宜的依据。也可以接受收货人的委托，由航空货运代理公司代表收货人向航空公司办理索赔。

（3）理货与仓储

航空货运公司自航空公司接货后，即短途驳运进自己的监管仓库，组织理货及仓储。

（4）理单与到货通知

①进行理单。理单包括：集中托运时，总运单项下拆单；分类理单、编号；编配各类单证。

②发出到货通知。

（5）制单与报验报关

①进口报验

需要做商检的货物需向商检局申报，查验合格后商检局将出具证明文件，由报关行或者货主/货代交入海关，再进行进口报关海关程序。

②进口报关

按海关要求，依据运单、发票、装箱单及证明货物合法进口的有关批准文件，制作“进口货物报关单”。

（6）收费与发货

办完报关、报验等进口手续后，货主须凭盖有海关放行章、检验检疫章（进口药品须有药品检验合格章）的进口提货单到所属监管仓库付费提货。

（7）送货与转运（略）

第三节　公路运输

公路运输（Road Transportation）是现代运输主要方式之一，同时，也是构成陆上运输的两个基本运输方式之一。它在整个运输领域中占有重要的地位，并发挥着愈来愈重要的作用。

一、公路运输概论

公路运输是19世纪末随着现代汽车的诞生而产生的。初期主要承担短途运输业务。第一次世界大战结后，基于汽车工业的发展和公路里程的增加，公路运输走向发展的阶段，不仅是短途运输的主力，并进入长途运输的领域。第二次世界大战结束后，公路运输发展迅速。欧洲许多国家和美国、日本等国已建成比较发达的公路网，汽车工业又提供了雄厚的物质基础，促使公路运输在运输业中跃至主导地位。发达国家公路运输完成的客货周转量占各种运输方式总周转量的90%左右。

（一）概念

公路运输是在公路上运送货物的运输方式，是交通运输系统的组成部分之一。主要承担短途货物运输。现代所用运输工具主要是汽车。因此，公路运输一般即指汽车运输。在地势崎岖、人烟稀少、铁路和水运不发达的边远和经济落后地区，公路为主要运输方式，起着运输干线作用。

（二）特点

由于公路运输网一般比铁路、水路网的密度要大十几倍，分布面也广，因此公路运输车辆可以“无处不到、无时不有”。公路运输在时间方面的机动性也比较大，车辆可随时调度、装运，各环节之间的衔接时间较短，适应性强。

由于汽车体积较小，中途一般也不需要换装，可以把货物从始发地门口直接运送到目的地门口，实现“门到门”直达运输。与其他运输方式相比，货物在途时间较短，运送速度较快。

公路运输与铁、水、航运输方式相比，所需固定设施简单，车辆购置费用一般也比较低，与火车司机或飞机驾驶员的培训要求来说，汽车驾驶技术比较容易掌握，对驾驶员的各方面素质要求相对也比较低。因此，投资兴办容易，投资回收期短。

但是，公路运输车辆的运量比火车、轮船少得多；由于汽车载重量小，所消耗的燃料又是价格较高的液体汽油或柴油，因此，除了航空运输，就是汽车运输成本最高了。在各种现代运输方式中，公路的平均运距是最短的，运行持续性较差，且安全性较低。

(三) 公路货物运输常见种类

1. 按运输组织方法分类：分为零担货物运输、整批货物运输和集装箱运输

(1) 托运人一次托运货物计费重量3t及以下的，为零担货物运输。

(2) 托运人一次托运货物计费重量3t以上或虽不足3t，但其性质、体积、形状需要一辆汽车运输的，为整批货物运输。

(3) 采用集装箱为容器，使用汽车运输的，为集装箱运输。集装箱汽车运输又分为：①国际集装箱运输和国内集装箱运输。标准集装箱运输和非标准集装箱运输。②普通集装箱运输和特种集装箱运输（危险、冷藏保温和罐式集装箱运输等）。③整箱运输和拼箱运输。④用托运人的集装箱进行的运输和用承运人的集装箱进行的运输。⑤用单车型式车辆进行的集装箱运输和用牵引车加挂半挂车的列车组合形式进行的集装箱运输。

2. 按运输速度分类：可分为普通货物运输和快件货物运输

要求在规定的时间内将货物运达目的地的，为快件货物运输；应托运人要求，采取即托即运的，为特快件货物运输。

3. 按运输条件分类：一般货物运输和特种货物运输

特种货物运输又可以分为：

(1) 大型特型笨重物件运输。因货物的体积、重量的要求，需要大型或专用汽车运输的，为大型特型笨重物件运输。

(2) 危险货物运输。

(3) 鲜活货物运输。包括易腐货物、活动物和有生植物等的运输。其运输条件主要有：①托运需冷藏保温的货物，托运人应提出货物的冷藏温度和在一定时间内的保持温度要求。②托运鲜活货物，托运人应提供最长运输期限及途中管理、照料事宜的说明书。货物允许的最长运输期限应大于汽车运输能够达到的期限。③运输途中需要饲养、照料的有生物、植物，托运人必须派人押运。

4. 按运输车辆分类：普通车辆运输和特种车辆运输

凡由于货物性质、体积或重量的要求，需要大型汽车或挂车（核定载重吨位为40t及以上的）以及容罐车、冷藏车、保温车等车辆运输的，为特种车辆运输。

二、公路运费

（一）公路货物运费的计算公式

1. 整批货物运费的计算公式

整批货物运费（元）= 吨次费（元/t）×计费重量（t）+整批货物运价（元/（t·km））×计费重量（t）×计费里程（km）+货物运输其他费用（元）

其中，整批货物运价按货物运价价目计算。

2. 零担货物运费的计算公式

零担货物运费（元）= 计费重量（kg）×计费里程（km）×零担货物运价（元/kg·km）+货物运输其他费用（元）

其中，零担货物运价按货物运价价目计算。

3. 集装箱运费的计算公式

重(空)集装箱运费(元)= 重(空)箱运价[元/(箱·km)]×计费箱数(箱)×计费里程(km)+箱次费(元/箱)×计费箱数(箱)+货物运输其他费用(元)

其中，集装箱运价按计价类别和货物运价费目计算。

4. 计时包车运费的计算公式

包车运费（元）= 包车运价（元/t·h）×包用车辆吨位（t）×计费时间（h）+货物运输其他费用（元）

其中，包车运价按照包用车辆的不同类别分别制定。

由以上公路货物运费的计算公式可以看出，计算公路货物运费，关键在于明确公路货物运输的运价价目、计费重量（箱数）、计费里程（时间）以及货物运输的其他费用。下面分别介绍上述运费计算因素的确定方法。

（二）公路货物运价价目

1. 基本运价

（1）整批货物基本运价：指一等整批普通货物在等级公路上运输的每吨公里运价；

（2）零担货物基本运价：指零担普通货物在等级公路上运输的每千克公里运价；

（3）集装箱基本运价：指各类标准集装箱重箱在等级公路上运输的每箱公里运价。

2. 吨（箱）次费

（1）吨次费：对整批货物运输，在计算运价费用的同时按货物重量加收吨次费。

（2）箱次费：对汽车集装箱运输，在计算运价费用的同时按不同箱型加收箱次费。

3. 普通货物运价

普通货物实行分等计价，以一等货物为基础，二等货物加成15%，三等货物加成30%。

4. 特种货物运价

（1）大型特型笨重货物运价

① 一级大型特型笨重货物在整批货物基本运价的基础上加成40%~60%；

② 二级大型特型笨重货物在整批货物基本运价的基本上加成60%~80%。

（2）危险货物运价

① 一级危险货物在整批（零担）货物基本运价的基础上加成60%~80%；

② 二级危险货物在整批（零担）货物基本运价的基础上加成40%~60%。

（3）贵重、鲜活货物运价。在整批（零担）货物基本运价的基础上加成40%~60%。

5. 特种车辆运价

按车辆的不同用途，在基本运价的基础上加成计算。特种车辆运价和特种货物运价两个价目不能同时加成使用。

6. 非等级公路货运运价

在整批（零担）货物基本运价的基础上加成10%~20%。

7. 快速货运运价

按计价类别在相应运价的基础上加成计算。

8. 集装箱运价

（1）标准集装箱运价。重箱运价按照不同规格箱型的基本运价执行，空箱运价在标准集装箱重箱运价的基础上减成计算。

（2）非标准箱运价。重箱运价按照不同规格的箱型，在标准集装箱基本运价的基础上加成计算，空箱运价在非标准集装箱重箱运价的基础上减成计算。

（3）特种箱运价。在箱型基本运价的基础上按装载不同特种货物的加成幅度加成计算。

9. 出入境汽车货物运价

按双边或多边出入境汽车运输协定，由两国或多国政府主管机关协商确定。

（三）公路货物运费的计价标准

1. 计费重量（箱数）

（1）计量单位

① 整批货物运输以吨为单位；

② 零担货物运输以千克为单位；

③ 集装箱运输以箱为单位。

（2）计费重量（箱数）的确定

① 一般货物：整批、零担货物的计费重量均按毛重（含货物包装、衬垫及运输需要的附属物品）计算。货物计费重量一般以起运地过磅重量为准。起运地不能或不便过磅的货物，由承、托双方协商确定计费重量。

② 轻泡货物：整批轻泡货物的计费重量按车辆标记吨位计算。零担运输轻泡货物以货物包装最长、最宽、最高部位尺寸计算体积，按每立方米折合 333kg 计算其计费重量。

③ 包车运输的货物：按车辆的标记吨位计算其计费重量。

④ 散装货物：如砖、瓦、砂、石、土、矿石、木材等，按体积由各省、自治区、直辖市统一规定的重量换算标准计算其计费重量。

⑤ 托运人自理装车的货物：按车辆额定吨位计算其计费重量。

⑥ 统一规格的成包成件货物：根据某一标准件的重量计算全部货物的计费重量。

⑦ 接运其他运输方式的货物：无过磅条件的，按前程运输方式运单上记载的重量计算。

⑧ 拼装分卸的货物：按最重装载量计算。

2. 计费里程

（1）计费里程的单位

公路货物运输计费里程以公里为单位，尾数不足 1 千米的，按 1 千米计。

（2）计费里程的确定

① 货物运输的计费里程，按装货地点至卸货地点的实际载货的营运里程计算；营运里程以省、自治区、直辖市交通行政主管部门核定的营运里程为准，未经核定的里程，由承、托双方商定。

② 同一运输区间有两条（含两条）以上营运路线可供行驶时，应按最短的路线计算计费里程或按承、托双方商定的路线计算计费里程。

③ 拼装分卸的货物，其计费里程为从第一装货地点起至最后一个卸货地点止的载重里程。

④ 出入境汽车货物运输的境内计费里程以交通主管部门核定的里程为准；境外里程按毗邻国（地区）交通主管部门或有权认定部门核定的里程为准。未核定里程的，由承、托双方协商或按车辆实际运行里程计算。

⑤ 因自然灾害造成道路中断，车辆需绕道而驶的，按实际行驶里程计算。

⑥ 城市市区里程按当地交通主管部门确定的市区平均营运里程计算；当地交通主管部门未确定的，由承、托双方协商确定。

3. 计时包车货运计费时间

（1）计时包车货运计费时间以小时为单位，起码计费时间为 4 小时；使用时间超过 4 小时，按实际包用时间计算。

（2）整日包车，每日按 8 小时计算；使用时间超过 8 小时，按实际使用时间计算。

（3）时间尾数不足半小时的舍去，达到半小时的按 1 小时计。

4. 运价的单位

各种公路货物运输的运价单位分别为：

（1）整批运输：元/（t·km）；

（2）零担运输：元/kg·km；

（3）集装箱运输：元/（箱·km）；

（4）包车运输：元/吨位·h；

（5）出入境运输，涉及其他货币时，在无法按统一汇率折算的情况下，可使用其他自由货币为运价单位。

（四）公路货物运输的其他费用

（1）调车费：应托运人要求，车辆调出所在地而产生的车辆往返空驶，应计收调车费。

（2）延滞费：车辆按约定时间到达约定的装货或卸货地点，因托运人或收货人责任造成车辆和装卸延滞，应计收延滞费。

（3）装货（箱）落空损失费：应托运人要求，车辆开至约定地点装货（箱）落空造成的往返空驶里程，按其运价的 50%计收装货（箱）落空损失费。

（4）排障费：运输大型特型笨重物件时，因对运输路线的桥涵、道路及其他设施进行必要的加固或改造所发生的费用，称为排障费。排障费由托运人负担。

（5）车辆处置费：应托运人要求，运输特种货物、非标准箱等需要对车辆改装、拆卸和清理所发生的工料费用，称为车辆处置费。车辆处置费由托运人负担。

（6）检验费：在运输过程中国家有关检疫部门对车辆的检验费以及因检验造成的车辆停运损失，由托运人负担。

（7）装卸费：由托运人负担。

（8）通行费：货物运输需支付的过渡、过路、过桥、过隧道等通行费由托运人负担，承运人代收代付。

（9）保管费：货物运达后，明确由收货人自取的，从承运人向收货人发出提货通知书的次日（以邮戳或电话记录为准）起计，第 4 天开始核收货物保管费；应托运人的要求或托运人的责任造成的需要保管的货物，计收货物保管费。货物保管费由托运人负担。

（10）道路阻塞停车费：在汽车货物运输过程中，如发生自然灾害等不可抗力造成道路阻塞，无法完成全程运输，需要就近卸存、接运时，卸存、接运费用由托运人负担。

（11）运输变更手续费：托运人要求取消或变更货物托运手续，应收变更手续费。

（五）公路货物运费的结算

结算公路货物运费时，应遵守如下规定：

（1）货物运费在货物托运、起运时一次结清，也可按合同采用预付费用的方式，随运随结或运后结清。托运人或者收货人不支付运费、保管费以及其他运输费用的，承运人对相应的运输货物享有留置权，但当事人另有约定的除外。

（2）运费尾数以元为单位，不足 1 元时四舍五入。

（3）货物在运输过程中因不可抗力灭失，未收取运费的，承运人不得要求托运人支付运费；已收取运费的，托运人可以要求返还。

三、公路运输单据

公路货物运单是公路货物运输及运输代理的合同凭证，是运输经营者接受货物并在运输期间负责保管和据以交付的凭据，也是记录车辆运行的原始凭证。

承、托运人要按道路货物运单内容逐项如实填写，不得简化、涂改。承运人或运输代理人接收货物后应签发道路货物运单，道路货物运单经承、托双方签章后有效。

公路货物运单分为甲、乙、丙三种。甲种运单适用于普通货物、大件货物、危险货物等货物运输和运输代理业务；乙种运单适用于集装箱汽车运输；丙种运单适用于零担货物运输。

国际公路货物运输合同公约（CMR）运单一式 3 联。发货人和承运人各持运单的第一、三联，第二联随货物走。CMR 运单不是议付或可转让的单据，也不是所有权凭证。CMR 运单必须记载下列事项：运单签发日期和地点，发货人、承运人、收货人的名称和地址，货物交接地点、日期，一般常用货物品名和包装方法，货物重量、运费，海关报关须知等。

思考题

1. 简述铁路货运的基本流程。
2. 铁路运费如何计算？
3. 简述国际铁路联运出口货代操作流程。
4. 航空运输有什么特点？
5. 航空运费如何计算？
6. 航空运单的作用如何？
7. 简述航空运单的种类。
8. 为什么会存在航空货运代理？其出口流程是怎样的？
9. 公路运输的运费如何计算？
10. 国际公路运输单据的主要内容有哪些？

第五章　国际货物运输保险概述

第一节　保险的作用

一、保险的概述

保险从经济的角度来看，是一种经济补偿制度，同时也体现不同利益主体之间的法律关系。一般来说，保险就是被保险人支付一个固定金额（保费）给保险人，而保险人按照约定，在指定时期内对特定事件或事件组造成的损失给予被保险人一定赔偿。

保险包括了广义和狭义两个概念。广义的保险包括社会保障和商业保险，社会保障包括社会基本医疗养老失业等保险，而狭义的保险就是指商业保险。《中华人民共和国保险法》（简称《保险法》）第二条明确了保险的定义："本法所称保险，是指投保人根据合同约定，向保险人支付保险费，保险人对于合同约定的可能发生的事故因其发生所造成的财产损失承担赔偿保险金责任，或者当被保险人死亡、伤残、疾病或者达到合同约定的年龄、期限时承担给付保险金责任的商业保险行为。"商业保险通常是一种商业行为；以合同为依据；合同双方有相应的权利和义务；经济补偿或保险给付以合同约定的保险事故发生为条件。

保险合同是确定保险双方利益当事人权利和义务的协议，合同的构成要素有：保险的主体、客体、标的和内容。

1. 保险主体

保险主体，就是保险合同的主体，只包括投保人与保险人。投保人，是指与保险人订立保险合同，并按照保险合同负有支付保险费义务的人。投保人可以是自然人也可以是法人，但必须具有民事行为能力。保险人又称"承保人"，是指与投保人订立保险合同，并承担赔偿或者给付保险金责任的保险公司。在中国有股份有限公司和国有独资公司两种形式。保险人是法人，公民个人不能作为保险人。

被保险人、受益人、保单所有人，除非与投保人是同一人，否则，都不是保险主体。①被保险人是指根据保险合同，其财产利益或人身受保险合同保障，在保险事故发生后，享有保险金请求权的人。投保人往往同时就是被保险人。②受益人，是指人身保险合同中由被保险人或者投保人指定的享有保险金请求权的人，投保人、被保险人可以为受益人。如果投保人或被保险人未指定受益人，则他的法定继承人即为受益人。③保单所有人是拥有保险利益所有权的人，很多时候是投保人、受益人，也可以是保单受让人。

2. 保险客体

保险客体是保险合同的客体，并非保险标的本身，而是投保人或被保险人对保险标的的可保利益。

可保利益，是投保人或被保险人对保险标的所具有的法律上承认的利益（详见本章第四节）。这主要是因为保险合同保障的不是保险标的本身的安全，而是保险标的受损后投保人或被保险人、收益人的经济利益。保险标的只是可保利益的载体。

在静态下，每存在一种保险利益，即可成立一个保险合同；一个保险标的物可能存在数个保险利益，投保人可分别订立数个保险合同。如产品的所有人、保管人、承运人均可对其所具有的利益投保。在动态中，依传统民法理论，风险随保险标的物所有权转移而转移，动产所有权随交付转移，不动产及重大动产随登记转移。

3. 保险标的

保险标的即保险对象，人身保险的标的是被保险人的身体和生命，而广义的财产保险是以财产及其有关经济利益和损害赔偿责任为保险标的的保险。其中，财产损失保险的标的是被保险的财产，责任保险的标的是被保险人所要承担的经济赔偿责任，信用保险的标的是被保险人的信用导致的经济损失。

保险价值是保险标的物的实际价值。根据《保险法》规定，投保人和保险人约定保险标的的保险价值并在合同中载明的，保险标的发生损失时，以约定的保险价值为赔偿计算标准。

4. 保险内容

保险合同的内容是指保险合同约定的当事人的权利和义务，通过保险条款加以固定。保险合同的内容分为一般条款和特殊条款。

（1）一般条款

我国《保险法》第十八条明确规定了保险合同的一般条款：

①保险人的名称和住所。

②投保人、被保险人的姓名或者名称、住所，以及人身保险的受益人的姓名或者名称、住所。

③保险标的。

④保险责任和责任免除。《保险法》第十九条指出，采用保险人提供的格式条款订立的保险合同中的下列条款无效：免除保险人依法应承担的义务或者加重投保人、被保险人责任的；排除投保人、被保险人或者受益人依法享有的权利的。

《保险法》第四十五条规定，因被保险人故意犯罪或者抗拒依法采取的刑事强制措施导致其伤残或者死亡的，保险人不承担给付保险金的责任。投保人已交足二年以上保险费的，保险人应当按照合同约定退还保险单的现金价值。

⑤保险期间和保险责任开始时间。保险期间又称保险期限，是保险人承担保险责任的期限，也叫保险责任起讫期限。保险期限通常有两种计算方法：一是按照公历年、月、日、小时计算；二是以某一事件的始末为保险期限，如货物运输保险、运输工具航程保险都以一个航程为保险期限。

现行保险条款一般规定，保险责任开始日期为本合同生效日。如果人身险合同，尤其是健康保险合同约定了观察期，则责任开始时间与生效时间常常不一致。

⑥保险金额。

⑦保险费以及支付办法。保险费应当由投保人支付。在人身险合同中，被保险人和受益人可以代投保人交费，保险人不得拒绝。在财产险中，除非当事人另有约定，任何第三人均可代替投保人交保险费，保险人不得拒绝。

投保人应按期交付保费。按照惯例，保险公司在投保人应续交保费时，会发出通知。实践中，很多人身险合同的投保人未能按期交费，导致合同失效，投保人此时往往主张保险公司没有通知交费，应由保险公司承担相应责任。除非合同中有特别约定，保险公司没有通知交费的义务。

⑧保险金赔偿或者给付办法。《保险法》第二十三条规定，保险人收到被保险人或者受益人的赔偿或者给付保险金的请求后，应当及时作出核定；情形复杂的，应当在三十日内作出核定，但合同另有约定的除外。保险人应当将核定结果通知被保险人或者受益人；对属于保险责任的，在与被保险人或者受益人达成赔偿或者给付保险金的协议后十日内，履行赔偿或者给付保险金义务。保险合同对赔偿或者给付保险金的期限有约定的，保险人应当按照约定履行赔偿或者给付保险金义务。

《保险法》第二十五条规定，保险人自收到赔偿或者给付保险金的请求和有关证明、资料之日起六十日内，对其赔偿或者给付保险金的数额不能确定的，应当根据已有证明和资料可以确定的数额先予支付；保险人最终确定赔偿或者给付保险金的数额后，应当支付相应的差额。

《保险法》第二十六条规定，人寿保险以外的其他保险的被保险人或者受益人，向保险人请求赔偿或者给付保险金的诉讼时效期间为二年，自其知道或者应当知道保险事故发生之日起计算。人寿保险的被保险人或者受益人向保险人请求给付保险金的诉讼时效期间为五年，自其知道或者应当知道保险事故发生之日起计算。

⑨违约责任和争议处理。

⑩订立合同的年、月、日。

（2）特殊条款

①宽限期条款、效力中止和复效条款。

宽限期是给予投保人延期交费的时间优惠，宽限期的保险责任属于续期保险费对应期间的保险责任，而非前一交费期间的保险责任。

②效力的暂时停止。期间发生保险事故，保险人不承担责任。合同效力恢复是指效力已经中止的保险合同，在符合一定条件时，可以申请恢复合同的效力，视为原合同自始没有中止效力。

③合同效力恢复是指效力已经中止的保险合同，在符合一定条件时，可以申请恢复合同的效力，视为原合同自始没有中止效力。《保险法》第三十七条：合同效力依照本法第三十六条规定中止的，经保险人与投保人协商并达成协议，在投保人补交保险费后，合同效力恢复。但是，自合同效力中止之日起满二年双方未达成协议的，保险人有权解除合同。

二、保险的职能

保险的职能则是指保险作为一种制度安排，在其运行过程中所固有的、内在的功能，它是由保险的本质和内容决定的，是不以人的意志为转移的客观存在。保险的职能有基本职能和派生职能两种。

（一）基本职能

1. 补偿损失职能

保险是在特定风险损害发生时，在保险的有效期和保险合同约定的责任范围以及保险金额内，按其实际损失数额给予赔付。这种赔付原则使得已经存在的社会财富因灾害事故所致的实际损失在价值下得到补偿，在使用价值上得以恢复，从而使社会再生产过程得以连续进行。保险的补偿职能，只是对社会已有的财富进行再分配，而不能增加社会财富。例如，车主购买了汽车盗抢险，一旦汽车被偷盗，则可以获得保险公司的补偿款。

2. 经济给付职能

经济给付职能主要是针对人身保险而言的。由于人的价值是很难用货币来计价的，所以，人身保险是经过保险人和投保人双方约定进行给付的保险。因此，人身保险的职能不是像财产保险的损失补偿，而是经济给付。例如，在 2004 年 11 月的包头飞机空难事件中，保险公司对乘客人身意外伤害保险赔付了 1 300 万元，避免了空难人员的家庭因空难造成生活上的困境。

（二）派生职能

1. 防灾防损职能

保险本身是风险管理的一项重要措施，而防灾防损是风险管理的重要内容。防灾防损作为保险业务操作的环节之一，始终贯穿在整个保险工作之中。防灾防损指的是保险企业为了稳定经营，要对风险进行分析、预测和评估，看哪些风险可作为承保风险，哪些风险可以进行时空上的分散等。而人为的因素与风险转化为实现损失的发生概率具有相关性，因此，通过人为的事前预防，可以减少损失。

保险的经营从承保到理赔，要对风险进行识别、衡量和分析，因此，保险公司积累了大量的损失统计资料，其丰富的专业知识有利于开展防灾防损工作，进而履行其防灾防损的社会职责。保险公司加强防灾防损工作，就能积极有效地促进投保人的风险管理意识，从而促使其加强防灾防损工作。

2. 融资职能

保险的融资职能是保险融通资金的职能或保险资金运用的职能。保险的补偿与给付的发放具有一定的时差性，这就为保险人进行资金运用提供了可能。同时，保险人为了使保险经营稳定，必须壮大保险基金，这也要求保险人对保险资金进行运用。资金运用业务与承保业务并称为保险企业的两大支柱。

保险融资的来源主要包括：资本金、总准备金或公积金、各项保险准备金以及未分配的盈余。保险融资的内容主要包括了银行存款、购买有价证券、购买不动产、各种贷款、委托信托公司投资、经管理机构批准的项目投资及公共投资、各种票据贴现等。

三、保险的作用

1. 微观方面

（1）有利于个人或企业在遭受损失之后迅速恢复，重新投入日常生活或者生产和经营。例如游客购买了旅游意外险后，在旅游过程中遭遇保险事故，则可以从保险公司那边得到赔偿，减轻家庭经济负担。

（2）有利于企业加强经济核算，更加准确地将不可预料的意外损失以保险费的形式固定下来，计入货物成本，保障企业的经济核算和利润稳定。例如外贸企业在国际货物贸易之中都会为货物运输购买保险，以降低损失风险。

（3）可以促进保险公司从自己经营成果考虑，注意对承保货物进行防灾防损工作，提高企业的风险意识，减少社会财富的损失。从保险自身的经营稳定和收益角度来讲，保险公司通过积极防灾防损，就可减少保险的风险损失，增强其财务的支付能力，并增加保险经营的收益。

2. 宏观方面

（1）促进社会稳定。保险作为一种经济保障制度，通过分散人们面临的各种风险，并对因风险事故造成的意外损失给予经济上的补偿，能够弥补人们所遭受的不幸损失，消除人们对未来生活的忧虑和恐惧心理，从而达到安定社会的目的。

（2）分散风险。通过保险这一制度能将人们面临的各种风险转嫁出去，交由专门经营风险的保险组织承担，并且在既定的风险事件发生后，人们能够从保险组织那里获得一定的经济补偿，从而摆脱因风险事件造成的困境。

（3）能够积聚社会资金，通过保险为生产建设服务。从社会角度而言，个别遭受风险损害的被保险人所得，是来自于没有遭受损害的多数被保险人所失，它是由全体投保人给予的补偿。这种补偿是集合了社会的资金，既包括财产损失的补偿，又包括了责任损害的赔偿。

3. 国际货物运输保险的作用

国际货物保险是保险中的一种，也是国际贸易业务中必不可少的环节。国际货物在运输的过程中很可能会遇到自然灾害、意外事故等风险，从而给货物利益相关者带来损失。因此，货主为了转嫁这些损失和风险，可以向保险公司投保，将不定的损失变成固定的费用。当货物遭受承保范围内的损失时，即向保险公司取得经济补偿。

国际货物运输保险的作用有：①使人们参与国际贸易更加无后顾之忧，增进社会的福利；②增加外汇，增加国际支付，如进出口贸易货物在中国购买保险，可以增加国家无形贸易的外汇收入；③促进对外经济贸易发展，能保障国家财政收支和信贷收支计划的平衡。

保险已经和运输一样，成为国际贸易必不可少的组成部分。各种对外贸易价格条件或贸易术语，都需要明确表明保险是由谁来办理。例如到岸价格（Cost，Insurance，And Freight，简称 CIF）是由卖方办理保险，而离岸价格（Free On Board，简称 FOB）则是由卖方自理保险费的。

第二节　保险的起源和发展

保险起源于合同制度。合同（Contract）也称为契约，广义的合同是泛指一切关于权利和义务的协议，狭义的合同指的是双方或多方当事人关于建立、变更、消灭法律关系的协议。保险合同属于狭义的合同，是约定的债权合同，即是发生约定事件的时候才要求债务人履行义务。

保险合同被视为是最古老的风险管理方法之一，其产生一般认为是公元前 10~15 世纪，由于商品经济发展到一定阶段，风险损失以使商业生产者遭受致命或严重打击下而产生的。保险是以损失分摊的方法，用多数人或单位缴纳的保费建立保险基金，使少数人的损失由全体被保险人分担。

从古代开始，人们在对抗大自然的各种灾害和事故中就萌发了保险思想和原始形态的保险方法。在中国，春秋时期孔子的“拼三余一”的思想就是典型代表。孔子认为将每年三分之一的粮食储备起来，连续储备三年就能存足一年的粮食。而经过 27 年就可以积存九年的粮食，可以达到太平盛世。在国外，古埃及石匠就曾经出现一种互助基金组织，也就是向每位成员收取会费来支付个别成员死亡后的丧葬费。

一、人寿保险的起源

人寿保险最古老的形态一般认为是古埃及石匠、古罗马士兵组成的葬仪互助社。公元前133年，在古罗马成立的各雷吉亚，向加入该组织的人收取100泽司和一瓶敬人的清酒。另外每个月收取5泽司，累积起来作为公积金，用于组织成员丧葬的补助金。在15世纪后期，欧洲人将非洲奴隶运往美洲的时候就会为他们投保，后来船上的船员也可以投保，如在航海中运到意外伤害，保险人将会给予经济赔偿。具有现代意义的人寿保险是1689年的《佟蒂法》。这是由意大利的银行家伦佐·佟蒂提出的联合养老办法，即是被保险者支付费用，而费用的利息付给该群体的生存者。1693年英国著名数学家、天文学家哈雷编制了一张精确计算当时英国每个年龄死亡率的生命表，后来成为寿险计算的依据。哈雷生命表是世界上第一份最科学、最完整的生命表。到18世纪40-50年代，辛普森依据这张生命表制作出依死亡率增加而递增的费率表。后来，陶德森提出"均衡保险费"理论，促进人寿保险的进一步发展。1762年成立的伦敦公平保险社是第一个根据保险技术建立起来的人寿保险组织。

二、火灾保险的起源

火灾保险起源于冰岛1118年设立的Hrepps社，该社对火宅及家畜死亡损失负赔偿责任。真正现代意义的火灾保险是在1666年伦敦大火后发展起来的。当时火灾导致了20多万人流离失所，无家可归，财产损失1 200多万英镑。火灾的教训让人们开始重视保险。1667年尼古拉·巴蓬独资设立了营业处，办理住宅火灾保险，1705年更名为菲尼克斯即凤凰火灾保险公司。1861—1911年，英国登记在册的火灾保险公司达到567家。1909年，英国政府用法律的形式制约和监督火灾保险，保证其正常发展。到了19世纪后，火灾保险公司在欧洲和美洲大量出现。随着人们需求的变化，保险公司承保的范围也不断扩大，从单一的火灾到地震、洪水、风暴等非火灾危险。

三、海上保险的起源

海上保险是运输保险中的一种，是起源较早，并带动整个保险行业繁荣发展的重要险种。

（一）海上保险的起源

1. 共同海损的分摊原则是海上保险的萌芽

公元前2000年左右，地处欧亚要冲的地中海东岸的爱琴海沿岸城市和濒临小亚细亚南岸的罗德岛已有广泛的海上贸易活动。公元前916年，腓尼基人将这种分摊共同海损的做法在罗德岛上商法中规定：凡因减轻船舶载重投弃入海的货物如为全体利益而损失的，须由全体来分摊。也即是：运输关系人形成了一种原则：一人为众，众人为一。

这个原则后来为公元前916年的《罗地安海商法》所采用，逐渐形成为共同海损分摊原则。12世纪英国《奥利昂判例卷》和16世纪法国的《海上指导》的出现，使完整的共同海损概念开始形成。目前受到各国认同并采用的国际惯例是《约克—安特卫普规则》。

2. 船货抵押借贷是海上保险的雏形

公元前8世纪至公元前7世纪，海上抵押借贷已被从事海上贸易的腓尼基人采用。抵押借贷在其长期形成和发展过程中，经历了以下四个阶段，每个阶段都有其特殊的存在形式，不同的存在形式体现着不同程度的海上保险关系。

（1）"一般借贷"向"冒险借贷"转化阶段

一般借贷是船东和货主常以船舶或货物作抵押，向资金所有者借款，以此来弥补资金，继续贸易活动。而冒险借贷则是从事海上贸易的债务人以船舶或货物作抵押取得贷款，如果船货安全抵达目的港，债务人必须将本金和利息一同还于债权人；否则则免还部分或全部借款。这种合同最初起源于中世纪的意大利和地中海沿岸，在当地的海运国家极为盛行。由于银行承担了债权灭失的风险，因此其贷款利率要比一般贷款利率高得多。其高出部分的利息，实质上属于保险费的性质。公元533年，东罗马皇帝查士丁尼将这种利息率限制在12%。

（2）从"冒险借贷"向"假装买卖"转变阶段

船货抵押借款因利息过高而被罗马教皇格雷戈里九世在1237年《禁止利息法》中禁止。由于"冒险借贷"受到限制，于是"假装买卖"开始涌现出来。所谓假装买卖，就是在海上航运开始前，作为债权人的货币所有者向作为债务人的航运经营者订立以支付本金的形式买进船舶或货物的合同，同时航运经营者向对方支付一定的定金。当船舶安全抵达目的地时，事先订立的合同自动解除；否则买卖合同依然有效。因此，债务人向债权人交纳的危险分担费，类似于保险合同中的保险费。而债权人支付给债务人的损失赔偿费，也具有保险金的性质。

（3）"假装买卖"到"保险借贷"的转变阶段

保险借贷阶段已经接近于海上保险，即是债务人的目的不是为了筹措航运资金，而是为了将海上危险转移给债权人——货币所有者。借贷资金不一定先给债务人，但债权人事先要收取一笔利息。

（4）由"准保险"向"海上保险"过渡阶段

准保险是事先缴付一定的报酬，但不接受借贷资金的协议。经过这一阶段，保险的形式开始向现代的"海上保险"模式转变。所谓海上保险即是：船东或货主事先向债权人交纳一定的报酬，但不接受债权人的借贷资金。当船舶或货物安全达到目的港后，交纳的报酬不退，当作承担风险的报酬；当船舶或货物遭受意外损失后，债权人向船东或货主给予船舶或货物的经济补偿。

（二）现代海上保险的发展

1. 意大利是现代海上保险的发源地

11 世纪末，十字军东征以后，意大利商人控制了东方与西欧的中介贸易，是意大利北部的城市如：佛罗伦萨、热那亚、比萨和威尼斯等，成为海上贸易的要冲。14 世纪，保险也由此在西欧各国商人中间流行。

英文中的“保险单”一词就是源于意大利文“Polizza”。世界上具有现代形式的保险单是 1384 年的比萨（Pisa）保险单，承保一批货物从法国南部阿尔兹安全运抵意大利的比萨。这是一份从形式到内容与现代保险几乎完全一致的最早保单。世界上第一家海上保险公司是于 1424 年诞生在意大利的热那亚。1435 年，意大利颁布了巴塞罗纳法典，是世界上最早的保险立法。

2. 英国发展成为现代海上保险的中心

虽然海上保险发源地是意大利，但是现代海上保险形成于英国。15 世纪以后，海上保险随着海上贸易中心的转移而从地中海区域转移至大西洋彼岸。海上保险由意大利传入英国，主要由意大利的伦巴第商人经营。

17 世纪开始，英国成为海上贸易中心的同时，海上保险的中心也开始转移到英国。第一家皇家交易所的开设，为海上保险提供了交易场所；保险商会在伦敦皇家交易所内的设立，又大大促进了海上保险的发展；《海上保险法》的颁布更使英国真正成为世界海上保险的中心，占据了海上保险的统治地位。

另外，当代国际保险市场上最大的保险垄断组织之一“劳合社”最初就是专营海上保险。当时，在伦敦塔街开设的一家咖啡馆，经营咖啡馆的人叫爱德华·劳埃德（Edward Lloyd）。劳埃德把顾客最关心的有关船舶货物的航运行情和国际贸易、法律、气候等方面的情报收雄整理以后，及时传播给前来喝咖啡的顾客。从此，咖啡馆就逐渐成为经营海运的船东、贸易商人、经纪人、高利贷者聚雄的地方，洽谈业务、传播航运和贸易信息。后来，保险商人也利用这一场所与被保险人洽谈保险业务，并逐步发展到在咖啡馆内设立写字台，成为固定的投保场所。被保险人在这里可以将他们要求保险的文件放在桌子上，任何愿意承保的保险人均可在文件上签上自己的姓名及其份额。当整个投保金额分派或认购完毕时，一份海上保险合同完成。“劳合社”的演变史也是英国海上保险的一个缩影。

3. 中国海运货物保险发展

在建国之后，我国海上保险才步入独立发展的道路。1949 年 10 月 20 日中国人民保险公司（PICC）正式成立，而 PICC 首先开办了火灾保险和海上运输保险业务。1952 年，外商保险公司自动撤离出境，从而从根本上结束了外国长达 100 多年垄断中国保险市场的历史。1958 年 10 月，中央决定停办国内保险业务时，只保留了以海上保险为主要内容的涉外保险业务。1980 年恢复国内保险业务时，海上保险没有得到很好的发展。

一直到了1986年改革开放以来，随着中国改革开放逐步深入，为了促进对外贸易发展，扩大国际经济合作和技术交流，中国的海上保险业务有了突飞猛进的发展，保费收入成倍增加，保险种类逐渐增多，为进一步开拓保险事业，建立中国保险市场格局，改变中国人民保险公司独家办保险的局面。1987年下半年，我国成立了交通银行保险部，不久于1991年上半年改建为中国太平洋保险公司。1988年成立了中国第一家股份制保险公司，即中国平安保险公司。这些公司也相继开办了海上保险业务。

第三节　保险的种类

一、保险的分类

（一）按保险实施方式分类

1. 自愿保险

自愿保险亦称任意保险，是指保险双方当事人通过签订保险合同，或是由需要保险保障的人自愿组合而实施的一种保险。其特点有：保险双方根据自己的意愿进行选择；保险责任根据保险单的规定有明确的保险期限；保险责任不是自动产生，而是以投保人是否缴纳保费为前提。例如人们购买的人寿保险等。

2. 强制保险

强制保险也称为法定保险，是国家对一定群体对象以法律、法令或条例规定其必须投保的一种保险。其特点是产生于国家或政府的法律效力。例如，车辆上路都要缴纳机动车交通事故责任强制保险（简称“交强险”）。交强险是由保险公司对被保险机动车发生道路交通事故造成受害人（不包括本车人员和被保险人）的人身伤亡、财产损失，在责任限额内予以赔偿的强制性责任保险，属于责任保险的一种。机动车所有人、管理人未按照规定投保交强险的，公安机关交通管理部门有权扣留机动车，通知机动车所有人、管理人依照规定投保，并处应缴纳的保险费的2倍罚款。

强制保险有以下几种情况：

①由国家立法机构通过的，由中央政府颁布实施的强制保险法律或法规，一般由国家授权的保险机构提供保险，采取强制手段实施。

②根据国家的有关法律，由地方政府通过立法程序颁布实施的地方性的法律、法规规定必须参加的保险。

③根据政府某些行政机构发布的有关法令、法规，规定凡从事某种经营活动必须投保相应的保险，否则不允许从事和生产经营活动。

征收强制保险的目的主要有：维护公共利益，挽回无辜受害人的利益，如雇主责任保险、机动车辆第三者责任保险；解决某些普遍存在的社会问题所需资金，如社会养老保险、失业保险和基本医疗保险，从而减少政府承担的社会保障的负担；解决某个领域特殊危险的保障基金的来源，如危险产品的生产，核电站的建设和使用都必须有相应的保险。

（二）按照保险标的分类

1. 财产保险

财产保险是指以财产及其相关利益为保险标的，对保险事故发生导致的财产损失，以金钱或实物进行补偿的一种保险。财产保险有广义与狭义之分。广义的财产保险包括财产损失保险、责任保险、保证保险等，狭义的财产保险是以有形的物质财富及其相关利益为保险标的的一种保险。狭义的财产保险包括火灾保险、海上保险、汽车保险、航空保险、利润损失保险、农业保险等。

2. 人身保险

人身保险是以人的身体或生命为保险标的的一种保险。根据保障范围的不同，人身保险可以区分为人寿保险、意外伤害保险和健康保险。

3. 责任保险

责任险是以被保险人依法应负的民事损害赔偿责任或经过特别约定的合同责任为保险标的的一种保险。责任保险的种类包括：公众责任保险、产品责任保险、职业责任保险、雇主责任保险。

4. 信用、保证保险

信用、保证保险都是以信用风险作为保险标的的保险，都是具有担保性质的保险。当债权人作为投保人向保险人投保债务人的信用风险时就是信用保险，当债务人作为投保人向保险人投保自己的信用风险时就是保证保险。

（三）按照承保方式分类

1. 原保险

原保险是保险人与投保人之间直接签订保险合同而建立保险关系的一种保险。

2. 再保险

再保险也称“分保”，是保险人将其所承保的风险和责任的一部分或全部，转移给其他保险人的一种保险。这种风险转嫁方式是保险人对原始风险的纵向转嫁，即第二次风险转嫁。

3. 共同保险

共同保险也称“共保”，是由几个保险人联合直接承保同一保险标的、同一风险、同一保险利益的保险。共同保险的各保险人承保金额的总和等于保险标的的保险价值。这种风险转嫁方式是保险人对原始风险的横向转嫁，它仍属于风险的第一次转嫁。例如，对于保险标的较大的项目，如火箭发射项目等，一般都是由数家保险公司按照自己的规模承担一定比例的保费与责任的，较少有公司会单独承接过高额的财产保险。

4. 重复保险

重复保险是指投保人以同一保险标的、同一保险事故、同一保险利益分别与两个或两个以上保险人订立保险合同的一种保险。重复保险遵循“分摊原则”，即投保人向多个保险人重复保险时，索赔只能在保险人之间分摊，赔偿金额不得超过损失金额，目的就是防止被保险人因重复保险而获得额外利益。具体分摊原则在本章的第四节有详细说明。

二、财产保险

财产保险是保险人对被保险人的财产及其有关利益，在发生保险责任范围内的灾害事故而遭受经济损失时给予补偿的保险。财产保险的特征有：以财产及其有关利益为保险标的；保险标的必须是可以用货币衡量价值的财产或利益；财产保险对于保险标的的保障功能表现为经济补偿；财产保险属于社会商业活动的组成部分。《中华人民共和国保险法》第九十一条规定：“财产保险业务，包括财产损失保险、责任保险、信用保险等保险业务”。

（一）财产损失保险

中国的财产损失保险主要包括四类：

1. 火灾保险

简称火险，是指以存放在固定场所并处于相对静止状态的财产物资为保险标的，由保险人承担保险财产遭受保险事故损失的经济赔偿责任的一种财产保险。其独特之处在于：保险标的只能是存放在固定场所并处于相对静止状态下的各种财产物资；承保财产的地址不得随意变动；保险标的十分繁杂。

火灾保险承保的保险责任通常包括：火灾及相关危险；各种自然灾害；有关意外事故；施救费用。此外，保险人有如下除外不保风险：战争、军事行动或暴力行为、政治恐怖活动；核反应、核子辐射和放射性污染；被保险人的故意行为；各种间接损失；因保险标的本身缺陷、保管不善而致的损失，以及变 质、霉烂、受潮及自然磨损等。

火灾保险的主要险种是财产保险基本险、财产保险综合险、家庭财产保险等。

（1）财产保险基本险，是以企事业单位、机关团体等的财产物资为保险标的，由保险人承担被保险人财产所面临的基本风险责任的财产保险，它是团体火灾保险的主要险种之一。

根据《财产保险基本险条款》第四条和第五条，该险种承担的保险责任包括：火灾；雷击；爆炸；飞行物体和空中运行物体的坠落；被保险人拥有财产所有权的自用的供电、供水、供气设备因保险事故遭受破坏，引起停电、停水、停气以及造成保险标的的直接损失，保险人亦予以负责；必要且合理的施救费用。

（2）财产保险综合险，是团体火灾保险业务的主要险种之一，它在适用范围、保险对象、保险金额的确定和保险赔偿处理等内容上，与财产保险基本险相同，不同的只是保险责任较财产保险基本险有扩展。

（3）家庭财产保险，是面向城乡居民家庭或个人的火灾保险。其特点是投保人以家庭或个人为单位，业务分散，额小量大，风险结构以火灾、盗窃等风险为主。具体形式包括了：普通家庭财产保险；家庭财产两全保险；房屋及室内财产保险；安居类综合保险；投资保障型家庭财产保险；专项家庭财产保险。

2. 运输保险

运输保险是以处于流动状态下的财产作为保险标的的一种保险，包括运输货物保险和运输工具保险。这种保险的共同特点是，保险标的处于运输状态或经常处于运行状态，与火灾保险的保险标的要求存放在固定场所和处于相对静止状态有区别。根据运输工具的不同，运输保险可以分为运输货物保险、机动车辆保险、船舶保险、航空保险、摩托车保险等。

（1）运输货物保险

运输货物保险主要是保障运输过程中货物的安全，一般仅适用于收货人和发货人。在国际上，货物运输保险是由收货人投保还是由发货人投保，通常由贸易合同明确规定，并往往包含在货物价格中。在中国，发货人与收货人均可投保。货物运输分为海上、内河、航空、陆上和多式联运等多种方式，据此，运输货物保险亦可以被划分为水路运输货物保险、陆上运输货物保险和航空运输货物保险及联运险等。在此，联运险是指运输货物需要经过两种或两种以上的主要运输工具联运，才能将其从起点地运送到目的地的保险。

（2）运输工具保险

主要专门承保各种机动运输工具，包括机动车辆、船舶、飞机、摩托车等各种以机器为动力的运载工具。

①机动车辆保险：以各种以机器为动力的陆上运输工具为保险标的，包括各种汽车、摩托车、拖拉机等。机动车辆保险亦具有陆上运行、流动性大、行程不固定、业务量大、投保率高、第三者责任风险大等特点。按照保险标的来划分，机动车辆保险往往被分为汽车（或一般机动车辆）保险、摩托车保险、拖拉机保险等。按照保险责任划分，机动车辆保险又被分为车辆损失保险和第三者责任（强制）保险，其中车辆损失保险属于狭义财产保险范围，第三者责任（强制）保险属于法定责任保险范畴。

②船舶保险：指以各种船舶、水上装置及其碰撞责任为保险标的的一种运输工具保险。船舶保险适用于各种团体单位、个人所有或与他人共有的机动船舶与非机动船舶以及水上装置等，一切船东或船舶使用人都可以利用船舶保险来转嫁自己可能遭遇的风险。

船舶保险的保险责任可以划分为碰撞责任与非碰撞责任，前者系指保险标的与其他物体碰撞并造成对方损失且依法应由被保险人承担经济赔偿责任的责任；后者则包括有关自然灾害、火灾、爆炸等，以及共同海损分摊、施救费用、救助费用等。船舶保险的不保责任主要包括：战争、军事行动和政府征用；不具备适航条件；被保险人及其代理人的故意行为；正常维修；因保险事故导致停航、停业的间接损失；以及超载、浪损等引起的损失。关于国际海上船舶运输保险详见第七章。

③飞机保险：是以飞机及其相关责任风险为保险对象的一类保险，包括了机身保险、飞机战争、劫持险、飞机第三者责任保险、航空旅客责任保险等。机身保险是以各种飞机本身作为保险标的，适用于任何航空公司、飞机拥有者、有利益关系者以及看管、控制飞机的人。飞机战争、劫持险是以飞机为保险标的，以战争、劫持等特殊性质的风险（机身保险等不保的风险）为承保责任的一种保险。飞机第三者责任保险，则专门承保飞机在保险期间可能造成第三者的损失且依法应由被保险人承担经济赔偿责任的风险。航空旅客责任保险，是以飞机乘客为保险对象的一种飞机责任保险，保险责任一般从乘客起点验票后开始到终点离开机场止。

3. 工程保险

工程保险是指以各种工程项目为主要承保对象的一种财产保险。传统的工程保险仅指建筑工程保险和安装工程保险，但现在各种科技工程也被纳入工程保险的承保范围。工程保险的特点是承保风险责任广泛而集中；涉及较多的利益关系人；不同工程保险险种的内容相互交叉；工程保险承担的主要是技术风险。

工程保险主要分为建筑工程保险、安装工程保险和科技工程保险。

（1）建筑工程保险

建筑工程保险承保的是各类建筑工程，即适用于各种民用、工业用和公共事业用的建筑工程，如房屋、道路、桥梁、港口、机场、水坝、道路、娱乐场所、管道以及各种市政工程项目等，均可以投保建筑工程保险。

建筑工程保险标的范围广泛，既有物质财产部分，也有第三者责任部分。

①物质财产部分的保险责任主要有保险单上列明的各种自然灾害和意外事故，如洪水、风暴、水灾、暴雨、地陷、冰雹、雷电、火灾、爆炸等多项，同时还承保盗窃、工人或技术人员缺乏经验、疏忽、过失、恶意等人为行为风险，并可以在基本保险责任项下附加特别保险条款，以利于被保险人全面转嫁自己的风险。

②第三者责任部分的保险责任是指在保险期间因建筑工地发生意外事故造成工地及邻近地区第三者人身伤亡和财产损失依法应由被保险人承担的赔偿责任，以及事先经保险人书面同意的被保险人因此而支付的诉讼费用和其他费用。

（2）安装工程保险

安装工程保险，是指以各种大型机器、设备的安装工程项目为保险标的的工程保险，保险人承保安装期间因自然灾害或意外事故造成的物质损失及有关法律赔偿责任。安装工程保险的适用范围亦包括安装工程项目的所有人、承包人、分承包人、供货人、制造商等。安装工程保险的特点是：以安装项目为主要承保对象。其中亦可包括附属建筑项目；安装工程的风险分布具有明显的阶段性；承保风险主要是人为风险，并显具技术色彩。

和建筑工程保险一样，安装工程保险的可保标的通常也包括物质损失、特种危险赔偿和第三者责任三个部分，其中物质损失部分即分为安装项目、土木建筑工程项目、场地清理费、承包人的机器设备、所有人或承包人在安装工地上的其他财产等五项，各项标的均需明确保险金额；特种危险赔偿和第三者责任保险项目与建筑工程保险相似。

（3）科技工程保险

现代的科技工程保险包括了海洋石油开发保险、卫星保险、核电站保险。

①海洋石油开发保险面向的是现代海洋石油工业，它承保从勘探到建成、生产整个开发过程中的风险，海洋石油开发工程的所有人或承包人均可投保该险种。

②卫星保险是以卫星为保险标的的科技工程保险，它属于航天工程保险范畴，包括发射前保险、发射保险和寿命保险，主要业务是卫星发射保险，即保险人承保卫星发射阶段的各种风险。

③核电站保险以核电站及其责任风险为保险对象，是核能民用工业发展的必要风险保障措施，也是对其他各种保险均将核子风险除外不保的一种补充。核电站保险的险种主要有财产损毁保险、核电站安装工程保险、核责任保险和核原料运输保险等，其中财产损毁保险与核责任保险是主要业务。

4. 农业保险

农业保险作为财产保险的有机组成部分，是为农业生产发展服务的一种风险工具，是保险人为在农业生产活动中所遭受的各种自然灾害和意外事故导致的经济损失提供经济补偿的一种保险。农业保险的特点是：面广量大；受自然风险和经济风险的双重制约；风险结构具有特殊性；高风险与高赔付率并存；需要政府的支持。

农业保险承保的主要是种植业、养殖业，亦被称为两业保险。①种植业保险包括了农作物保险、林木保险和其他农作物保险。②养殖业保险包括了牲畜保险、家禽保险和水产养殖保险。

（二）责任保险

责任保险是以被保险人依法应负的民事损害赔偿责任或经过特别约定的合同责任为保险标的的一种保险。责任保险的种类包括：

1. 公众责任保险

该保险主要承保企业、机关、团体、家庭、个人以及各种组织在固定的场所因其疏忽、过失行为造成他人人身伤害或财产损失时依法应承担的经济赔偿责任。

2. 产品责任保险

产品责任保险是承保产品制造者、销售者因产品缺陷致使他人人身伤害或财产损失而依法应由其承担的经济赔偿责任的一种保险。

3. 职业责任保险

该保险是承保各种专业技术人员因工作上的疏忽或过失造成合同对方或他人人

身伤害或财产损失而依法应承担经济赔偿责任的一种保险。职业责任保险一般由提供各种专业技术服务的单位投保，它适用于医生、药剂师、工程师、设计师、律师、会计师等专业技术工作者。

4. 雇主责任保险

它是承保被保险人（雇主）的雇员在受雇期间从事业务活动时，因遭受意外事故导致伤、残、死亡，或患有与职业有关的职业性疾病而依法或根据雇佣合同应由被保险人承担的经济赔偿责任的保险。例如雇主为在家中帮忙的保姆购买雇主责任保险，如果保姆在工作期间发生保险事故，雇主即可以得到保险公司的赔偿，减轻其赔偿负担。

（三）信用保险

信用保险是以在商品赊销和货币借贷中的债务人的信用作为保险标的，以债务人到期不能履行其契约中的债务清偿义务为保险事故，由保险人承担被保险人（即债权人）因此遭受的经济损失的赔偿责任的保险。

信用保险主要包括三类业务：出口信用保险、投资保险和国内商业信用保险。中国目前开办的主要是出口信用保险和投资保险。

1. 出口信用保险

出口信用保险承保出口商因进口商不履行贸易合同而造成的经济损失。出口企业投保出口信用保险的好处：一是利用出口信用保险的保障与补偿职能，可以变不定大额坏账损失为确定的能计入成本的保险费开支。二是在确保收汇低风险的情况，大胆采取多种灵活付款方式来达成贸易合同，甚至向一些风险较大的市场出口，提高竞争力。三是依靠出口信用保险公司掌握的国外买家的风险调查评估，准确选择贸易对象，并可以将已投保的出口信用保险权益转让，争取到银行的出口融资便利。

2. 投资保险

投资保险又称政治风险保险，承保外国投资人在我国的投资因战争或类似战争行为、政府当局的征用或没收以及政府有关部门的汇兑限制而受到的损失。

三、人身保险

人身保险是以人的寿命和身体为保险标的的一种保险。投保人按照保单约定向保险人缴纳保险费，当被保险人在合同期限内发生死亡、伤残、疾病等保险事故或达到合同约定年龄、期限时，由保险人按照合用约定承担给付保险金责任。人身保险可以分为人寿保险、健康保险、意外伤害保险。

（一）人寿保险

人寿保险是以被保险人的寿命为保险标的，以人的生存、死亡两种形态为给付保险金条件的保险。当发生保险合同约定的事故或合同约定的条件满足时，保险人对被保险人履行给付保险金责任。人寿保险的特点是：长期性；合同为给付性合同；

不存在超额保险、重复保险、代位追偿问题；部分人寿保险的保单具有投资和储蓄性等。该保险主要用于规避下面的风险：早亡；特别资金的需要，如教育金、婚嫁金、投资资金、养老金等；债权的保护；避税或降低税赋；遗产规划等。

下面介绍几种主要的人寿保险：

1. 死亡保险

死亡保险是指被保险人供养亲属在被保险人死亡之后，或者被保险人在其供养亲属死亡后，从社会上获得物质帮助的一种社会保险制度。被保险人包括职工和已享受养老保险待遇者。死亡保险有两种：

（1）定期寿险：以被保险人在保险合同规定期间发生死亡事故而由保险人负责给付保险金的保险。

（2）终身寿险：一种不定期的死亡保险，自合同生效之日起，至被保险人死亡为止，即保险人对被保险人要终身负责，不论被保险人何时死亡，保险人均依照保险合同的规定给付死亡保险金。

2. 生存保险

生存保险是以被保险人在保险期满或达到某一年龄时仍然生存为给付条件，并一次性给付保险金的保险。

生存保险其中一种重要的形式就是生存年金保险，即是被保险人生存期间，保险人按合同约定的金额、方式、期限有规则并且定期向被保险人给付保险金的生存保险。其特点就是：①被保险人生前享有养老金，其受益人也在被保险人死后可能领取保险金；②投保条件比较宽松；③交费方式多种多样；④养老金的领取时间有一定的选择余地；⑤领取养老保险金的方式灵活。

3. 两全保险

两全保险又称生死合险，是把定期死亡保险和生存保险（是以被保险人在一定时期内继续生存为给付保险金条件的保险）。两全保险的特点是：①具有保障性和储蓄性双重功能；②保险费率较高，因其保险责任含有死亡和生存两项；③不仅保障受益人的利益，也保障被保险人本人的利益；④保险单具有现金价值。

（二）健康保险

健康保险是以被保险人的身体为保险标的，当被保险人在患疾病时发生医疗费用支出，或因疾病所致残疾或死亡时，或因疾病、伤害不能工作而减少收入时，由保险人负责给付保险金的一种保险。健康保险的责任范围主要包括：疾病、分娩、因疾病或分娩所致的残疾和因疾病或分娩所致的死亡四项。这些承保的风险（疾病）具有以下共同特点：非明显的外来原因造成的；非长期的原因造成的；非先天的原因造成。

下面介绍几种重要的健康保险：

1. 医疗保险

医疗保险是提供医疗费用保障的保险，保障的是被保险人因患疾病或生育需要治疗时的医疗费用支出。具有补偿性，也可以采用定额给付方式。主要有普通医疗保险、住院保险、手术保险、住院保险、综合医疗保险等。

2. 疾病保险

疾病保险是以疾病为给付保险金条件的保险。疾病保险的基本特点是：可以作为独立险种；有观察期（一般是 90 或 180 天）；保障程度高；保障期限长；缴费灵活。疾病保险的主要种类有重大疾病保险和特种疾病保险。

3. 收入保障保险

收入保障保险指以因意外伤害、疾病导致收入中断或减少为给付保险金条件的保险，具体是指当被保险人由于疾病或意外伤害导致残疾，丧失劳动能力不能工作以致失去收入或减少收入时，由保险人在一定期限内分期给付保险金的一种健康保险。

4. 护理保险

护理保险是指以因保险合同约定的日常生活能力障碍而引发护理需要为给付保险金条件，为被保险人的护理支出提供保障的保险。

（三）意外伤害保险

意外伤害保险（Accident Injury Insurance ）是被保险人在保险期内，因遭受非本意的、外来的、突然发生的意外事故，致使身体蒙受伤害而残废或死亡时，保险人按照保险合同的规定给付保险金的一种人身保险。这里的“意外”指的是受害者没有预见到的或来不及预防和躲避的，或伤害的发生是违背受害者的主观愿望的。意外伤害保险的特点是期限短；灵活性较大；保费低廉。

意外伤害保险的责任范围是：第一，被保险人须遭受意外伤害事故；第二，意外伤害事故须导致被保险人死亡或残疾；第三，意外伤害事故是死亡或残疾的直接原因或近因；第四，意外伤害事故须发生在保险期间内。

下面是几种重要的意外伤害保险：

1. 普通意外伤害保险

（1）学生平安保险

以在校学生为保险对象，一个人或团体的形式，投保一年期意外伤害险附加医疗费保险险种。学生平安保险的特点是费率低、保障广。

（2）个人意外伤害保险

个人意外伤害保险的特点是：大多属自愿保险；多数险种的保险期限较短；投保条件相对宽松；保险费率低，而保障性较大。例如，航空人身意外伤害保险、机动车驾驶学员人身意外伤害保险、驾乘人员人身意外伤害保险、游客意外伤害保险、铁路和公路旅客意外伤害保险等险种都属于个人意外伤害保险。

（3）团体意外伤害保险

团体意外伤害保险是最主要的意外伤害保险险种，包括团体人身意外伤害保险、学生团体平安保险等险种。与前面两种不同，这类保险是以团体作为被保险人，投保人一般为单位而非个人。

2. 旅游伤害保险

旅游伤害保险是以参加旅行社组织的境内或境外旅游者为投保对象，在旅游期间发生的意外事故时，保险人按照保险合同的规定给付保险金的一种人身保险。具体包括了在运输工具上的旅客意外伤害保险；旅游者意外伤害保险；住宿旅客意外伤害保险。

3. 职业伤害保险

职业伤害保险是为那些因从事特定职业在执行公务之时遭受人身意外伤害事故，并因此暂时或永久丧失工作能力的人群提供保障的人身保险。

第四节　保险的基本原则

保险原则是在保险发展的过程中逐渐形成并被人们公认的基本原则。这些原则作为人们进行保险活动的准则，始终贯穿于整个保险业务。坚持这些基本原则有利于维护保险双方的合法权益，更好地发挥保险的职能和作用，有利于保障人们的生活安定，促进社会进步。

保险的原则有保险利益原则、近因原则、损失补偿原则和最大诚信原则。

一、保险利益原则

（一）定义、历史和作用

1. 定义

保险利益（Insurable Interest）是指被保险人或投保人对保险标的具有的法律上承认的利益。财产保险的被保险人在保险事故发生时对保险标的应当有保险利益。1745 年英国颁布的《海上保险法》(Marine Insurance Act 1745 ）规定：“没有可保利益的，或除保险单以外没有其他可保利益证明的，或通过赌博方式订立的海上保险合同无效。”可见，如果投保人对保险标的不具有保险利益，则该合同将因目的不合法而无效。这部法律第一次确定了保险利益原则，也即是决定赔偿金额的标准是保险利益，而且只有当被保险能证明具有保险利益的情况下，被保险人才有请求权。这主要是由于当时英国社会存在着大量以保险作为发财手段的保险赌博和欺诈行为。

2. 历史

在 1745 年英国《海上保险法》之前并无法律要求投保人与保险标的物具有任何联系，保险与赌博毫无二致，皆为法律所保护。但由于赌博在海上贸易活动中十分盛行，且危害甚大。1745 年的《海上保险法》确立了：在保险中，决定赔偿金额的标准是保险利益，而且唯有在被保险人能证明有保险利益的情况下，对保险人才具有请求权。但若为赌博行为，则保险人在事故发生后，依约定金额给付即可，并不考虑当事人是否受到实际损害。

随着保险业的发展，保险关系愈来愈复杂，保险种类愈来愈多，原本的“一物一保险利益”的说法已经不适合时代的发展。德国学者 Benecke 尝试为非所有权人创设保险利益。例如，在国际货物运输中，抵押权人、保管人、承运人等均可就该货物以所具有的利益进行投保，并无须得到所有权人的许可。

进入 19 世纪之后，保险利益原则得到了进一步的完善。目前普遍认为，有法律上的权利而无经济上利益者，因无损失而不能得到补偿；虽无法律上的权利但有经济上利益者，因有损失也可以投保以得到保险保障。

3. 作用

保险利益和保险标的是不同的概念。保险标的是保险所要保障的对象。保险利益是以保险标的的存在为条件，但是如果只有保险标的，投保人对保险标的不具备可保利益，则投保人不能为该标的投保。该原则的作用是防止保险合同变成赌博性合同；防止被保险人的道德危险；以及可以限制保险补偿的程度。

（二）适用范围

保险利益原则主要应用于两个环节：投保环节和理赔环节。在投保环节，该原则是用于判定投保人是否有投保资格，而在理赔环节是用于判断其是否有索赔资格。

财产保险的保险利益是指法律承认和保护的各种财产权和利益，包括了所有权、管理权、使用权、收益权和看护权。人身保险的保险利益取决于投保人与被保险人之间的关系。根据我国《保险法》第三十一条，投保人对下列人员具有保险利益：本人；配偶、子女、父母；前项以外与投保人有抚养、赡养或者扶养关系的家庭其他成员、近亲属；与投保人有劳动关系的劳动者。除前款规定外，被保险人同意投保人为其订立合同的，视为投保人对被保险人具有保险利益。《保险法》第十二条规定：“投保人对保险标的应当具有保险利益。投保人对保险标的不具有保险利益的，保险合同无效。”

例如，某德国 A 公司承租了中国 B 公司一座楼房经营，为预防经营风险，德国 A 公司将此楼房在中国保险公司投保 500 万元。保险公司同意承保，德国 A 公司交付了一年的保险金。9 个月后德国 A 公司结束租赁，将楼房退还给中国 B 公司。在保险期的第 10 个月该楼房发生了火灾，损失 300 万元。于是德国 A 公司根据保险合同的约定向保险公司主张赔偿，保险公司拒绝承担赔偿责任，双方诉至法院。法院经调查认为，德国 A 公司的楼房租赁合同已经结束，对原来使用的楼房不再具有保险利益。根据法律的规定，投保人对保险标的不具有保险利益，则保险合同无效。因此保险公司无须赔偿。

二、近因原则

（一）定义

近因原则（Principle of Proximate Cause）要求保险人承保危险的发生与保险标的的损害之间必须具有符合海上保险法的因果关系。在保险中，是何种原因导致损失的发生，此原因是否属于承保风险的范围，对于确定保险人对损失的赔偿责任是非常重要的。

在海上保险法发展的早期，人们普遍认为在时间上与损失最为接近的原因即为近因。后来人们发现这种判断标准不合理，而且漏洞很多，因此出现了新的近因标准。例如，在英国的一案例中，一船舶遭受德国潜水艇的袭击，但在拖轮的协助下抵达勒阿费尔，后停靠在码头旁。港口当局担心该船在大风影响下沉没而关闭了码头，并命其停靠在防坡堤外围。该船在那里停靠了 2 天，随潮落而搁浅，随潮起而起浮。在该船沉没之前，其所有人根据未包括战争原因在内的保险单以损失为海难所致为由要求赔偿。上议院一致主张，船舶搁浅并非一项“新的干预行为（novus actus interveniens）”，潜艇袭击是损失的近因，保险人不负赔偿责任。由此可见，所谓近因是对损失最具有影响力的原因。

（二）实践运用

在确定保险人是否应该为损失承担赔偿责任，关键在于确定损失的近因是否是承保风险。近因原则的判断标准一般如下：

（1）近因是指最接近损失的原因，遥远的原因不作近因考虑。

（2）如果是单一事件导致的损失，那么唯一事件就是损失的近因。

（3）如果损失发生时有多种原因存在，那么就应该确定哪一原因是具有独立的决定性支配力的，再追究保险单是否承保这一风险，作为确定保险人赔偿责任的依据。近接原因不是直接原因。直接原因如果自身不具有独立的影响力，而是从属于另一原因，则尽管该原因是间接，也视为近因。

如果 A → B，B → C，则 A → B → C；假设 A 是 B 的充分条件，B 是 C 的充分条件，那么 A 必然可以推导出 B，B 又必然可以推导出 C，则 A 的存在就注定了 C 的发生。B 是 A 的必然结果，同时又是 C 的直接原因。B 不具有独立的支配力，它是由 A 引发，而直接导致 C 的结果，只是起到中介或媒介的作用，对事物的结局不具有决定性的影响。因此 A 是 C 的近因，尽管它是间接原因；B 不是 C 的近因，尽管它是直接原因。

例如，一建筑物遭火灾，拆除过程中倒塌使他人建筑物受损，他人得以火灾为由向保险公司要求赔偿，保险人不得以致损的近因是拆除行为为由拒赔，因为火灾才是损失的近因。

如果某一原因的介入打破了原有事件和损害结果的因果关系，并独立导致了损害结果，则该新介入的原因为近因。如果没有新原因介入，则是因果关系链条中最后一个对损害结果有决定性支配力并能够为其后一系列原因的充分条件的原因为近因。例如，船舶在海上航行可能遭遇到一系列风险和事故，可能存在一系列的原因，因此要在这一系列的原因中界定出哪个为近因。

中国《海商法》和《保险法》均没有关于“近因”原则的明确确认，但在司法实务中，因果关系还是成为一种似乎不言自明的法律思维。例如，1988 年某水运公司和中国人民保险公司某分公司的船舶保险合同纠纷案件就是以近因原则予以解决的。1988 年 4 月 2 日 13 点 45 分，“湛水运 706 船”航行至湛江外罗门水道时，因雾导致视线不良，船舶偏离航线而搁浅，致船舵丢失，船底铆钉松动渗漏。该水运公司要求保险公司赔偿因此遭受的损失，保险公司以被保险船舶该航次超载和不适航拒赔。法院审理案件发现，经船检部门证实船舶未超载，且该次搁浅不是超载造成，因此判决保险公司赔偿水运公司。这个案件正是体现了近因原则，即天气原因和驾驶过失是损失即搁浅的近因，超载和不适航不是损失的近因。

四、损失补偿原则

（一）定义和作用

损失补偿（Principle of Indemnity）原则是指当保险标的发生保险责任范围内损失，保险人根据合同进行补偿时，补偿额不能使被保险人获得实际损失外的额外利益的保险法律原则。该原则体现了保险制度的目的是将被保险人受到事故的损失降到最低程度，而不是让其从中获得额外收益。

该原则的基本目的是保险赔偿金额应该公平合理，并且充分补偿，双方协商一致；防止被保险人从保险中获得额外利益；减少道德风险。例如，A 为其子 B 投保了某保险公司一年期的学生、幼儿保险附加意外伤害医疗及附加住院医疗保险。保险期间，其子 B 在院中玩耍时被一辆小轿车撞伤，发生医疗费用 1 万多元，该医疗费用全部由汽车司机给予了赔偿。A 虽然获得了赔偿，但想起其子还投保了意外伤害医疗保险，遂以其子受伤住院治疗为由，向保险公司申请理赔，但遭到了保险公司拒赔。法院经调查审理作出判决：该案所涉的医疗费用类保险适用损失补偿原则。由于撞伤 B 的汽车驾驶员已经赔偿了原告发生的全部医疗费用，故 A 所受损失已经获得赔偿，保险公司不应再负赔偿责任，否则将使同一保险标的损失实际获得双重或者多于保险标的实际损失的补偿。

（二）适用范围

损失补偿原则的适用：①按保险金额或实际损失进行赔偿。在定值保险合同中，保险人按约定的保险价值进行赔偿。约定保险价值的基本标准包括了：船舶保险的保险价值按照保险风险开始之时当地船舶价值来约定，包括船上装备、船员的预付工资、其他垫款和各项保险费用；运费保险的保险价值应为运费金额再加保险费用；

货物保险以货物的成本加上各项按费用约定保险价值。不定额保险合同就按照各国法律规定或国际海上保险市场惯例和保险价值进行赔偿。②实际损失的确定方法：按照市价；按恢复原状所需费用；按重置成本减折旧；按被保险人的货币损失。

（三）派生原则

损失补偿原则有两大派生原则，即重复保险分摊原则和代为追偿原则。

1. 重复保险（Double Insurance）分摊原则

重复保险原则的构成条件是：①必须是对同一保险标的和同一保险事故投保；②对同一保险利益投保；③是同两个以上保险人订立保险合同；④保险期间重叠；⑤是每个保险人都对损失负责的投保。

重复保险的分摊方式最常见的是比例责任分摊。《中华人民共和国保险法》第五十六条明确了比例责任制方式的法律效力，该条款规定："除合同另有约定外，各保险人按照其保险金额与保险金额总和的比例承担赔偿保险金的责任。"所谓比例责任制，是指各保险人按照其保险金额，依比例分担赔偿损失的责任，其公式为：某保险人分摊的赔偿责任=（某保险人承保的保险金额/所有保险人承担的保险金额）×损失金额。

2. 代位追偿（Subrogation）原则

在保险业务中，为了防止被保险人双重获益，保险人在履行全损赔偿或部分损失赔偿后，在其赔付金额内，要求被保险人转让其对造成损失的第三者责任方要求全损赔偿或相应部分赔偿的权利。这种权利称为代位追偿权，或称为代位权。代位追偿原则能够防止被保险人从保险人和第三者责任方同时获得赔偿而额外获利；防止了第三者责任人借保险赔偿而逃避了法律责任，维护法律秩序。

在实际业务中，保险人需首先向被保险人进行赔付，才能取得代位追偿权。代位追偿的条件有：①保险合同必须具有补偿性；②第三者应付损害赔偿责任；③是保险合同承保范围内的责任；④保险人必须赔付被保险人的损失。

例如，驾驶员 A 因闯红灯违章，撞坏了 B 的汽车。如果 B 投保了车辆损失保险，则 B 可以选择：第一，直接向肇事者 A 索赔；第二，为了减少麻烦，B 可以从保险公司取得应有的赔款，由保险公司再向肇事司机 A 追讨同额的补偿。也即是保险公司实施代位追偿权。

四、最大诚信原则

（一）定义和作用

最大诚信（Utmost Good Faith）原则实质就是诚信原则，也即诚实、守信，指各方当事人都必须将各自知道的有关事实告知对方，如实陈述，不得不告知、欺瞒、或伪报。如果一方当事人违反了最大诚信原则，对方有权解除保险合同。

1906 年英国《海上保险法》第十七条规定指出" 海上保险合同是以最大诚信

为基础。倘若任何一方不遵守最大诚信原则，另一方得声明此项契约无效。”美国的《布莱克法律辞典》将“最大诚信”界定为：“最充分的善意，绝对和完美的诚意，坦白和诚实，即使很轻微，也不得有任何隐瞒或欺骗。这一措辞用于表述在订立某一合同时，必须完全善意并不得隐瞒任何情况”。我国《保险法》第五条规定：“保险活动当事人行使权利，履行义务应当遵循诚实信用原则”。

最大诚信原则的作用是：

第一，保护当事人合法权益。最大诚信原则在平衡当事人之间的利益关系的作用中，一方面充分赔偿被保险人的实际损失，达到保险保障的目的；但另一方面，不能使赔偿数额超过实际损失，使被保险人获取额外收益而损害保险人的合法权益。保险金额是计算赔偿数额的依据，一般不允许超值保险。当出现超值保险时，各国保险法通常规定超额部分无效；也有国家依投保人的善意与恶意来确定超额部分的效力。

第二，确保海上保险合同的真实有效，预防保险演变为赌博，维持海上保险市场的正常秩序。保险合同是对被保险人的保险保障措施，并非其牟利的手段，所以要防止道德危险的发生。无损失则不赔偿，损失多少赔偿多少，有效地防止了为获得不当利益而发生道德危险。

（二）实践应用

最大诚信原则在实践中，一般认为被保险人遵循最大诚信原则而负有告知、陈述、保证等义务，而保险人具有弃权、失权和免责提示等义务。

1. 对被保险人的要求

（1）告知（Disclosure）和申报。被保险人把有关保险标的的重要事实如实地向保险人做口头或书面的陈述。所谓重要事实是指对保险人决定是否接受或以什么条件接受对某一危险起影响作用的事实，现告知的方式往往是事实告知，即投保人应做到对保险人的询问如实回答。如果被保险人故意不履行如实告知和申报义务的，保险人对于合同解除前发生的保险事故，不承担赔偿或者给付保险金的责任，并不退还保险费。但是如果被保险人是因为重大过失而未履行如实告知义务，对保险事故的发生有严重影响的，保险人对于合同解除前发生的保险事故，不承担赔偿或者给付保险金的责任，但应当退还保险费。

（2）保证（Warranty），指被保险人在保险期限内对某种事项的作为或不作为，既被保险人应承诺做某事或不做某事，例如“航区保证”、“适航保证”等。

2. 对保险人的要求：①在签订保险合同前，应将保险合同的内容和办理保险的有关事项都如实告知被保险人及其代理人；②保险人已经知道保险标的不可能因为保险事故受损应及时告知被保险人而不得签订保险合同，否则被保险人有权解除合同，收回已经支付的保险费；③弃权和禁止反言。弃权是指保险合同的一方当事人放弃其在保险合同中可以主张的权利，通常是指保险人放弃合同解除权和抗辩权。禁止反言是指合同一方既已放弃其在合同中的某项权利，日后不得再向另一方主张这种权利，也称禁止抗辩，在保险实践中主要是约束保险人，即“出尔反尔”。

思考题

1. 什么是保险利益？为什么投保人必须具有保险利益？

2. 保险的功能和作用是什么？

3. 什么是最大诚信原则？根据最大诚信原则对被保险人和保险人分别有什么要求？

4. 什么是近因？在实践中，如果造成损失的原因有两个或两个以上时，应如何判定近因？

5. 什么是重复保险？重复保险的分摊方法有哪些？

6. 什么是损失补偿原则？在保险业务中，为什么必须坚持损失补偿原则？

第六章　海运货物保险的保障范围

第一节　海运货物保险概述

一、海运货物保险的定义与范围

（一）海运货物保险的定义

海运货物保险是国际货物保险的一种重要类别。国际货物保险是国际贸易业务中必不可少的环节。国际货物在运输的过程中很可能会遇到自然灾害、意外事故等风险，从而给货物利益相关者带来损失。因此，货主为了转嫁这些损失和风险，可以向保险公司投保，将不定的损失变成固定的费用。当货物遭受承保范围内的损失时，可向保险公司取得经济补偿。这种做法能够有效促进国际贸易的发展。

海运货物保险，俗称水上保险，简称水险，是以与海上运输有关的财产、利益或责任作为保险标的的一种保险。海上保险是保险的一种形式，与其他保险形式一样，海上保险既表现为一种经济关系，又表现为一种法律关系。

不同国家的法律对海运货物保险有着不同的解释：

英国的1906年《海上保险法》（Marine Insurance Act 1906）第一条就指出：海上保险合同是一种合同，根据这种合同，保险人按照约定的方式和范围，对被保险人遭受的与航海有关的海上损失承担责任。

日本《商法》在第四篇《海商》的第六章《保险》中指出，海上保险合同是以补偿因航海事故所发生损害为目的的合同。除本章另有规定或合同另有约定外，保险人应就保险标的在保险期间因航海事故所发生的一切损害负赔偿责任。

《中华人民共和国海商法》（以下简称《海商法》）第二百一十六条中指出，海上保险合同是指保险人按照约定，对被保险人遭受海上保险事故造成保险标的的损失和产生的责任负责赔偿，而由被保险人支付保险费的合同。

（二）海运货物保险的标的范围

传统的海运货物保险标的是船舶、货物和运费。英国1906年的《海上保险法》就在传统保险标的的基础上扩大了范围。《海上保险法》第三条指出：海运货物保险标的包括了：①受海上危险影响的任何船舶，货物或其他动产；②由于保险财产暴露于海上危险之中而危及的任何运费，客票款，佣金，利润或其他钱财上的利益，或任何预付款，贷款，或垫付费用的担保；③保险财产的所有人或其他对其有利益或有责任的当事人由于海上风险的原因对第三方产生的任何责任。

我国《海商法》第二百一十八条指出了海运货物保险标的的范围有：①船舶；②货物；③船舶营运收入，包括运费、租金、旅客票款；④货物预期利润；⑤船员工资和其他报酬；⑥对第三人的责任；⑦由于发生保险事故可能受到损失的其他财产和产生的责任、费用。保险人可以将对前款保险标的的保险进行再保险。除合同另有约定外，原被保险人不得享有再保险的利益。

二、海运货物保险合同的构成要素

与其他保险一样，海运货物保险合同的构成要素有：主体、客体和内容等。

（一）主体

海运货物保险合同的主体是与海上保险合同有直接关系的当事人，包括了投保人和保险人。

1. 保险人

在海运货物保险合同中，保险人是指按照货物运输保险合同约定，收取保险费，承担赔偿责任的一方当事人。根据各国保险业的实际情况，保险人是经营保险业务的经济组织或个人。他们的组织形式各不一样，其形式包括股份有限公司、相互保险公司、保险合作社、国家经营保险及个人经营保险等。不论哪种形式的保险组织要成为海上保险合同的保险人必须经过政府机构的批准，取得保险人资格，有经营海上保险业务范围的资格。在我国，财产保险公司都可以经营海上保险业务。

2. 投保人

投保人又称要保人（Applicant），是指经申请与保险人订立海上保险合同、负有交纳保险费义务的一方当事人。投保人可以是货物的卖方也可以是买方，可以是自然人也可以是法人。投保人必须具有民事权利能力和民事行为能力，否则合同无效。要注意的是，投保人在投保时可以不具有保险利益，但必须承担缴付保险费的义务，即使海上保险合同已经转让。

海运货物保险合同的被保险人是指承受保险事故所造成保险标的损失的后果，并有权请求赔偿的一方当事人。被保险人是在海上保险合同中获取保险保障的直接承受者，是享有保险金请求权的人。在海运货物保险合同中，投保人和被保险人通常不是同一个人。

（二）客体

海运货物保险合同的客体是指当事人的权利义务所指向的事物。海运货物保险合同的客体是保险利益。国际海运货物保险的特殊之处是保险利益是动态的。保险利益的动态归属主要是指货物的通过风险的转移或者所有权的转移而使得保险利益归属也发生变化的事实。例如，国际贸易术语 FOB（装运港船上交货）是指出卖人在指定装运港于将货物装上船时完成交付，保险利益的归属也应以装运港货物装上船为界。在签订海运货物保险合同时，被保险人并不要求必须具有可保利益，被保险人仅需要在保险标的发生损失，而被保险人要求损失赔偿的时候，必须具有可保利益，否则保险人不赔偿任何损失。

（三）内容

根据我国《海商法》第二百一十七条的规定，海上保险合同的内容，主要包括下列各项条款：①保险人名称条款；②被保险人名称条款；③保险标的条款；④保险价值条款；⑤保险责任和除外责任条款；⑥保险期间条款；⑦保险费条款。

三、海运货物保险的特征与作用

（一）海运货物保险的特征

海上保险是以海上货物运输有关的财产、利益或责任作为保险标的，海上保险涉及的主要标的物包括船舶、货物、运费及船东责任等。海上保险在性质上属于财产保险范畴，是一种特殊形式的财产保险。

与其他保险不同，海运货物保险具有以下特征：

1. 承保风险的综合性

海运货物保险承保风险包括了海上风险和外来风险，有时候多种风险是结合在一起发生的。具体包括了：基本险、附加险、财产风险、责任风险、水险、陆上险、客观风险、主观风险。

2. 承保标的的流动性

海上货物运输保险所承保的标的，通常是具有商品性质的动产。在运输的过程中，货物的所有权会随着地点的不同而发生转变。标的的流动性，也决定了保险利益的流动性。

3. 保障对象的多变性

海上保险的保障对象的多变性，主要指海上保险中货物运输保险的被保险人的变动趋势。海上保险承保的货物是国际贸易中的买卖货物，国际贸易的目的不仅是实现货物的使用价值，更重要的是货物的价值或货物的增值。这种独特的贸易目的决定了货物在运输过程中频繁易手，不断变换其所有人。货物所有者的不断更换，必然引起货物运输保险的被保险人不断变化。海上保险保障对象的多变性特征是海上货物运输保险的重要特点。

4. 保险种类的多样性

海上货物运输保险根据不同的划分方式可以分为不同的种类。根据承保标的的不同，可以分为货物保险、船舶保险、运费保险、责任保险；根据保险价值可分为定值保险和不定值保险；根据以保险期限可分为航程保险、定期保险和混合保险。同时，在同一类险种中，根据承保责任范围的不同又可以分为若干险别，比如平安险、水渍险和一切险等。

5. 保险关系的国际性

国际海上货物运输一般都涉及不同国家之间的运输和贸易，海上保险保障的对象大都是从事国际贸易、远洋运输和海上资源开发的经营者，其财产无论是运输工具还是运输货物，都是往返于不同的国家或地区的远距离运输，这种保险的主体和客体的存在形式和运行方式，使海上保险成为一种国际性的保险。

（二）海运货物保险的作用

1. 对被保险人的作用

（1）提高资金运用能力。海上保险的投保人多为进出口贸易公司和远洋运输部门，如果没有海上保险的存在，这些企业必将自行提存足够的风险准备金，以防止可能遭遇的灾害事故。而这种准备金的准备会影响生产流通资金的运用。通过投保海上保险，用少量的保险费，将其风险转嫁给保险公司，进而将有限的资金用于生产经营方面。

（2）确保资金运用安全。进出口贸易工作，实际上是买卖双方为其各自的目的，通过适当的方式进行钱货交接的活动。出口商负责将其货物交给进口商，而后者负责将货款交给前者，但很难做到一手交钱、一手交货。因此，一旦货物遭遇损失或灭失，必然有一方遭受损失。不论是买方的资金还是卖方的货物，都存在着一种潜在的客观风险。海上保险制度，可使上述风险得以转嫁，只要贸易方投保适当的险种或险别，均可使贸易双方化险为夷，进而确保其资金运转的安全性。

（3）保证企业正常经营。无论是从事国际贸易的企业经营者，还是从事国际运输的经营者，都无法回避运输过程中的风险及其造成的损失。一旦发生这样的灾害事故，造成了企业自身不能承受的经济损失，企业将会面临经营中断或破产的危险。如果企业将运输过程中可能发生的危险，通过海上保险的方式转嫁出去，保险事故造成的经济损失，可以通过保险人的补偿而得以恢复，保证企业经营的正常进行。

（4）保障贸易的正常利润。贸易经营者投保海上保险的保险金额并不限于货物的成本，还包括正当的贸易利润。在海上保险实务中，经营者按照货物成本加若干比率加成投保，如果货物安全到达目的地，贸易经营者可以赚得预期利润，即使货物在运输途中因保险事故而导致经济损失，经营者也能按照投保时约定的保险金额向保险公司索赔。在这个赔偿金额中，含有贸易经营者的预期利润。因此，海上保险对经营者贸易利润的实现具有十分重要的作用。

2. 对保险人的作用

（1）增加或平衡外汇收入与支出。海上保险的承保标的多为远洋运输轮船和进出口贸易货物，其中相当一部分的保险是以外汇缴付保险费和处理赔款的，业务通过国内保险公司承保，可以增加或平衡保险人的外汇收入与支出，这对国家、企业或个人都有益处。

（2）扩大对外联系，引入先进保险技术。海上保险是一种国际的保险行为，这种国际性的保险活动，必将扩大对外联系，增进国际闲的交往，进而能够与世界同行沟通信息，学习他人的先进经验和最新保险技术，更新和提高保险人员的业务知识和保险技能。

四、海运货物保险的种类

（一）以承保标的为标准的分类

1. 货物保险

以各种运输工具承运的货物作为保险标的。海上货物一般按航程保险方式投保，采用的保险单有：

（1）指定船名保险单（Named Policy）

其特点是：①适合于载货船舶已定、按 CIF 和 CIP 价出口的货物；②由卖方逐笔投保的一种保险单；③投保人将船名和开航大致日期告知保险人；④投保的日期应不迟于货物装船的日期。例如，保单载明“装载运输工具：YUEJIN V30（跃进 V30）；开航日期：2010. 10. 20；航次：DY105-05”。

（2）待报保险单（To be Ordered Policy）

其特点是：①适合于船名未知、按 FOB、CFR 价进口的货物；②由买方逐笔投保的一种保险单；③船舶名称及开航日期两栏填写“船名与航期有待货主日后通知”的字样；④买方货主接到国外卖方通知船名和航期后，立即通知保险公司签发批单，以此核算保险费的差额。

（3）预约保险单（Open Policy）

特点是：①适合于在约定期间内运输若干批的进出口货物；②以 FOB、CFR 价进口货物的买方常用；③通常以暂保单签订；④未约定总保险金额，规定每船责任限额控制责任；⑤装一批，报一批，据此计算保费；⑥对每批货物按航程承保；⑦保险费装船后收取或定期结算收取。

（4）流动保险单（Floating Policy）

该保险单的特点是：①适合于约定期间内分批发运、品种单一的进出口货物；②约定一个总保险金额；③运一次，报一次；④保费先预先缴纳，全部批次运完再结算，多退少补。

(5) 总括保险单（Blanket policy）

总括保险单又称闭口保险单。其特点是：①保险人在约定保险期间内，对一定保险标的的总承保单；②适用于整批成交多次分批出运、运输距离短、每次出运货物的种类及价值相近的货物保险；③先预付总保费，事后不用结算；④起运不必通知，出事故时再通知；⑤赔款在保险总额内扣完，保险责任终止。

2. 船舶保险（Hull Insurance）

船舶保险是以各种水上交通运输工具及其附属设备为标的的一种保险。船舶保险单可以分为定期保险单、航程保险单、港口保险单、造船保险单、单船保险单和船队保险单等。按航行区域还可以分为远洋船舶保险和沿海内河船舶保险。

3. 运费保险（Freight Insurance）

运费保险是以运费为保险标的而进行保险。运费是指承运人为他人运送货物所得到的报酬。因为运费并非是具有实体的物品，而是由运输契约所产生的给付义务。运费支付的方式主要有两种：预付运费，到付运费。

(1) 预付运费

预付运费是按照一般的运输惯例，不管货主的货物损失与否，皆不退还。预期运费是船东预期在一定时期内可能收到的运费。这是估计的收益，经保险人同意后方予以承保，但不能超过船舶价值的一定比例。

(2) 到付运费

到付运费是货物运抵目的地后货主才会支付的运费。当船舶发生海难，货物遭到损失，运费也会随之发生损失。在这种情况下，船东对他可能收取的运费具有保险利益，因此到付运费才是运费保险的承保标的。伦敦协会保险条款对运费保险采取多种承保方式，有定期运费条款、航程运费条款、运费碰撞条款等等，不同的条款具有不同的运费保险方式。

此外，除了预付运费和到付运费以外，还有一种运费支付方式是保付运费。它指的是经契约订明，无论货物是否发生危险，有无运到，运费必须照付。保付运费的性质同预付运费是一样的，即货物虽未运抵目的地，只要不是承运人的责任，货主仍须照交运费，只不过保付运费是在事后付的。这样，货物托运人对其支付的预付运费和保付运费具有保险利益。然而，事实上，货主可将这部分运费加入货价内。因此，货主对预付运费和保付运费没有单独投保运费保险的必要。

4. 责任保险（Liability Insurance）

海上保险中的责任保险是指船舶的碰撞责任保险。承保这种碰撞责任保险与承保船舶本身物质损失的船舶保险，本来是有严格区别的，然而在实务上大都将碰撞责任保险并入船舶保险办理。

碰撞责任保险对被保险人因碰撞事故的后果所引起的对码头，或其他类似建筑物，或陆上财物的损失，人员伤亡，以及被保险船舶上货物的补偿责任等，则不予负责。这些风险由船东互保协会承保。

（二）以保险价值为标准的分类

1. 定值保险（Valued Insurance）

定值保险是指海上保险财产的价值事先经保险关系双方约定并载明于保险合同，按照约定价值确定保险金额，作为保险人收取保险费和保险标的发生保险责任范围规定的事故损失时计算赔款的依据。

定值保险是海上保险所特有的一种保险。海上保险中的货物保险和船舶保险采用此种方式，是因为这些保险标的受时间和空间因素的影响，事后估计损失在技术上存在许多难以解决的困难；也由于这些保险标的不像其他财产保险那样直接掌握在被保险人手中，不易产生故意制造保险事故的行为。

2. 不定值保险（Unvalued Insurance）

不定值保险是指订立保险合同时，不约定保险价值，只订明保险金额，保险费依照金额计算。保险人对保险事故损失的赔偿，按事故发生时的实际价值进行估计，以损失发生地当时的市场价值为准。

（三）以保险期限为标准的分类

1. 航程保险（Voyage Insurance）

以航程为单位确定保险期限，承保从某港到某港之间一次航程，往返航程或多次航程中保险标的遭遇损失，货物保险通常采用航程保险，船舶保险一般采用定期保险。其特点是：①承保从某港到某港之间一次航程，往返航程或多次航程中保险标的遭遇损失；②货物保险通常采用航程保险；③船舶保险一般采用定期保险。

2. 定期保险（Term Insurance）

承保一定航期内保险标的遭受风险损失。期限由保险关系双方协商确定，可以是1年、半年或3个月，保险责任起讫同其他保险一样，通过约定载于保险单上。我国远洋船舶保险保险期间条款，保险期间一般是1年、半年或3个月。如果保险期满船舶仍在航行中，通知保险人延长时间，按日比例加付保险费。在延长时间内发生全损，需加交6个月保险费。

3. 混合保险（Miscellaneous Insurancces）

既保航程又保航期的保险，混合保险承保的是一定时间内特定航程过程中的风险。一方面，这种保险对规定的保险期限以外的期间所发生的损失不负责赔偿，因此具有定期保险的性质。另一方面，它对于原定航程以外航行区域发生的损失不负赔偿责任，因此又具有航程保险的性质。例如：航程是“上海至伦敦”，航期从2012年5月15日至2012年11月14日。

第二节　海运货物保险保障的风险

海洋货物运输保险的保险人承保的风险即海运风险，主要是海上风险和外来风险两类，前者包括自然灾害和意外事故，后者包括一般外来风险和特殊外来风险。

一、海上风险（Rise of Sea）

海上风险一般是指船舶或货物在海上航行中发生的或伴随海上运输所发生的风险。海上风险是保险业的专门术语，它包括海上发生的自然灾害和意外事故，但并不包括海上的一切危险。在现代海上保险业务中保险人所承保的海上风险是有特定范围的，一方面它并不包括一切在海上发生的风险，另一方面它又不局限于航行中所发生的风险。具体地讲，海上风险是既包括海上航行中所特有的风险，又包括一些与海上运输货物有关的风险。

英国1906年《海上保险法》给海上风险下的定义：

"Marine perils means the perils consequent on, or incidental to, the naviation of the sea, that is to say, perils of the sea, fire, war perils, pirates (rovers), thefts, captures, seizures, restraints, and detainments of princes and peoples, jettisons, barratry, and any other perils, either of the like kind or which may be designated by the policy."

可见，海上风险是一个广义的概念，它既指海上航行中所特有的风险，也包括一些与海上运输货物有关的特种风险。

海上风险由自然灾害和意外事故构成。

（一）自然灾害（Natural Calamities）

自然灾害指不以人的意志为转移的自然界的力量所引起的灾害。但在海洋货物运输保险业务中，自然灾害并非指一切由于自然力量引起的灾害，而仅指恶劣天气、雷电、海啸、洪水、地震、火山爆发、浪击落海等人力不可抗拒的自然力所造成的灾害。

1. 恶劣天气（Atrocious Weather）

在国际贸易实务中，保险人对"恶劣天气"一词也没有统一明确的定义，往往根据风险的具体情况进行解释。例如，我国对暴风的解释：风力在8级以上，风速在17.2米/秒以上即构成暴风。一旦发生恶劣天气，海上安全事故率就会上升。

2. 雷电（Lightning）

雷电指雷击闪电自然现象造成航行于海上的船舶及其所载货物的直接损毁。或由雷电所直接造成的，或者由雷电引起火灾所造成的损失。例如，因雷击中船上桅杆造成倒塌，压坏船舱，致使海水浸入，货物受海水浸泡的损失，都属于雷电责任。

3. 地震（Earthquake）

地震指因地壳发生急剧的震动而引起地面断裂和变形的地质现象，是一种突发性的灾害。地震发生在海底，就会引起海水强烈扰动，产生高达数十米的巨浪，即为海啸，使在海上航行的船舶及其所载货物顷刻间倾覆、沉没。

4. 火山爆发（Volcanic Eruption）

这是指直接或归因于火山爆发所致货物或船舶的损失。陆地上发生的地震虽不影响船舶在海上的航运，但火山爆发可能影响停泊在港口的船货。例如，船舶停泊在港口等待卸货，或货物在转运港口装卸时，船船和货物就有可能遭受损坏或灭失。

5. 海啸（Tsunami）

海啸是指由于地震或风暴而引起海水巨大涨落现象，导致航行于海上的船舶及其所载货物的损毁或灭失。可分为地震海啸和风暴海啸两种。地震海啸指由于海底的地壳发生变异或海底的火山喷发而引起海水剧烈的震荡产生巨浪；风暴海啸是指因海上风暴引起海面异常升起形成的巨浪，致使货物和船舶受到损害或灭失。

6. 洪水（Flood）

指偶然爆发的具有意外灾害性质的大水，一般指山洪暴发、江河泛滥、潮水上岸及倒灌或暴雨积水成灾，造成航行或停泊于沿海水面的船舶及其所载货物被淹没、冲散、冲毁、浸泡等损失，都属于洪水责任。

7. 浮冰（Floating Ice）

指由极地大陆冰川或山谷冰川末端因崩裂滑落海中而形成的冰山，它们大部分沉于水下，仅小部分露出水面，随海流向低纬度地区漂流，沿途不断融解破裂，因而是对航海安全造成危害。例如，发生在1912年的“泰坦尼克号”（Titanic）海难事件，就是由于船底撞上流动的冰山（Iceberg），造成船毁人亡。

8. 其他人力不可抗拒的灾害（Other Calamities Beyond Manpower）

通常包括浪击落海和海水、湖水、河水进入船舶、驳船、运输工具、集装箱等。

（1）浪击落海指存在舱面上的货物在运输过程中受海浪冲击落海。舱面货物受海浪冲击落海而造成的损失，不包括在恶劣气候情况下，船身晃动而造成货物落海的损失。海水等进入船舶的危险，不仅包括由于海水，而且包括由于湖水和河水进入船舶等运输工具或贮存处所造成的损失。

（2）风暴潮是指由台风、温带气旋、冷锋的强风作用和气压骤变等强烈的天气系统引起的海面异常升降，使受其影响的海区的潮位大大地超过平常潮位的现象。影响我国的台风风暴潮分布在东海、南海、黄海南部及台湾以东太平洋海域；温带气旋风暴潮一般分布在渤海、黄海北部。其中台风风暴潮对我国沿海地区的影响较为强烈，浙江沿岸、福建、广东、海南沿海是多发区域。

（3）赤潮是指海洋中某些微小的浮游藻类、原生动物或细菌，在一定的环境条件下暴发性繁殖或集聚而引起水体变色的一种有害的生态异常现象。它是一种常见的海洋灾害，它会破坏生态平衡和渔业环境，危害渔业和养殖业，有毒赤潮还能通过食物链转移造成人畜中毒死亡。据国家海洋局报道，自 2005 年 3 月 31 日在浙江省温州南麂外侧海域首次发现赤潮以来，共监视监测到赤潮 11 次。

（4）海岸侵蚀是指在自然力（包括风、浪、流、潮）的作用下，海洋泥沙支出大于输入，沉积物净损失的过程，即海水动力的冲击造成海岸线的后退和海滩的下蚀。海岸侵蚀现象普遍存在，我国 70%左右的砂质海岸线以及几乎所有开阔的淤泥质岸线均存在海岸侵蚀现象。如海南省文昌市由于珊瑚礁被大量开采，海岸已后退 200 余米，造成大量的椰树林被海水浸倒。

（5）海水入侵是指在沿海地区，由于大量开采地下水导致地下水位大幅度下降，海水侵入沿海含水层并逐渐向内陆渗透。海水入侵的直接后果是地下淡水受到海水的污染、沿岸土地盐碱化、水源受到破坏、沿海建筑物受损等。20 世纪 80 年代以来，由于地下水的过量开采，我国辽宁、河北、天津、山东、江苏、上海、广东、广西、海南和台湾等省市均发生不同程度的海水入侵加剧现象，其中环渤海地区比较严重。

（6）沿海地面沉降是指某一区域内由于开采地下水或其他地下流体导致地表浅部松散沉积物压实或压密引起沿海地面海拔下降的现象，又称地面下沉或地陷，其特点是波及范围广，下沉速率缓慢，不易察觉，但对建筑物、城市建设和农田水利危害极大。我国海岸带是人口、城市最集中的地区，人类活动影响最为深刻，由于人们大量开采地下水，使地下水位下降，产生地下漏斗，造成地面下沉。

（7）海上溢油是指在海上作业或航行过程中发生的石油泄露事件。石油在海洋表面上形成面积广大的油膜，阻止空气中的氧气向海水中溶解，同时石油的分解也消耗水中的溶解氧，造成海水缺氧，而且重金属和有毒有机化合物等有毒物质在海域中堆积，并通过海洋生物的富集作用，对海洋动物和以此为食的其他生物造成毒害。

（8）海平面上升。由于近年来温室气体的不断增加，造成了全球性气温上升，导致海水受热膨胀、高山冰川融化、南极冰盖解体，造成海平面的绝对上升。由于人为因素导致的陆地地面沉降，又造成了海平面的相对上升。海平面上升对人类环境的危害严重。

（9）外来物种入侵。伴随着人们的经济活动和国际交往，一些物种由原生存地移居到另一个新的生存环境并在新的栖息地繁殖并建立稳定种群，这些物种被称为外来物种。有针对性地引进优良动植物品种，可丰富生物多样性，又能带来诸多效益；但若引种不当或缺乏管理则会引发较大负面影响。

（二）意外事故（Accident）

意外事故指不属于意料中的原因而造成的事故。在海上货物运输保险业务中，意外事故也并非指海上发生的所有意外事故，而仅是指运输工具的搁浅、触礁、沉没、破船、碰撞、失踪、失火、爆炸等。海上保险所承保的意外事故，并不是泛指的海上意外事故，而是指保险条款规定的特定范围内的意外事故。

1. 搁浅（Grounding）

搁浅指船舶在航行过程中，由于意外或异常的原因，船底与水下障碍物紧密接触牢牢地被搁住，并且持续一定时间失去进退自由的状态，例如停航达 12 小时以上，使其处于失去进退自由的状态。这一状态必须是在事先预料不到的意外情况下发生的。至于规律性的潮汛涨落船舶搁浅在沙滩上，则属于必然现象，不能作为保险的“搁浅”事故。

2. 触礁（Stranding）

触礁是指船舶在航行中触及海中的海礁或岩石等障碍物造成的意外事故。区分触礁与搁浅的标准是，如果船舶接触水中障碍物以后，船舶仍能继续移动，通常被认为是触礁。如果船舶接触障碍物之后，船舶不能往前移动，通常被认为是搁浅。

3. 沉没（Sunk）

沉没是指船体的全部或大部分已经没入水面以下，并已失去继续航行的能力。如果船体有一部分浸入水中，但仍有航行能力，一般来说，不能认为船已沉没。

4. 碰撞（Collision）

碰撞指船舶在航行中与其他可航行的物体发生猛烈接触，或船舶与任何漂浮物体、航行物体、浮冰、沉船残骸以及港口、码头、河堤等建筑物的猛烈接触。

5. 失踪（Missing）

船舶在航行中失去联络，达到一定期限仍无音讯者视为失踪。对于“一定的期限”，各个国家有不同的规定，一般说来，船舶失踪 4~6 个月被认为失踪。被保险船舶和货物一旦被宣告失踪，由保险人当作海上风险损失负责赔偿。如果保险人赔偿损失后，船舶和货物又重新找到，该船舶和货物的所有权应归保险人所有。

6. 倾覆（Overturn）

倾覆指船舶意外地失去平衡，使船身倾覆或倾斜，处于非正常的状态，如果不进行施救不能继续航行。

7. 爆炸（Explosion）

在船舶在海上航行中，发生爆炸的原因很多，例如，船舶锅炉爆炸致使船舶和货物受损，或货物因气候影响发生化学变化引起爆炸等。

8. 暴力偷盗（Violent Pilferage）

暴力偷盗指使用暴力掠夺货物或船舶的行为。即使用强制暴力手段非法获取货品。暴力盗窃不包括暗中偷窃行为，也不包括船上人员或旅客的偷窃。根据国际贸易惯例，出口商备好货物托运出去后，对该货物无法继续加以监护，而承运人在接受托运的货物后，对该货物在法律上负有安全保管的责任。同样，货物被外人偷窃，承运人也应该赔偿。

9. 投弃（Jettison）

亦称海难抛弃，是指当船舶遇到海上灾害事故处于紧急情况下，船长为了共同安全而命令将船上货物及其财产、物料等投弃入海中的一种行为。

10. 船长、船员的恶意行为（Barratry of the Master and Mariners）

指船长或船员故意损害船东或租船人利益的行为，或是船员对船长的反抗行为，包括丢弃船舶、纵火焚烧、凿洞沉没、故意使船舶搁浅、非法出售船舶和货物、侵占价款、违法走私而被扣押或没收等。

二、外来风险（Extraneous Risks）

外来风险是指海上风险以外的其他外来原因所造成的风险。这里的外来原因是指必须是意外的事先难以预料的而不是必然发生的外来因素。虽然外来风险不是船舶遭遇海上自然灾害和意外事故引起的，但在海上运输过程中是经常发生的。为了充分保障被保险人的利益，经过事先协商约定，保险人对这类风险是予以承保的。

外来风险可分为一般外来风险和特殊外来风险两大类。

（一）一般外来风险

1. 失火

失火指船舶本身、船上设备和机器及货物自身的燃烧。国际海事组织的统计资料表明，船舶各种原因造成的火灾事故约占船舶事故总数的11%。由于船舶所处的特殊环境，加上船体内部结构复杂，分舱多，通道狭窄、货物密集、回旋余地小，设备有限等，也使船舶火宅施救工作受到影响，再加上船舶在营运过程中常载有易燃、易爆品，一旦失火，燃烧会非常剧烈。

2. 偷窃（Theft，Pilferage and Non-Delivery，简称 TPND）

偷窃指货物被人暗中窃取，不包括公开的攻击性盗窃。“偷”指货物整件被偷走；“窃”指整件货物中的一部分被窃取。偷窃不包括使用暴力手段的公开掠夺。其保险责任包括在海洋运输货物保险“一切险”之内，不投保“一切险”时可以附加。对于偷窃行为所致的损失，必须在提货后十天内申请检验。

3. 提货不着（Failure to Deliver）

托运货物整件提不着。交货不到险是指货物从装上运输工具开始，如果不能在预定抵达目的地的规定期限内交货，不论任何原因，保险人按全损负责赔偿。该险属于运输货物保险的特别附加险。其短交损失可能是由于承运人或者其他第三者责任方在运输过程中的疏忽所致。

4. 短量（Shortage）

货物在运抵目的地时发现数量短少或重量短缺。通常，包装货物的短少，保险人必须要查清外包装是否发生异常现象，如破口、破袋、扯缝等，如属散装货物，往往以装船重量和卸船重量之间的差额作为计算短量的依据，但不包括正常运输途中的自然损耗。短量险是货物运输保险的附加险之一。

5. 沾污（Intermixture and Contamination）

沾污指货物在运输途中同其他物质接触而受污染。投保平安险和水渍险的基础上加保此险，保险人负责赔偿承保的货物在运输过程中因混进杂质或被沾污，影响货物质量所造成的损失。此外保险货物因为和其他物质接触而被沾污，例如布匹、纸张、食物、服装等被油类或带色的物质污染因而引起的经济损失。

6. 淡水雨淋（Fresh Water Rain Damage，简称 FWRD）

淡水雨淋指直接由于淡水、雨水淋湿造成货物的水渍。淡水包括船上淡水舱、水管漏水以及汗等。包装外部应有雨水或淡水痕迹或有其他适当证明，被保险人必须及时提货，并在提货后十天内申请检验，否则，本公司不负赔偿责任。淡水雨淋险与水渍险的区别在于两点：第一，水渍险是海运货物的基本险之一，而淡水雨淋险是一般附加险之一，不能单独投保；第二，水渍险只负责咸水所造成的损失，不负责淡水所造成的损失的赔偿，而淡水雨淋险负责由于淡水（包括船上饮用水、水管漏水、船杆滴水等）、雨水以及雪溶水所造成的损失的赔偿。

7. 渗漏（Leakage）

渗漏指流质和半流质的货物在运输途中因容器损坏而引起的损失。例如，以液体装存的湿肠衣，因为液体渗漏而使肠发生腐烂、变质等损失，均由保险公司负责赔偿。

8. 破碎（Clash and Breakage）

破碎主要指易碎物品在运输途中因受震动、颠簸、碰撞、受压等而造成的破碎。破碎险属于海洋货物运输险中的一般附加险。

9. 受潮受热（Sweat and Heating）

受潮受热指由于气候的骤然变化或船上通风设备失灵，使舱内水汽凝结，造成舱内货物发潮发热。

10. 串味（Taint of Odor）

串味指货物受到其他异味物品的影响引起串味，失去了原来的味道。例如，茶叶、香料、药材等在运输途中受到一起堆储的皮第、樟脑等异味的影响使品质受到损失。

11. 钩损（Hook Damage）

钩损指袋装、捆装货物在装卸搬运过程中因使用吊钩作业而使货物受到损坏。例如粮食包装袋因吊钩钩坏而造成粮食外漏所造成的损失，保险公司应予赔偿。

（二）特殊外来风险（Special Extraneous Risks）

特殊外来风险指由于政治、军事、国家、法令、政策及行政措施等外来原因造成的风险。常见的有：战争、罢工、武装冲突、交货不到、拒收等。

1. 战争

这里指的是战争或类似战争行为等引起保险货物的直接损失。战争险不能单独投保，只能在投保一种基本险的基础上加保。保险公司对此种险别的承保责任范围包括：由于战争、类似战争行为和敌对行为、武装冲突或海盗行为以及由此而引起的捕获、拘留、禁制、扣押所造成的损失，或者由于各种常规武器（包括水雷、鱼雷、炸弹）所造成的损失，由于上述原因所引起的共同海损的牺牲、分摊和救助费用。但对原子弹、氢弹等核武器所造成的损失，保险公司不予赔偿。

2. 罢工

罢工指的是被保险人因罢工者、被迫停工工人、参加工潮、暴动和民众战争的人员采取行动所造成的承保货物的直接损失。一般情况下，对于任何人的恶意行为造成的损失，保险公司都予以赔偿。

第三节　海运货物保险保障的损失

海上损失简称海损（Average），是指由于海上风险造成的损失。海损按损失程度可分为全部损失和部分损失。海损一般是指海运保险货物在海洋运输中由于海上风险所造成的损失和灭失。根据各国海运保险业务的习惯。海损通常也包括与海陆连接的陆运过程中所发生的损坏或灭失。海损按照损失的程度不同，可分为全部损失与部分损失；按照损失的性质不同，又可分为共同海损和单独海损。

一、全部损失（Total Loss）

整批货物的全部灭失称为全部损失。发生全损时，保险人将按照保险金额的100%予以赔偿。全损又有实际全损和推定全损之分。

（一）实际全损（Actual Total Loss）

实际全损是指被保险货物已经完全损坏或灭失，或者货物实际上已不可能归还被保险人而言的损失。它包括下列四种情况：

（1）被保险货物已经完全灭失。如：货物遭遇大火被全部焚毁；船只遭遇海难后沉没，货物随同船舶沉入海底灭失。

（2）被保险货物遭到严重损害已失去了原有的用途和价值。如：水泥被海水浸泡成硬块；茶叶被海水侵蚀变质，虽没有灭失，仍旧是茶叶，但已不能饮用，失去商业价值。

（3）被保险人对保险货物的所有权已被剥夺而不能再恢复。如：战时货物被敌方所捕获或没收；或者船只被海盗劫走。

（4）载货船舶失踪达到一定时期（有的国家法律规定为4个月，有的则为6个月，我国海商法规定为2个月）仍无音讯。如果达到规定时间仍无音讯，则可视为全部灭失。

（二）推定全损（Constructive Total Loss）

推定全损是指被保险货物遭受损失时虽未达到完全灭失的状态，但对受损货物进行施救、整理、复原且将其运抵目的地所用的费用将超过货物在目的地完好状态下的价格。发生推定全损时，被保险人必须立即向保险人发出“委付（Abandonment）通知”，将残余货物及一切权益转让给保险人，要求保险人按全损给予赔偿，否则将被视为部分损失。所谓委付是指被保险人在保险标的处于推定全损状态时，向保险人声明愿意将保险标的的一切权益，包括财产权及一切由此而产生的权利与义务转化给保险人，而要求保险人按全损给予赔偿的一种行为。若被保险人不办理委付而保留对残余货物的所有权，则保险人将按部分损失予以赔偿。

根据《海商法》第二百四十六条，推定全损包含下列三种情况：

第一，被保险人对其船货的所有权被剥夺，恢复对货物的所有权所需费用将超过货物本身的价值。

第二，被保险船舶受损，已达不能修理的程度，如勉强修理，其费用将超过该船舶的价值。

第三，被保险货物虽未全部受损，但如果将货物整理续运，所需费用将超过货物本身的价值。

在推定全损的情况下，被保险人获得的损失赔偿有两种情况：一是被保险人获得全损的赔偿；另一种是被保险人获得部分损失的赔偿。若想获得全损的赔偿，被保险人必须无条件地把保险货物委付给保险人。

实际全损和推定全损是有一定区别的。发生实际全损时，被保险货物已全部灭失和损坏，被保险人可以向保险人要求全部赔偿，而不需办理委付手续。而发生推定全损时，被保险货物并未完全灭失，是可以修复或者可以收回的，但所需费用将超过货物在完好状态下的价值，被保险人可以向保险人办理委付手续，要求保险人按全损赔偿。

二、部分损失（Partial Loss）

凡被保险货物的损失没有达到全部损失的程度，称为部分损失。部分损失按照损失的程度又分为共同海损和单独海损。

（一）共同海损（General Average）

1. 定义和条件

共同海损指船在海运途中遇难，船方为维护船舶和所有货物共同安全使之脱险，而有意识地作出的特殊牺牲或支出的额外费用。共同海损的界定和理算规则一般遵循《约克—安特卫普规则》（The York Antwerp）的规则。《约克—安特卫普规则》已被国际海运、贸易和保险界所接受，是在海洋运输提单、租船合同和保险契约中约定采用的国际惯例。目前，它的适用范围比较广泛，国际上凡是载运国际贸易商品的海轮发生共同海损事故，一般都按照《约克—安特卫普规则》进行理算。

在海洋货物运输过程中，因船方采取某种措施而造成的船货本身的损失或费用损失，并非都是共同海损，构成共同海损必须同时具备以下条件：

第一，共同海损的危险必须是确实存在的或不可避免出现的，危及船舶与货物的共同安全。

第二，共同海损所采取的救助措施必须是为了解除船、货的共同危险，人为地、有意识地采取的合理措施。

第三，共同海损的牺牲是特殊的，支出的费用是额外的。也就是说，共同海损的牺牲是为解除危险，而不是危险本身造成的；共同海损的费用是船舶正常营运所需费用以外的。

第四，共同海损所作的牺牲和支出的额外费用最终必须是有效的。即经过抢救措施以后，船舶或货物的全部或一部分安全抵达目的港；从而避免了船货同归于尽的局面。

共同海损发生后，其牺牲或费用应由船舶、货物和运费三方按获救价值，按比例共同分摊。其原则是，全体利害关系人，不论其是否受损，都必须分摊共同海损的牺牲或费用。

2. 共同海损的牺牲和费用范围

共同海损的牺牲是指共同海损行为造成有形的物质损坏或灭失。共同海损的费用是指共同海损行为造成金钱上的支出。在共同海损的事故中，费用的支付主要出于两大类：一是为了船舶、货物和其他财产的共同安全而支付；二是为了船舶继续安全完成航程而支付的费用。

《约克—安特卫普规则》界定了不同环境不同条件下发生的共同海损的牺牲和费用，具体包括了：

（1）为共同安全做出的牺牲

①为了共同安全做出牺牲或其后果和为了共同安全进行抛弃而开舱或打洞以致进水，造成共同航程中的财产的损失，应作为共同海损受到补偿。

②在遭遇危险时，为了共同安全的需要，用作燃料的货物、船用材料和物料，应认作共同海损，但船用材料和物料费用受到补偿时，为完成原定航程本应消耗的燃料的估计费用，应从共同海损中扣除。

（2）为扑灭火灾（Extinguishing Fire on Shipboard）做出的牺牲

为了扑灭船上火灾，因水或其他原因使船舶、货物遭受损坏，包括将着火船舶搁浅或凿沉所造成的损坏，均应作为共同海损受到补偿。这里值得注意的是，在灭火过程中船上消防设备中原有的任何灭火剂和物品不能作为共同海损，只有为了灭火而重新添加或更换的灭火剂和其他物品的消耗才是共同海损。

（3）有意搁浅（Voluntary Stranding）造成的损坏

船舶无论是否势必搁浅，如果为了共同安全有意搁浅，因此所造成的共同航程中的财产的损失应认作共同海损。

（4）减载搁浅船舶所引起的费用和损坏

作为共同海损行为而卸下搁浅船舶的货物、船用燃料和物料时，其减载、租用驳船和重装（如果发生）的额外费用和由此造成共同航程中的财产的任何灭失或损坏，都应认作共同海损。处理搁浅船舶而设法起浮船舶造成的损坏也是共同海损。在船舶搁浅并有危险的情况下，如经证明确是为了共同安全，有意使机器、锅炉冒受损坏的危险而设法起浮船舶，由此造成任何机器和锅炉的损坏，应认入共同海损，但船舶在浮动状态下因使用推进机器和锅炉所造成的损失，在任何情况下都不得作为共同海损受到补偿。

（5）在避难港等地发生的费用

①船舶因遭遇意外事故、牺牲或其他特殊情况，为了共同安全必须驶入避难港、避难地或驶回装货港、装货地时，其驶入这种港口或地点的费用，应认作共同海损；其后该船舶装载原装货物或其一部分驶出该港口或地点的相应费用，也应认作共同海损。

②船舶在某一避难港或避难地不能进行修理而需转移到另一避难港口或地点时，此第二避难港口或地点应视作避难港或避难地适用本条的规定。此项转移费用，包括临时修理和拖带费用，应作为共同海损。

③在装货、停靠或避难港口或地点在船上搬移或卸下货物、燃料或物料的费用，应认作共同海损，如果这种搬移或卸载是共同安全所必需，或者是为了使船舶因牺牲或意外事故所造成的损坏得以修理，而且此项修理是安全地完成航程所必需的。但如果船舶的损坏是在装货或停靠港口或地点发现的，而且航程中没有发生过与此项损坏有关的任何意外事故或其他特殊情况，则不在此列。

④当货物、燃料或物料的搬移或卸载费用可认作共同海损时，该货物、燃料或物料的存储费，包括合理支付的保险费、重装费和积载费也应认作共同海损。

（6）驶入和停留在避难港等地的船员工资、给养和其他费用

①如果船舶驶入避难港、避难地或驶回装货港、装货地的费用按《约克—安特卫普规则》可认作共同海损，则由此而引起的航程延长期间合理产生的船长、高级船员和一般船员的工资、给养和消耗的燃料、物料，也应认作共同海损。这里的工资应包括付给船长、高级船员和一般船员或为他们的利益而支付的一切款项，不论这种款项是法律规定由船东支付的或者是根据雇佣条件支付的。

②由于意外事故、牺牲或其他特殊情况，船舶驶入或停留在任何港口或地点，如果是为了共同安全的需要，或者是为了使船舶因牺牲或意外事故所造成的损坏得以修理，而且此项修理是安全地完成航程所必需的，则在此种港口或地点额外停留期间，直至该船舶完成或应能完成继续航行的准备工作之时为止所消耗的燃油和物料应认入共同海损，但此燃油和物料中为修理的消耗不能认入共同海损。

③额外停留期间的港口费用也应认作共同海损。

④在下列情况下产生的，应认作共同海损：第一，由同一航程以外的第三方为了共同安全所采取措施，该方本可获得救助报酬的；第二，为了共同安全必须驶入避难港、避难地或驶回装货港、装货地时，船舶进入或离开任何港口或地点的条件

的，或者是船舶在任何港口或地点停留的条件的；第三，为了货物卸载、储存和重装的需要，如果这些措施的费用可以认入共同海损。

（7）货物在卸载等过程中遭受的损坏

只有当搬移、卸载、储存、重装和积载货物、燃料或物料的费用可认作共同海损时，由于各该措施的后果而使货物、燃料或物料所遭受的损失才应作为共同海损受到补偿。

（8）提供的款项

为筹款支付共同海损费用而变卖货物致使货主遭受的资本损失，均应认入共同海损。共同海损费用垫款的保险费，也应作为共同海损。

（9）不能作为共同海损的牺牲与费用

①抛弃（Jettison）造成的损失。除非按照公认的海运习惯运送，被抛弃的货物不得作为共同海损受到补偿。例如，被抛弃财产在被抛弃前已经受到损毁，则不能作为共同海损受到补偿。

②因烟熏或因火引起热烤所造成的货物损坏。

③切除的残余部分。因切除由于意外事故原已折断或实际上已经毁损的船舶残留部分所遭受的损失，不得作为共同海损受到补偿。

④救助报酬。救助款项，包括所生利息和相关的法律费用，应由付款方自行承担而不得认入共同海损，除非与救助有关的一方已支付应由另一方承担的（根据获救价值而不是按共同海损分摊价值计算的）全部或部分救助费用（包括利息和法律费用），在理算中，应由另一方支付但该方未付的救助费用应贷记付款方，借记由他方代其付款的一方。

⑤在装货、停靠或避难港口或地点，只是为了重新积载在航程中移动的货物而产生的在船上搬移或卸下货物、燃料或物料的费用，除非该项重新积载是共同安全所必需的，不得认作共同海损。

⑥因维修而额外停留期间的港口费用，以及维修消耗的燃油和物料。此外，如果船舶的损坏是在装货或停靠港口或地点发现的，而且航程中没有发生过与此项损坏有关的任何意外事故或其他特殊情况，则在修理上述损坏的额外停留期间所消耗的燃料、物料和港口费用不得认作共同海损，即使这项修理是安全地完成航程所必需的。

⑦在装货、停靠或避难港口或地点，如果船舶实际已有污染物漏出或排放，为了防止或减轻污染或环境损害而采取任何额外措施的费用，不得作为共同海损受偿。

⑧未经申报或申报不实的货物。未通知船舶所有人或其代理人而装载的货物或装运时故意谎报的货物所遭受的损失，不得作为共同海损。但此项货物如果获救，仍有参加共同海损分摊的责任。装运时不正当地以低于实际价值申报的货物遭受损失时，应按申报价值受到补偿，但应按实际价值参加分摊。

3. 共同海损的理算规则

共同海损分摊是在共同海损理算基础上进行的。共同海损理算是一项极为复杂的工作，一般都由专业理算机构或人员来进行，他们负责共同海损的审核，估计损失并计算各项牺牲应获得的补偿金额，以及有关利益方应分摊的共同海损金额，然后编制出理算报告，分别送给船、货各方和保险公司，凭此结算。为了做好共同海损理算工作，各国都设有专门的理算机构，我国共同海损理算工作由中国贸促会海损理算处承办，而且各国都制订了相应的理算规则。目前国际上通行的共同海损理算规则是《约克—安特卫普规则》。我国的《北京理算规则》也是依据《约克—安特卫普规则》制订的。

（1）共同海损的理算程序

一般来说，共同海损的理算程序包括了：

①共同海损当事人提出理算申请，并附送证明材料。共同海损的案件适用“谁主张谁举证”的原则。

②海损理算人接受申请。

③海损理算人协助船方向其他受益方收集共同海损担保。在实践中，公共海损担保包括了海损协议书、现金担保、共同海损担保函、行使留置权或船舶优先权等。

④海损理算人收集相关的文件材料，核算和计算共同海损金额、分摊价值和金额。

⑤海损理算人编制共同海损理算书，将共同海损理算书寄送给有关方。

（2）共同海损的分摊

①共同海损的分摊，应以航程终止时财产的实际净值为基础，但货物应以卸货时的价值为基础，此项价值应根据送交收货人的商业发票确定；如果没有此项发票，则应根据装运价值确定。货物的价值应包括保险费和运费（但不由货方承担风险的运费除外），并扣减卸货前和卸货时所遭受的损失。确定船舶的价值时，无须考虑该船因订有光船或定期租船契约而产生的有利或不利影响。

②上述价值如果没有包括牺牲的财产作为共同海损受到补偿的数额，则应加上这一数额。有风险的客、货运费，应扣减假如船舶和货物在共同海损行为发生之日全部损失就无须为赚得该项费用而支付的、不属于共同海损的费用和船员工资。财产价值还应扣减在共同海损行为发生以后所支付的一切额外费用，但已作为共同海损的费用或根据 1989 年国际救助公约第十四条或任何其他实质上类似的规定裁决应由船舶承担的特别补偿除外。

③在规则 G 的情况下，货物和其他财产，除非在运达目的地以前售出或另作处理，应以其在原目的地交货时的价值为基础参加分摊；船舶则应以其在卸货完毕时的实际净值参加分摊。

④如果货物在运达目的地以前出售，应按出售净得的数额加上作为共同海损受到补偿的数额参加分摊。

⑤邮件、旅客行李、私人物品和随带的机动车辆，不参加共同海损分摊。

（3）共同海损损失金额计算

①运费损失。如果货物的损失是共同海损行为造成的，或者已作为共同海损受到补偿，则由于货物损失所引起的运费损失，也应作为共同海损受到补偿。损失的运费总额应扣减其所有人为赚得此项运费本应支付但由于牺牲而无须支付的费用。

②货物因牺牲所受损失的补偿数额。牺牲的货物，作为共同海损受到补偿的数额，应是以其在卸货时的价值为基础计算出的损失。此项价值应根据送交收货人的商业发票确定；如果没有此项发票，则应根据装运价值确定。货物在卸货时的价值应包括保险费和运费，但不由货方承担风险的运费除外。如果受损货物已经出售，而其损失数额未经另行议定，则作为共同海损受到补偿的数额，应根据出售净得数额与按照本条第一款计算的完好净值之间的差额确定。

③船舶损坏。共同海损行为造成的船舶、机器和船具的损失，应作为共同海损的数额如下：如已经修理或更换，按该项损失的修理或更换的实际合理费用，并根据规则十三的规定进行扣减。如未经修理或更换，按该项损失引起的合理贬值，但不得超过估计的修理费用。如船舶遭受实际全损或修理费用超过修复后的船舶价值，则作为共同海损的数额应为该船的估计完好价值减去不属于共同海损的损失的估计修理费用和船舶在受损状态下的价值（如果售出则为出售净得）的余额。

④修理费用的扣减。用新材料或新部件更换旧材料或旧部件时，如果船龄不超过十五年，列入共同海损的修理费用，不作“以新换旧”的扣减，否则应扣减三分之一。是否扣减，应按船龄确定，船龄是从船舶建成之年的十二月三十一日起计算至共同海损行为发生之日为止。但绝缘材料、救生艇和类似小艇、通讯和航海仪器和设备、机器和锅炉应按各自使用的年数确定。扣减应只从新材料或新部件制成并准备安装到船上时的价值扣减。供应品、物料、锚和锚链不作扣减。干坞费、船台费和移泊费应全部认入共同海损。船底刷洗、油漆或涂层的费用不应列入共同海损，但如在共同海损行为发生之日以前十二月内曾经油漆或涂层，则油漆或涂层费用的半数应作为共同海损。

（二）单独海损（Particular average）

单独海损是指船舶在航行过程中发生的，除共同海损以外的部分损失。单独海损是一种特定利益方的部分损失，它不涉及其他货主或船方，该损失应由受损方单独承担。例如，某公司出口大米一万公吨，在海洋运输途中遭受暴风雨，海水浸入舱内，大米受海水泡其中有三千公吨变质，这种损失只是使该公司一家的利益遭受影响，跟同船所装的其他货物的货主和船东利益并没有什么关系，因而就属于单独海损。

共同海损与单独海损虽然同属部分损失，但两者是有区别的。首先两者的成因不同，单独海损是风险所直接造成的船货的损失，而共同海损则是为了解除风险人为造成的一种损失。其次两者的承担方不同，单独海损的损失由受损方自己承担，而共同海损的损失则由各利害关系方根据获救价值的大小按比例共同分摊。最后，单独海损是保险标的的损失；共同海损是除了标的损失以外，还包括支出的特殊费用。

第四节　海运货物保险保障的费用

保险货物遭遇保险责任范围的风险，除了会造成保险货物的损失，还会引起大量的费用支出，这种费用保险人也给予赔偿。在海运保险中，保险人负责赔偿的费用主要有施救费用和救助费用。

一、施救费用（Sue and Labor Charge）

（一）定义及性质

1. 定义

施救费用指被保险货物在遭遇承保责任范围内的灾害事故时，被保险人或其代理人、雇佣人员或受让人等为防止损失的扩大，采取各种抢救与防护措施所支出的合理费用。保险人对施救费用的赔偿金额不得超过保险合同所载明的保险金额。保险标的的受损，经被保险人进行施救，花了费用但并未奏效，保险标的仍然全损，保险人对施救费用仍予负责。但保险人对保险标的本身的赔偿和施救费用的责任最多各为一个保额，即两者之和不能超过两个保额。

2. 性质

施救费用设立的目的是保险人对于被保险人在保险事故发生时对保险标的提供必要保护的一种鼓励，它并不是为了在海难事故发生后给被保险人多一个补偿损失的机会。被保险人获得一个保险金额的保险赔偿之外，还有可能获得一个保险金额的施救费用补偿，但这个施救费用补偿是由限额规定的。一般认为，施救费用是一种特别费用，不属于保险标的本身的损失，既不属于单独海损，也不属于共同海损。

（二）条件及有关规定

我国《海商法》第二百四十条规定的保险人的施救费用包括：

（1）被保险人为防止或减少根据合同可以得到赔偿的损失而支出的必要的合理费用，

（2）为确定保险事故的性质、程度而支出的检验、估计的合理费用。

（3）为执行保险人的特别通知而支出的费用。

应当由保险人在保险标的的损失之外另行支付。保险人对于对于上述费用的支付，以相当于保险金额的数额为限。

上述《海商法》的规定的第（2）项和第（3）项费用支出实际上是被保险人

先为保险人垫付的费用，保险人理应在保险标的损失赔偿之外另行支付。《海商法》将这两项费用规定在施救费用中作为保险人必须履行的义务，具有防止保险人以无法律规定或合同约定为由，不偿还被保险人为其垫付的这些费用的作用。

支付施救费用是保险人的义务，但是被保险人向保险人索赔施救费用必须满足如下条件：

第一，被保险人采取施救措施的目的是为了防止或减少保险标的的损失，或者为了执行保险人的通知。我国《海商法》第二百三十六条规定，对于被保险人违反这一义务所造成的扩大的损失，保险人不负赔偿责任。

第二，采取的措施、支出的费用必须合理。被保险人在采取施救措施时，必须像没有投保时一样的谨慎和合理。不能因为有了保险条款中施救条款的保障，就可以任意的支付抢救财产的费用。对于被保险人支出的不合理的施救费用，保险人不负责赔偿。

第三，施救费用是被保险人在航程中的非正常支出。如果被保险人所支出的费用只是为了完全履行其在运输合同下的通常的义务，那么对于此项费用就没有风险的存在，保险人当然不予以赔偿。

第四，引起施救费用的原因必须属于承保风险。保险人在保险标的损失赔偿之外负责赔偿保险人施救费用，是因为保险人会因为被保险人对保险标的施救的努力而获利。然而如果没有承保风险的发生，或者发生的危险不属于保险人的承保责任范围内，则对保险人来说，施救费用就根本不存在。

第五，施救行为的行为人必须为法律或保险合同所承认。施救费用的支出不得为非法。例如，被保险人为了能够使得被保险财产尽快地解除扣押，而贿赂当局。那么这笔贿赂费用被保险人将不能从保险人那里得到赔偿，因为它是非法的。

第六，必须是为了避免或减少保险标的单方面的损失而产生的费用。如果是为了同时避免或减少船方和货方的损失，那就可能属于共同海损。

二、救助费用（Salvage Charges）

（一）定义

救助费用指被保险货物在遭遇承保范围内的灾害事故时，由保险人和被保险人以外的第三者采取救助行动并获成功，由被救方支付给救助方的报酬。

（二）条件及有关规定

保险人必须支付救助费用一般要符合以下条件：

（1）海难救助发生在海上或者与海相通的可航水域；

（2）自愿而为的救助行为。所谓自愿是指救助方采取救助作业和与被救助方发生救助法律关系时必须出于自愿，救助成功了，其有权获得救助报酬；不救或者救助不成功将不能获得救助报酬，但是也不承担任何责任，同时被救助方接受救助也必须出于自愿。

（3）引起海难救助的危险须是船舶保险中的承保风险。由于承保的海上危险引起的救助款项，毫无疑问都可以得到赔偿，理由是其属于承保危险造成的损失。

（4）救助必须有效果。除了涉及环境因素而给予的特别补偿以外，根据海难救助“无效果，无报酬”的救助原则，只有救助成功才能取得救助报酬。

海上保险人所承保的救助报酬不是任何条件下的救助报酬，只是冠以救助报酬名义中的一部分。如保险人负责赔付的救助报酬仅限于援救海上财产引起的救助报酬，抢救非商业性的个人财物或抢救人命所支付的报酬不属于海上保险所承保的范围。

在海难救助当中，从来就没有单独对人命救助给予报酬的，理由就是对人命进行救助的行为从任何角度看都不会使得船舶或货物的所有人获益。英国的 Nourse V Liverpool Sailing Ship Owner's Mutual Protection and Indemnity Association 案件中，审理的法官就认为对人命救助的报酬不能在保单中得到赔偿，因为如果该报酬属于保单的承保范围，那么传统意义上的船舶保险就变成承保船上船长和船员利益的保险。

在现代海上保险法律和保险条款的规定中，保险人所承保的救助费用是海商法中作规定的救助费用，由于各国海商法只对对物救助的报酬作出来了规定，并没有单独对纯粹的人命救助报酬作出规定。《1989 年国际救助公约》规定了人命救助属于公法性质，人命救助是救助人的一项公法上的义务，一般救助人对获救人员不得请求酬金。在确定救助报酬时，要考虑救助方在救助人命时的技能和所做出的努力。此外，公约还规定参与救助人命的救助人，有权从救助船舶或其他财产、防止或者减少环境污染损害的救助方获得的救助款项中，获得合理的份额。如果在保险船舶遭遇危险时，救助人对保险船舶上的人员进行了救助，其将获得的救助报酬会增加一部分，这部分增加的报酬被认入通常意义上海难救助的救助报酬之中，被保险人可以依据保险合同的约定向保险人索赔。

（三）施救费用和救助费用的区别

施救费用与救助费用的相似点都是为了保护或抢救保险财产，使之脱离危险，减少损失。对于施救费用和救助费用，保险人的赔偿责任是不同的。施救费用可在保险货物本身的保额以外，再赔一个保额，亦即保险人对保险标的损失的赔款和对施救费用的赔偿两者之和，不得超过两个保险金额。而保险人对救助费用的赔偿责任是以不超过获救财产的价值为限，亦即救助费用与保险货物本身损失的赔偿金额两者之和，不得超过货物的保额。我国《海商法》第二百四十一条的规定，在其他情况下，根据货物运输保险条款的规定，保险人应对救助费用予以赔偿，但救助费用的赔偿和保险货物本身的损失赔偿之和不能超过保险金额。

（四）救助费用和共同海损的区别

在海难救助中，救助服务提供者是完全基于自愿原则介入海难事故或者保险事故的救援之中的；而在共同海损中，共同海损行为是由船舶所有人临时雇佣的人，以按劳付酬原则为基础，对遭遇海难事故或保险事故的财产进行救援，将财产从他们遭遇的共同危险中解救出来。某一救援服务可能在形式上具备救助的某些特征，但是这种服务被提供时的背景情况和对这种服务的补偿支付的方式，都与严格意义上的海难救助不同，此时它将不能够作为海上保险中救助费用而得到赔偿。

在大多数情况下，救助是为了解除船舶和货物所面临的共同危险而由救助人实施的。因此，以前的1974年《约克—安特卫普规则》及其1994年修订版，包括我国的《北京理算规则》都将救助报酬列为共同海损的范围内。但实际上将救助报酬列为共同海损有很多不合理的地方，表现在：

首先，将救助报酬列为共同海损会造成重复理算。根据运输合同或保险合同所规定的理算规则，救助报酬如可作为共同海损的话，救助报酬还需在船舶到达航程目的港或者航程被迫终止地进行共同海损理算。因此就会造成重复理算，从而导致理算费用的大幅度增加和理算时间的延长。

其次，将救助报酬作为共同海损处理，就需要为同一笔费用实施两套担保，使实践工作变得更为繁琐。

再次，将救助报酬都列为共同海损可能会有悖于公平原则。救助合同是船长分别代表船方和货方签订的，船方和货方经常会产生不同的救助报酬。实践中可能一方与救助人在没有诉讼或仲裁的情况下已经达成了一个解决方案，而另一方可能因有人向其索要救助报酬而提起诉讼从而产生法律费用。

最后，并非所有同时涉及船货双方的救助报酬都符合共同海损的构成要件。

正是因为这些原因，2004年《约克—安特卫普规则》发生了变化，规定只有当与救助有关的一方已支付应由另一方承担的救助报酬，才例外地视为共同海损。在我国，不管是根据《海商法》的规定还是相关的保险条款，都没有排除为船货共同利益而支出的救助报酬可以作为共同海损进行分摊的内容。而且我国所制定的《北京理算规则》第一条，也将救助报酬包括在共同海损范围内。所以，在我国如果船方支出的救助报酬，符合共同海损的相关要件，则救助报酬可以作为共同海损费用进行分摊。但是如果运输合同或保险合同规定的理算规则是《北京理算规则》的话，船长或船东还必须在到达目的港或航程被迫终止港24小时内宣布共同海损，否则将按单独海损处理。

三、特别费用（Special Charge）

特别费用是被保险人或其代理人为保险标的的安全和保存而发生的费用。例如运输工具遭难后，在避难港由于卸货所引起的损失以及在中途港、避难港由于卸货、存仓和运送货物所产生的特别费用。

额外费用是为了证明损失索赔成立而支付的费用，主要有检验费、查勘费用、公证费用、海损理算师费用等。

四、续运费用（Forwarding Charges）

续运费用是指因保单承保风险引起的被保险货物的运输在非保单载明的目的地港口或地方终止时，保险人对被保险货物的卸货费用、仓储费用及继续运往保单载明的目的地港口的费用等额外费用统称为续运费用。其目的是为防止或减轻货物的损害。如果货物遭受的风险属于保险责任，因此而支付的费用保险人也予以负责。保险人对续运费用的赔偿和对货物单独海损的赔偿总和以保险金额为限。

思考题

1. 什么是海运货物保险？其作用是什么？

2. 海运货物保险可以如何分类？

3. 海上风险包括哪些？

4. A 轮船装载着散装亚麻子，驶向美国的纽约港。不幸，在南美飓风的冷风区内搁浅被迫抛锚。当时，船长发现船板有断裂危险，一旦船体裂缝漏水，亚麻子受膨胀有可能把船板胀裂，所以船长决定迅速脱浅。于是，该船先后 4 次动用主机超负荷全速后退，终于脱浅成功。抵达纽约港后，对船体进行全面检修，发现主机和舵机受损严重，经过理算，要求货方承担 6 451 英镑的费用。货主对该项费用发生异议，拒绝付款。试分析本案。

5. 国内某 A 公司向银行申请开立信用证，以 CIF 条件向法国采购奶酪 3 公吨，价值 3 万美元，提单已经收到，但货轮到达目的港后却无货可提。经查，该轮在航行中因遇暴风雨袭击，奶酪被水浸泡，船方将其弃于海中。于是 A 公司凭保险单向保险公司索赔，保险公司拒赔。请问：保险公司能否拒赔？A 公司应向谁索赔？

6. 某外贸 A 公司以 CFR 条件进口工艺品一批，为此批货物向某保险公司投保我国海运保险条款水渍险。货物在上海港卸下时发现部分工艺品损坏，经查 200 件工艺品在装船时就已破损，但由于外表有包装，装船时没有被船方检查出来；还有 300 件工艺品因船舶在途中搁浅，船底出现裂缝，被海水浸湿；另有 100 工艺品因为航行途中曾遇雨天，通风窗没有及时关闭而被淋湿致生锈。分析导致上述损失的原因。保险人是否应予赔偿？为什么？

第七章　海运货物保险险别与条款

在国际货物买卖业务中，保险是不可缺少的条件和环节。货物从卖方交至买方手中，要经过长途运输，多次装卸和储存。在此过程中，货物可能遇到自然灾害或意外事故，从而使货物遭受损失。货主为了保障货物一旦发生损失，可取得经济上的补偿，通常都要投保货物运输险。

货物运输保险就是投保人（买方或卖方）向保险人按一定金额投保一定的险别，并交纳保险费。保险人承保后，如果保险货物在运输途中发生保险险别责任范围内的损失，则按投保金额和损失程度赔偿保险单的持有人。因此，买卖双方在签订合同时，必须明确由哪一方负责投保，投保金额是多少，投保何种险别，适用哪个保险公司的保险条款等。负责投保的一方必须了解有关保险事宜，才能正确进行投保。

国际货物买卖中的运输保险按照运输方式的不同，分为海运保险、陆运保险、空运保险以及邮政包裹运输保险等，其中业务量最大的是海洋货物运输保险。

 第一节　我国海运货物保险险别与条款

所谓险别是保险公司按不同情况所规定的不同的保险范围，它是保险人承保责任大小、被保险人缴付保险费多少的依据。海洋货物运输保险条款是指保险人或保险公司在其保险单内所载明的，明确规定投保人与保险人之间的权利与义务，即赔偿的责任范围、除外责任、保险期限及其他有关事项的条款。

为了适应对外贸易的发展，各国都设有国际货物运输保险机构，并制订了相应

的保险条款。中国人民保险公司根据我国保险工作的实际情况，并参照国际保险市场的习惯做法，分别制订了海洋、陆上、航空及邮包运输方式的货物运输保险条款，以及适用于以上四种运输方式货物保险的附加险条款，总称为“中国保险条款（China Insurance Clauses 简写 CIC）”，在上述各种运输方式的货物保险中，海运货物保险的险种最多。

我国海洋货物运输保险的险别，按照是否能单独投保分为基本险、附加险和专门险三类。基本险所承保的主要是自然灾害和意外事故所造成的货物损失或费用，附加险承保的是其他外来风险所造成的损失和费用。现将中国保险条款中有关海洋货物运输保险的险别列图 7-1 于下并加以说明：

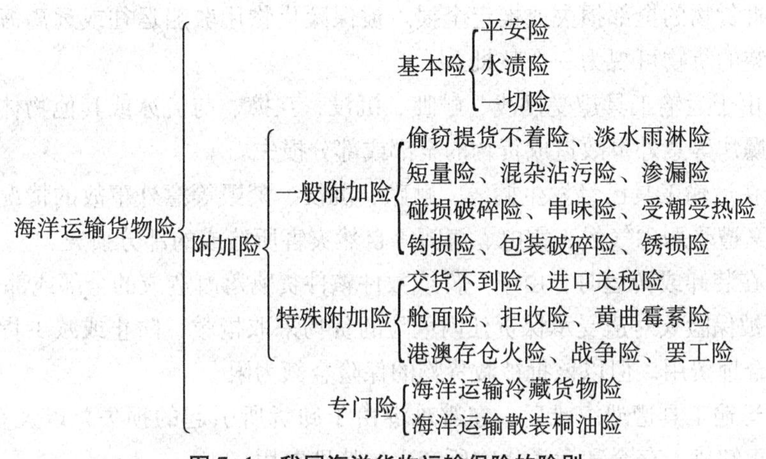

图 7-1　我国海洋货物运输保险的险别

一、海洋货物运输保险的基本险

我国海洋运输货物保险险别，按照能否单独投保来划分，可以分为基本险和附加险两大类。

基本险又称主险，是可以单独投保的险别，不必依附于其他险别项下。基本险承保的主要是自然灾害和意外事故所造成的货物损失或费用。与国际保险市场的习惯做法一样，我国海洋运输货物保险的基本险分为平安险、水渍险和一切险三种。这三种基本险别的承保责任，在中国人民保险公司 1981 年 1 月 1 日修订的《海洋运输货物保险条款》中的“责任范围”一节内分别做了具体规定。当被保险货物遭受损失时，保险人按照保险单载明的投保险别所规定的责任范围负责赔偿。

平安险、水渍险和一切险的称谓，源自新中国成立之前我国海上保险市场的叫法，其内容则是参照伦敦保险协会 1963 年货物保险条款制定的。险别的英文名称也来自协会条款。

（一）基本险的责任范围

1. 平安险的责任范围

平安险（Free from Particular Average，简称 FPA），其英文原文的含义是“单独海损不赔”，即保险人只负责赔偿保险标的发生的全损。“平安险”一词是我国保险业的习惯叫法，沿用已久，在三个基本险种中承保的责任范围最小。随着国际保险界对平安险条款的不断修订与补充，现在平安险的责任范围已远远超过全损险的责任范围。根据我国《海洋运输货物保险条款》，平安险的承保责任范围包括以下 8 个方面：

（1）被保险货物在运输途中由于恶劣气候、雷电、海啸、地震、洪水等自然灾害造成整批货物的全部损失或推定全损。被保险货物用驳船运往或远离海轮的，每一驳船所装的货物可视为一个整批。

（2）由于运输工具遭受搁浅、触瞧、沉没、互撞、与流冰或其他物体碰撞，以及失火、爆炸等意外事故造成货物的全部或部分损失。

（3）在运输工具已经发生搁浅、触礁、沉没、焚毁等意外事故的情况下，货物在此前后又遭受恶劣气候、雷电、海啸等自然灾害所造成的部分损失。

（4）在装卸或转运时，由于一件或数件整件货物落海造成的全部或部分损失。

（5）被保险人对遭受承保责任内危险的货物采取抢救、防止或减少货损的措施而支付的合理费用，但以该批被救货物的保险金额为限。

（6）运输工具遭遇海难后，在避难港由于卸货所引起的损失，以及在中途港、避难港由于卸货、存仓和运送货物所产生的特别费用。

（7）共同海损的牺牲、分摊和救助费用。

（8）运输契约订有“船舶互撞责任”条款（Both-to-blame Collision Clause）时，根据该条款规定应由货方偿还船方的损失。船舶互撞责任条款是货主与承运人签订的租船合同或承运人签发的海运提单中的条款，它规定货主必须补偿本船承运人原来可以免责却又被迫承担的他船应对该船货物损失所负赔偿责任中的那部分赔款。

从平安险的责任范围可知，平安险主要是对自然灾害造成的全部损失和对意外事故造成的全部及部分损失予以赔偿。因此，在保险实务中，平安险一般适用于低值的大宗货物，如铁丝、钢板、建筑用的板材、沙石等。

2. 水渍险的责任范围

水渍险（With Particular Average，简称 WA/WPA），也是我国保险业沿用已久的名称，其英文原文的含义是“负责单独海损”。它的责任范围比平安险广泛，包括以下两大部分：

（1）平安险所承保的全部责任。

（2）被保险货物在运输途中，由于恶劣气候、雷电、海啸、地震、洪水等自然灾害所造成的部分损失。

总之，水渍险对因自然灾害或意外事故造成的损失，不论是全部损失或部分损失，均负责赔偿。

水渍险与平安险的承保责任差异不大。被保险货物如果因承保风险造成全部损失，无论是水渍险还是平安险，保险人都是要负赔偿责任的，只有在发生部分损失的情况下，两者才有所不同：水渍险对不论是因自然灾害，还是因意外事故所造成的部分损失，均予负责；平安险对由于意外事故所造成的部分损失负责，对由于自然灾害所造成的部分损失一般不予负责；但在运输过程中，若运输工具曾经发生过搁浅、触礁、沉没、焚毁的情况，即使是自然灾害所造成的损失，平安险也予以负责。

实际上，水渍险这个险别的责任范围包括了由于海上风险（自然灾害或意外事故）所造成的全部损失和部分损失，并不是仅对货物遭受海水水渍的损失负责，也不是仅对单独海损负责，但是对外来原因造成的损失不予负责。因此，在保险实务中，水渍险一般适用于不大可能由于其本身特性或外部环境变化而造成品质变化损失的货物，如小五金工具、旧汽车或旧机械、化工原料等。

3. 一切险

一切险（All Risk），是三个基本险中责任范围最广的险别，根据现行《海洋运输货物保险条款》的规定，一切险除包括平安险和水渍险的各项责任外，还包括被保险货物在运输途中，由于外来原因所造成的全部或部分损失。这里的“外来原因”并非运输途中的一切外来风险，而是指一般外来风险，并不负责由于特别外来风险造成的损失。对于一些不可避免的、必然发生的风险所造成的损失，如货物的内在缺陷和自然损耗所致损失，以及运输迟延、战争、罢工等所致损失，保险人均不负赔偿责任。但是，总的来说，一切险是平安险、水渍险和一般附加险的总和。

由于一切险提供的保障范围较为全面，所以在保险实务中，适用于各类货物，特别是价值较高、可能遭受损失因素较多的货物，如纺织品、工艺品、精密仪器等。

（二）基本险的除外责任

除外责任（Exclusion），是指保险人列明不负赔偿责任的风险范围，即保险人列明的不予承保的损失和费用。除外责任中列示的各项致损原因，一般都是非意外和不具有偶然性的，或是比较特殊的。保险条款中对除外责任作出规定，主要是为了分清保险人、被保险人、发货人和承运人等有关方面对损失或费用应负的责任，进一步明确了保险人的责任范围。我国《海洋运输货物保险条款》中的除外责任，主要包括以下五项：

1. 被保险人的故意行为或过失造成的损失

这里所说的被保险人是指被保险人本人或其代表，并不包括其代理人或普通雇员。由于法律不允许任何人由于本身的故意行为而获利，所以将被保险人的故意行为作为除外风险。

例如，买方指使船员把完好的货物抛弃非谎称发生海难，对此抛货损失，保险人将不负责赔偿被保险人故意行为造成的损失；再如，被保险人未能及时提货而造成货物损失，保险人不负责赔偿。

2. 属于发货人责任引起的损失

属于发货人责任引起的损失是多方面的，发货人准备货物时包装不足或不当，不能经受航程中的通常风险，使货物在运输途中因此而损坏；由于标志错误，使货物运到非原定目的地；发货人发错货物引起的损失等，均属于发货人责任引起的损失。对上述损失，保险人均不负责。

3. 保险责任开始前，被保险货物已经存在的品质不良或数量短差所造成的损失

对保险责任开始前便存在的货物损失，即货物的原残，保险人将不负责。例如，铁丝在装运前就存在严重的锈损现象，货主如果提出索赔，保险人有权拒赔。为避免对损失时间的确定引起争议，保险人往往规定装船前必须对保险货物进行检验。另外，提单上有关货物状况、数量的记载也是保险人据以判断货物损失时间的证明。

4. 保险货物的自然损耗、本质缺陷或特性以及市价跌落，运输延迟所引起的损失或费用。

自然损耗是指货物因自身特性导致的在运输途中必然发生的损失，具体表现为水分蒸发、渗漏、扬尘、易碎品破碎、散装货短量等，保险人对此损失不予负责。例如，袋装水泥在运输途中因扬尘而致重量减轻，只要损耗在正常范围内，保险人不予赔偿。在保险实务中，保险人通常在保险单中规定免赔率，对损失率低于免赔率的部分，保险人无须赔偿。

货物本质缺陷是指货物在运输前已存在的质量上的瑕疵。货物的特性是指在没有外在原因的情况下，货物在运输途中因自身性能变化引起的损坏。例如，黄麻的燃点较低，在没有外来风险作用的情况下，黄麻如果发生自燃，属本质缺陷所致，保险人无须负责。

货物的市价跌落不是直接物质损失，而是商业风险损失，保险人不予负责。

运输延迟所引起的损失和费用，保险人也不负责。运输延迟可能导致鲜活品的变质和死亡，也可能导致时令性商品（如节日礼物）因过了节日而市价跌落的损失。不管导致运输延迟的原因是否属保险责任，凡是由此引起的损失，均作为间接损失，保险人一律不予承保。

5. 海洋运输货物战争险条款和罢工险条款规定的责任范围和除外责任

战争风险和罢工风险属于特殊风险，凡与此有关的原因造成保险标的的损失，如果仅投保基本险，保险人均不负责赔偿。《海洋运输货物保险条款》还明确将战争险和罢工险条款的除外责任也作为海运货物保险主险的除外责任。

（三）基本险的责任起讫

保险的责任起讫，又称保险期间或保险期限（Duration of Insurance），是指保险人承担责任的起讫时限。在海洋运输货物保险中，由于是对特定航程中货物的保险，因而保险责任起讫除了指具体的开始与终止日期外，还指保险责任在什么情况下可

称为开始或终止。与国际保险市场的习惯做法一样，我国海洋运输货物保险基本险的责任起讫以运输过程为限，在保险实务中通常被称为“仓至仓”原则。

“仓至仓”（Warehouse to Warehouse，W/W）原则，是海洋运输货物保险责任起讫的基本原则，它规定了保险人承担责任的起讫地点，即保险人对保险货物的责任自被保险货物运离保险单载明的起运地发货人仓库或储存处所开始运输时生效，包括正常运输过程中的海上、陆上、内河和驳船运输在内，直到该项货物运抵保险单载明的目的地收货人的最后仓库或储存处所或被保险人用做分配、分派或非正常运输的其他储存处所为止。

根据我国《海洋运输货物保险条款》“责任起讫”的规定，保险责任的起讫时限可分为正常运输和非正常运输两种情况。

1. 正常运输情况下保险责任的起讫时限

正常运输是指将货物从保险单载明的起运地发货人仓库或其储存处所至目的地收货人的最后仓库或储存处所或被保险人用做分配、分派或非正常运输的其他储存处所，整个航程所需要的正常运输，包括正常的运输工具（汽车、火车、内河船舶、海轮等）、按正常的航线行驶并停靠港口以及途中正常的延迟和转船。例如，一批保险货物从发货人仓库起运，先装卡车后装火车，最后在起运港装海轮。当货物在卡车卸货于铁路仓库等待装火车时，铁路仓库失火，货物被毁，保险人对此损失将负赔偿责任，因为货物损失发生在正常运输过程中。但如果货物从发货人仓库起运，先装卡车运往打包厂加工整理打包，若打包厂失火，货物被毁，保险人将不负任何赔偿责任，因为货物在加工厂储存加工期间，不属正常运输范围。

在正常运输情况下，保险责任的起讫是按“仓至仓”原则办理的，但在实际业务中，经常发生保险货物卸离海轮后，在运至保险单所载明的收货人仓库之前，需要在卸货港存放一段时间。为满足被保险人的需要，保险人对这段时间仍提供保险保障，但最长时间不能超过60天。若届满60天货物仍未进入收货人仓库，保险责任也将终止；若在60天内货物进入收货人仓库，保险责任在进入仓库时终止。其责任终止具体有以下几种情况：

（1）以卸货港为目的地，被保险人提货后，运到自己的仓库时，保险责任即行终止。

（2）以卸货港为目的地，被保险人提货后并不将货物运往自己的仓库，而是将货物进行分配、分派或分散转运，保险责任从开始分配、分派或转运时终止。

（3）以内陆为目的地，从向船方提货后运到内陆目的地的被保险人仓库时，保险责任即行终止，此后如果被保险人将货物出售或分配，保险人不再承担责任。

（4）以内陆为目的地，如果保险货物在运抵内陆目的地时，先行存入某一仓库，然后又将该批货物分成几批再继续运往内陆目的地另外几个仓库，包括保险单所载目的地，在这种情况下，则以先行存入的某一仓库作为被保险人的最后仓库，保险责任在进入该仓库时即终止，而不管其中是否有部分货物最终运到了保险单所载明的内陆目的地仓库。

上述几种情况，均以保险货物卸离海轮后60天为限，并以先发生者为准。

2. 非正常运输情况下保险责任的起讫时限

非正常运输是指被保险货物在运输中，由于被保险人无法控制的运输迟延、船舶绕道、被迫卸货、重新装载、转载或承运人行使运输合同赋予的权限所做的任何航海上的变更或终止运输合同，致使保险货物运抵非保险单所载明的目的地等非正常情况。

根据我国《海洋运输货物保险条款》的规定，在海洋运输过程中，如果出现被保险人所不能控制的非正常运输情形，保险责任将按下列规定办理。

（1）当出现由于被保险人无法控制的运输迟延、绕道、被迫卸货、重新装载、转载或承运人运用运输合同赋予的权限做任何航海上的变更时，在被保险人及时将获知的情况通知保险人并在必要时加缴一定保险费的情况下，保险人可继续承担责任。在此期间，保险合同继续有效。

（2）在被保险人无法控制的情况下，保险货物如在运抵保险单载明的目的地之前，运输合同在其他港口或地方终止时，在被保险人立即通知保险人并在必要时加缴一定保险费的条件下，保险合同继续有效，直至货物在这个卸载港口或地方卖出去以及送交之时为止。但是，最长时间不能超过货物在卸载港全部卸离海轮后满60天。

这两种情况保险期限的终止，应以先发生者为准。

（四）基本险中被保险人的义务

保险人与被保险人签订保险合同后，双方在享有权利的同时，均需按合同规定履行各自的义务。保险人在收取保费以后，应当承担保险货物因发生保险事故而遭受的损失的赔偿责任。与此对应，被保险人为获得保险赔偿，必须履行保险合同中规定的有关义务并支付保险费，如被保险人未恪尽职守履行其义务，影响了保险人的利益，对保险货物的有关损失，保险人将有权拒绝赔偿。

按照我国《海洋运输货物保险条款》的规定，被保险人应承担的义务主要有以下几个方面：

（1）当保险货物运抵保险单所载明的目的港（地）以后，被保险人应及时提货。当发现保险货物遭受任何损失，应立即向保险单上所载明的检验、理赔代理人申请检验，如发现保险货物整件短少或有明显残损痕迹，应立即向承运人、受托人或有关当局（海关、港务等）索取货损货差证明。如果货损货差是由于承运人、受托人或其他有关方面的责任造成的，应以书面方式向其提出索赔，必要时还须取得延长时效的认证。

（2）保险货物遭受保险责任内的损失时，被保险人应迅速采取合理的抢救措施，防止或减少货物损失的进一步扩大。被保险人采取此项措施，不应视为放弃委付的表示。

(3) 如遇航程变更或发现保险单所载明的货物、船名或航程等内容有遗漏或错误时，被保险人应在获悉后立即通知保险人，并在必要时加缴一定的保险费，保险合同则继续有效。

(4) 若保险货物遭受损失，被保险人向保险人索赔时，必须提供下列单证：保险单正本、提单、发票、装箱单、磅码单、货损货差证明、检验报告及索赔清单等。如涉及第三者责任，被保险人还须提供向责任方追偿的有关函电及其他必要单证或文件。

(5) 被保险人在获悉有关运输契约中“船帕互撞责任”条款的实际责任后，应及时通知保险人。

(五) 基本险的索赔期限

保险索赔期限（The Time of Validity of A Claim），又称保险索赔时效，是指保险货物发生保险责任范围的风险造成损失时，被保险人向保险人提出索赔的有效期限。

我国《海洋运输货物保险条款》规定，保险索赔时效从被保险货物在最后卸载港全部卸离海轮后起算，最多不超过两年。但按我国《海商法》的规定，根据海洋运输货物保险合同向保险人要求保险赔偿的请求权，时效期亦为两年，自保险事故发生之日起计算。中国人民财产保险公司在1995年送审的《海洋运输货物保险条款（修改稿）》中将两年的索赔期限的起算日改为保险事故发生之日，与我国《海商法》的规定保持一致。

值得注意的是，如果货物损失属于保险责任范围，又涉及船方或其他第三者责任方的索赔，被保险人必须在有关责任方规定的有效期限内办理索赔。否则，因被保险人疏忽或其他原因逾期而丧失向有关责任方索赔的权益时。应由被保险人自己承担责任，保险人不予赔偿。例如，按照《海牙规则》或我国《海商法》的规定，收货人向承运人索赔的期限规定为交货之日起4年内有效。被保险人必须在这个期限到达之前向保险人提出索赔，或者要求承运人延长索赔时效，以便保险人在支付赔款之后能向承运人行使代位追偿的权利。如果被保险人没有做到这一点，保险人便不负赔偿责任。货物损失的共同海损分摊责任，要等待共同海损理算完成后才能确定。被保险人向保险人索赔货物的共同海损分摊的诉讼时效，应适用于我国《海商法》关于共同海损分摊请求权的时效规定，即时效为一年，从共同海损理算结束之日起计算。

二、海运货物保险附加险

国际贸易货物在运输过程中可能遭遇到的风险和损失，除了前面基本险所承保的由于自然灾害与意外事故所造成的风险和损失之外，往往还有其他外来原因所引起的风险和损失。

为了满足投保人的需要，保险人在基本险条款之外又制定了各种附加险条款。

附加险是基本险的扩大和补充，不能单独投保，必须在投保主险（基本险的一种）的基础上加保。加保的附加险可以是一种或几种，由被保险人根据需要选择确定。加保附加险时，被保险人需支付一定的保险费，由保险人在保险单上注明加保某一附加险，该附加险的条款即作为基本险别的附加条款。附加险按照承保的风险不同，分为一般附加险、特别附加险和特殊附加险三类。

（一）一般附加险

一般附加险（General Additional Risks），负责赔偿一般外来风险所致的损失。由于一般附加险已包括在一切险中，所以若已投保一切险，则无须加保此险别。我国《海洋运输货物保险条款》规定的一般附加险有以下 11 种：

1. 偷窃、提货不着险

偷窃、提货不着险（Theft，Pilferage and Non-delivery Clause，TPND），主要承保在保险有效期内保险货物被偷走或窃取以及货物抵达目的地后整件未交的损失。偷窃是指暗中进行的偷摸、窃取行为，不包括使用暴力手段的公开劫夺。提货不着是指货物的全部或整件未能在目的地交付给收货人。但本险别并非对任何原因所致的提货不着均予负责，如保险货物在中途被当作危险品扣押，被保险人并不能据此险别获得赔偿。在这一险别下，为了便于确定责任，对于偷窃的损失，被保险人必须在及时提货后 10 天之内申请检验；对于整件提货不着，被保险人必须向责任方、海关或有关当局取得证明。保险人为限制其承保的责任，有时还在本条款上附贴“海关检验条款”或“码头检验条款”，将保险责任期限提前到目的地海关或最后卸货码头时终止。

2. 淡水雨淋险

淡水雨淋险（Fresh Water and/or Rain Damage Clause，FWRD），承保保险货物直接由于淡水、雨淋、冰雪融化所造成的损失。淡水包括船上淡水舱、水管漏水和舱汗等。淡水是与海水相对而言的，由于海水所致的损失一般都包括在平安险或水渍险的承保范围内，不需要另保附加险。被保险人发现保险货物遭受淡水雨淋的损失时，必须在提货后 10 天内申请检验，否则保险公司不负赔偿责任。申请赔偿保险货物的淡水雨淋险时，货物的包装外部应有雨水或淡水痕迹，或有其他适当证明。

3. 短量险

短量险（Shoaage Clause），承保保险货物在运输过程中因数量短少和重量短缺的损失。如果是包装货物，必须以包装是否破裂、裂口、脱线等异常现象为依据，判断是否由于外来原因造成短量；如果是散装货物，则往往以装船重量和卸船重量的差额作为短量的依据。至于运输途中的正常损耗，并不属于短量险的责任范围，必须事先扣除，因此双方往往在保险单中约定一个免赔额，保险人仅赔付超过免赔额部分的损失。例如，保险合同规定，散装大米的免赔率为 1%，则保险人只对超过总重量 2%以上的短量予以赔偿。对某些大量的不合理的短少现象，被保险人必须提供被保险货物装船前的重量证明。

4. 混杂、沾污险

混杂、沾污险（Intermixture and Contamination Clause），承保两类损失。一是保险货物在运输过程中，因混进杂质而致的损失。例如，矿砂、矿石等因混进了泥土、草屑等使其质量受到影响；加装过矿砂的干货舱没有清扫干净，以致另一航程运送黄豆时导致沙石混入豆中，造成黄豆杂质过多而只能降价出售，或为清除杂质必须支付一笔费用，保险人对此贬值损失或清理费用予以负责。二是承保保险货物在运输途中受其他货物沾污所致的损失。例如布匹、纸张、食物、服装等被油类或带色的物质污染而造成的经济损失等。在实际业务中，干货舱不清洁以及油舱的附着物是造成大宗散货混杂或沾污的主要原因。

5. 渗漏险

渗漏险（Leakage Clause），承保两类损失。一是承保流质、半流质及油类货物在运输过程中，因容器损坏而引起的渗漏损失。例如，装在铁桶中的汽油由于铁桶破裂而漏出桶外造成的损失。二是承保用液体储藏的货物因液体的渗漏而引起的货物腐烂、变质等损失。例如，装在坛中的酱菜由于坛子破裂，酱菜汁渗漏而变质导致的损失。

6. 碰损、破碎险

碰损、破碎险（Clash and Breakage Clause），承保货物在运输过程中，因震动、碰撞、受压造成的碰损和破碎损失。碰损主要是对金属和金属制品的货物，如机器、搪瓷或木家具等，在运输过程中因震动、受压、碰击等原因造成货物本身凹瘪、脱瓷、脱漆、划痕、破裂和断裂等。破碎主要是指易碎货物，如玻璃、玻璃制品、陶瓷制品、大理石、五制工艺品等，在运输过程中因震动、挤压、撞击、颠簸等外来原因造成货物的破碎。

7. 串味险

串味险（Taint of Odor Clausc），承保货物在运输过程中，因受其他带异味货物的影响造成串味的损失。例如，食品、饮料、香料、中药材、化妆品原料等在运输过程中与樟脑堆放在一起，樟脑味串及上述货物造成损失。但是，这种串味损失如果与配载不当直接有关，则船方负有责任，应向其追偿。

8. 受潮受热险

受潮受热险（Sweat and Heating Clause），承保货物在运输过程中，由于气温突然变化或船上通风设备失灵，使船舱内的水汽凝结而引起货物发潮或发热所造成的霉烂、变质等损失。例如，船舶经过炎热潮湿的赤道地带，船舱内的谷物霉烂导致的损失，被保险人可向保险人索赔。但是，被保险人必须负举证之责，证明货物是由于外界原因而非本身缺陷致损的。

9. 钩损险

钩损险（Hook Damage Clause），承保袋装、捆装货物在装卸或搬运过程中，由于装卸或搬运人员操作不当，使用钩子将包装钩坏或直接钩及货物而造成的损失。

在实际业务中，袋装水泥、粮食及捆装货物、纸张等货物均可能遭受此类损失，一般应加保钩损险。

10. 包装破裂险

包装破裂险（Breakage of Packing Clause），承保货物在运输过程中，因装卸或搬运不慎，使外包装破裂造成短少、沾污等导致的损失。对于在运输过程中，为了续运安全需要而产生的修补包装、调换包装所支付的费用，保险人也予负责。

11. 锈损险

锈损险（Rust Clause）承保金属或金属制品在运输过程中，因各种外来原因导致生锈造成的损失。由于有些裸装的金属板、块、条、管等货物以及习惯装在舱面的体积庞大的钢铁制品等在运输过程中难免发生锈损，而且与装运前的锈损难以分开，因而保险人对此类货物一般不愿接受锈损险的投保。

（二）特别附加险

特别附加险（Special Additional Risks），与一般附加险一样，都不能独立投保，必须附加于基本险项上，但是特别附加险不包括在一切险的责任范围内，不属于一切险的责任范畴。特别附加险所承保的风险，往往与政治、国家行政措施、政策法令、航运贸易习惯等因素相关。我国海洋运输货物保险中承保的特别附加险主要有以下 6 种：

与特别附加险一样，不能独立投保，只有在投保海洋运输货物保险基本险的基础上，才能加保特殊附加险。特殊附加险主要承保海洋运输货物战争险、海洋运输货物战争险的附加费用险和货物运输罢工险。

1. 交货不到险

交货不到险（Failure to Deliver Clause），承保货物装上船后，不论任何原因，从预定抵达目的地日期开始满 6 个月后仍未运到目的地交货的损失。“交货不到”与一般附加险中的“提货不着”不同，它并不是承运人运输上的原因，而是某些政治因素引起的。例如，由于运输途中被中途国政府当局禁运，保险货物被迫在中途卸货导致货主收不到货而造成损失。保险人在承保这种险别时，一般要求被保险人首先获得一切进口许可证件并办妥有关进口手续，以免日后因无进口许可证等原因，被拒绝进口而造成交货不到。另外，凡提货不着险及战争险应该负责的损失，本险不予负责。由于交货不到，保险货物很可能并未实际遭受全损，因此，保险人在按全损赔付时，都特别要求被保险人将保险货物的全部权益转移给保险人。

2. 进口关税险

进口关税险（Import Duty Clause），承保货物由于遭受保险事故损失，但被保险人仍需按完好货物价值缴纳进口关税所造成的损失。

各国政府对在运输途中受到损失的进口货物，在征收其进口关税时的政策并不相同。有的国家规定，受损货物可按货物受损后的实际价值减免关税；有的国家规定，要区别货物损失发生在进口前还是进口后，前者可以减免关税，后者则不能；

还有的国家规定，不论货物抵达目的港时是否完好，一律按发票上载明的货物价值或海关估价征收关税。进口关税险就是承保货物不论是进口前还是进口后发生损失，按进口国法律规定，仍需按完好货物价值纳税而致的关税损失。在这一险别下，如果保险货物发生保险责任范围内的损失，而被保险人仍须按货物的完好状态完税时，保险人即对该受损部分货物所缴纳的关税负赔偿责任。

3. 舱面险

舱面险（On Deck Clause），承保载于舱面的货物，因遭受保险事故而致的损失以及抛弃和浪击落海的损失。海洋运输货物一般都是装在轮船舱内进行运输的，保险人在制定海洋运输货物保险的责任范围和费率时，都是以舱内运输作为考虑基础的，因此，对于货物装载舱面所发生的损失，保险人不负赔偿责任。但是，有些货物由于体积大、有毒性、有污染性或者易燃易爆等，根据航运习惯必须装载在舱面上。舱面险就是为了对这类货物的损失进行经济补偿而设立的附加险别。由于货物装载舱面极易受损，遭受水湿雨淋等情况更是司空见惯。保险人为了避免承保的责任过大，通常只接受在平安险的基础上加保舱面险，而不愿接受在一切险的基础上加保舱面险。加保舱面险，保险人除了对原来承保的险别范围负责外，还对货物被抛弃或被风浪冲击落水的损失负责。

对载于集装箱船甲板上的封闭式集装箱货物，一般订有“货物可能装于舱面”的集装箱货物提单，在目前的国际贸易中已被普遍接受。银行在办理结汇时，已把这种提单视同清洁提单而予接受。因此，在目前的保险实务中，保险人也已把集装箱舱面货物视同舱内货物承保。

4. 拒收险

拒收险（Rejection Clause）承保货物在进口时由于各种原因，被进口国政府和有关当局（如海关、动植物检疫局）拒绝进口或没收所造成的损失。保险人的赔偿金额为被拒绝进口或没收货物的保险价值。其前提条件是，被保险人保证货物备有一切必需的有效进口许可文件，而且货物的生产、质量、包装和商品检验符合产地国和进口国的有关规定。

在运输过程中，如果保险货物在起运后尚未抵达目的港时，进口国宣布禁运或禁止，则保险人只负责赔偿将货物运回出口国或转口到其他目的地而增加的运费，但最多不能超过该批货物的保险价值。如果保险货物在起运前进口国即已宣布禁运或禁止，那么保险人不负任何赔偿责任。投保拒收险的货物主要是食品、饮料、药品等与人体健康有关的货物。世界上大多数国家对进口这类货物都规定有卫生检验标准，如果违反进口国所规定的标准，就会被拒绝进口或者没收，甚至被销毁。由于市价跌落，或记载错误，商标或标记错误，国际贸易合同或其他文件发生错误或遗漏等原因造成买方拒绝进口或没收，不属于拒收险的承保责任。

5. 黄曲霉素险

黄曲霉素险（Aflatoxin Clause），承保在保险责任有效期内，在进口港或进口地经当地卫生当局检验，证明黄曲霉素的含量超过进口国对该毒素的限制标准，因而被拒绝进口、没收或强制改变用途的损失。

黄曲霉素是一种致癌毒素，发霉的花生、油菜籽、大米等一般都含有这种毒素。各国卫生当局对这种毒素的含量都有严格的限制标准。如果某种进口粮食作物的黄曲霉素含量超过限制标准，就会被拒绝进口，或者被没收，或者被强制改变用途。黄曲霉素险就是承保由此所造成损失的险别。

6. 出口货物到香港（包括九龙）或澳门存仓火险责任扩展条款

出口货物到香港（包括九龙）或澳门存仓火险责任扩展条款［Fire Risks Extension Clause（for storage of cargo at destination Hongkong, including Kowloon, or Macao), F. R.E, C.］，专门适用于出口到港澳地区且在该地银行办理押汇的出口运输货物。它承保货物抵达香港或澳门卸离运输工具后，直接存放于保险单载明的过户银行指定的仓库时发生火险造成的损失。

中国内地出口到港澳地区的货物，有些是向中国内地在港澳地区的银行办理押汇的。在货主向银行还清贷款之前，货物的权益属于银行，因此在这些货物的保险单上注明过户给放款银行。如保险货物抵达目的地后，货主尚未还款，往往就将其存放在过户银行指定的仓库中。为了使保险货物在存仓期间如果发生火灾能得到赔偿，就特别附加这一险别。这一险别的保险期限是从保险货物运入过户银行指定的仓库时开始，直到过户银行解除货物权益或运输责任终止时计算满30天为止。

（三）特殊附加险

特殊附加险（Specific Additional Risks），与特别附加险一样，不能独立投保，只有在投保海洋运输货物保险基本险的基础上，才能加保特殊附加险。特殊附加险主要承保海洋运输货物战争险、海洋运输货物战争险的附加费用险和货物运输罢工险。

1. 海洋运输货物战争险

海洋运输货物战争险（Ocean Marine Cargo War Risks Clause），承保保险货物由于战争、类似战争行为、武装冲突或海盗行为造成的直接损失。对于承保风险所引起的保险货物的间接损失，保险人概不赔偿。

海洋运输货物战争险的承保责任范围包括以下几个方面：

（1）直接由于战争、类似战争行为和敌对行为、武装冲突或海盗劫掠等所造成的运输货物的损失。

（2）由于上述原因所引起的捕获、拘留、扣留、禁止、扣押所造成的运输货物的损失。

（3）各种常规武器，包括水雷、鱼雷、炸弹等所造成的运输货物的损失。

（4）由本险责任范围所引起的共同海损牺牲、分摊和救助费用。

海洋运输货物战争险对由于敌对行为使用原子或热核制造的武器，导致保险货物的损失和费用不负责任；对由于执政者、当权者或其他武装集团的扣押、扣留引起的承保航程的丧失和挫折提出的索赔也不负责任。

海洋运输货物战争险的责任起讫同海洋运输货物基本险有所不同，它承保责任的起讫不是“仓至仓”，而是以“水上危险”为限，即以保险货物装上保险单所载明的起运港的海轮或驳船开始，到卸离保险单所载明的目的港的海轮或驳船为止。如果保险货物不卸离海轮或驳船，保险责任期限以海轮到达目的港的当日午夜起算15天为止。如果保险货物需在中途港转船，不论货物是否卸载，保险责任均以海轮到达该港或卸货地点的当日午夜起算满15天为止。只有在此期限内装上续运海轮，保险责任才继续有效。

在国际保险市场上，战争险条款中一般都有一个“注销条款”。我国海洋运输货物战争险条款也规定，保险人和被保险人均有权在本保险生效前向对方发出注销本保险的通知，在通知发出后7天期满时，该通知生效。

2. 海洋运输货物战争险的附加费用险

海洋运输货物战争险的附加费用险（Additional Expense Ocean Marine Cargo War Risk），主要承保由于战争险后果所引起的附加费用。例如，因战争而导致航程中断，引起卸货、存仓或转运等额外支出的费用，并不属于战争险的承保范围。如果被保险人希望保险人对这些附加费用也予以负责，可再加保战争险的附加费用险，它实际上是对战争险责任范围的扩展。

本险别的具体责任范围包括发生战争险责任范围内的风险引起的航程中断或挫折，以及由于承运人行使运输合同中有关战争险条款规定所赋予的权利，把货物卸在保险单规定以外的港口和地方，因而产生的应由被保险人负责的那部分附加的合理费用。这些费用包括卸货、上岸、存仓、转运、关税以及保险费等。

3. 货物运输罢工险

货物运输罢工险（Cargo Strike Clause），承保货物由于罢工者、被迫停工工人或参加工潮、暴动、民众斗争的人员的行为，或任何人的恶意行为所造成的直接损失和上述行动或行为所引起的共同海损的牺牲、分摊和救助费用，货物运输罢工险负责的损失都必须是直接损失. 对于间接损失是不负责的。因此，凡在罢工期间由于劳动力短缺，或无法使用劳动力所造成的保险货物的损失，或由此所造成的费用损失，保险人均不予负责。例如，由于罢工缺少劳动力搬运货物，致使货物堆积在码头遭受雨水淋湿的损失，或因港口工人罢工无法在原定港口卸货、改运其他港口卸货而增加运输费用的损失等，保险人均不负赔偿责任。

货物运输罢工险对保险责任起讫的规定与海洋运输货物保险一样，采取“仓至仓”的原则。即保险人对货物从卖方仓库到买方仓库的整个运输期间负责。

按照国际保险市场的习惯做法，保险货物如已投保海洋运输战争险，在加保货物运输罢工险时，一般不再加收保险费。若仅要求加保罢工险，则按海洋运输战争险费率缴付保险费。

以上各种特别附加险和特殊附加险，可供投保人在投保了三种基本险（平安险、水渍险和一切险）中的任一种的基础上选择加保。

三、海运货物保险专门险

海运货物保险专门险是根据海洋运输货物的特性而承保的专门险别，可以单独投保。

（一）海洋运输冷藏货物保险条款

海洋运输冷藏货物保险条款［Ocean Marine lnsurance Clause（Frozen Products）］，是根据冷藏货物的特性专门设立的。一些需要冷藏运输的鲜货，如鱼、虾、肉类、蔬菜及水果等，为了保持新鲜程度，在运输时，一般都必须经过特别处理后装入轮船冷藏舱内，根据其特点保持不同的冷藏温度。但是，有时由于灾害事故和外来风险可能使冷藏机器失灵造成鲜货腐烂或损失，为了弥补这种损失得到全面保障，习惯上投保海洋运输冷藏货物保险。

1. 海洋运输冷藏货物保险的险别

（1）冷藏险

冷藏险（Risks for Frozen Products）的责任范围除负责由于冷藏机器停止工作连续达 24 小时以上所造成的货物腐烂的损失外，其他赔偿责任与水渍险相同。此处的冷藏机器包括载运货物的冷藏车、冷藏集装箱及冷藏船上的制冷设备。冷藏险可单独投保。

（2）冷藏一切险

冷藏一切险（All Risks for Frozen Products）的责任范围更广，除包括冷藏险的各项责任以外，还负责赔偿保险货物在运输中由于外来原因所造成的鲜货腐烂或损失。这与《海洋运输货物保险条款》中的一切险的责任范围区别不大。冷藏一切险也可以单独投保。

2. 海洋运输冷藏货物保险的除外责任

海洋运输冷藏货物保险的除外责任，除海洋运输货物保险基本险的除外责任外，还针对冷藏货物保险的特点，增加了两点变化，对以下两点所造成的损失不负赔偿责任。

（1）被保险鲜货在运输过程中的任何阶段，因未存放在有冷藏设备的仓库或运输工具中，或辅助运输工具没有隔温设备所造成的鲜货腐烂和损失。

（2）被保险鲜货在保险责任开始时，因未保持良好状态，包括整理加工和包扎不妥、冷冻不合规定及肉食骨头变质所引起的鲜货腐烂和损失。

3. 海洋运输冷藏货物保险的责任起讫

海洋运输冷藏货物保险的责任起讫与海洋运输货物保险的责任起讫基本相同。不过海洋运输冷藏货物保险条款根据冷藏货物的特点做了一定变化，具体表现在以下几个方面：

（1）保险货物到达保险单载明的最后目的港后，必须在 30 天内卸离海轮，否则保险责任终止。

（2）保险货物全部卸离海轮并存入冷藏仓库，保险人负责保险货物卸离海轮后10天的风险。但在上述期限内，保险货物一经移出冷藏仓库，保险责任即告终止。

（3）保险货物全部卸离海轮后不存入冷藏仓库，保险责任至卸离海轮即告终止。

关于被保险人的义务和索赔时效，海洋运输冷藏货物保险与海洋运输货物保险条款的规定相同。

（二）海洋运输散装桐油保险条款

海洋运输散装桐油保险条款［Ocean Marine Insurance Clause（Woodoil Bulk）］，是根据散装桐油的特点而专门设立的，可以单独投保。桐油作为油漆的重要原料，是我国大宗出口商品之一。桐油因自身的特性，在运输过程中容易受到污染、变质等损失。为此，它需要不同于一般货物保险的特殊保障。海洋运输散装桐油保险条款就是为了给桐油提供全面保障而制定的。

1. 海洋运输散装桐油保险的责任范围

海洋运输散装桐油保险的责任范围，除了与海洋运输货物保险的责任范围相同的以外，还包括以下三个方面：

（1）不论任何原因所致被保险桐油的减少，渗漏超过保险单规定的免赔率时的损失（以每个油舱作为计算单位）。

（2）不论任何原因所致被保险桐油的沾污或变质损失。

（3）被保险人对遭受承保责任危险的被保险桐油采取抢救、防止或减少货物损失的措施而支付的合理费用，但以该批被救桐油的保险金额为限。

2. 海洋运输散装桐油保险的责任起讫

海洋运输散装桐油保险的责任起讫，与海洋运输货物保险基本险的保险期限基本一致，也是按“仓至仓”原则负责的。其具体内容如下：

（1）自被保险桐油运离保险单所载明的起运港的岸上油库或盛装容器开始运输时生效，在整个运输过程中继续有效，直至安全交至保险单所载明目的地的岸上油库时为止。但若桐油不及时卸离海轮或未交至岸上油库，则最长保险期限以海轮到达目的港后15天为限。

（2）在非正常运输情况下，被保险桐油运到非保险单所载明目的港时，应在到达该港口15天内卸离海轮，在卸离海轮后满15天责任终止。如在15天内货物在该地出售，则保险责任以交货时为止。

（3）被保险桐油在上述非正常运输情况下，如在15天内继续运往保险单所载原目的地或其他目的地时，保险责任则按上述条款的规定终止。

3. 特别约定

由于桐油是易受污染和变质的货物，因此，保险人针对保险标的的特性，在接受承保时向被保险人提出了一些特别约定。

（1）散装桐油在装运港装船前须经过抽样化验，被保险人必须取得下列检验证书：检验人出具的表明油舱清洁的合格证书；检验人对桐油装船后的容量或重量以及温度进行详细检验并出具的证书；检验人对装船桐油的品质进行抽样化验，证明在装运时确无沾污、变质等现象后出具的合格证书。

（2）被保险人的桐油如因非正常运输情况必须在非目的地港卸船，在卸船前必须对其品质进行鉴定，并取得证书；对接受所卸桐油的油驳、岸上油库或其他盛装容器，以及重新装载桐油的船舶油舱，也都须由当地合格检验人进行检验并取得相应的证书。

（3）被保险桐油运抵保险单所载明的目的港后，被保险人必须在卸船前通知保险单所指定的检验、理赔代理人，由该代理人指定的检验人进行检验，以确定卸船时油舱中的温度、容量、重量等，并由该代理人指定的合格化验师一次或数次抽样化验，出具确定当时品质状况的证书。若抵达港口后由油驳驳运，那么油驳在装油前也必须经检验人检验出证。

除上述规定外，海洋运输散装桐油保险条款中所规定的除外责任、被保险人义务与索赔期限等，与《海洋运输货物保险条款》的规定相同。

另外，在我国海洋货物运输保险中，还有一种被称为“买方利益险”［Contingency Insurance Clause（Cover Seller's Interest Only）］的险别。这种险别不同于一般的海洋货物运输保险，它是供我国出口企业在采用托收方式，并按 FOB 或 CFR 术语出口时，出口企业没有投保海洋运输货物保险基本险，为了保障自身在货物运输途中遇到事故时，买方不付账赎单而遭受的损失所设立的。

第二节　伦敦保险协会海运货物保险险别与条款

英国是近代世界海上保险的中心，在国际海上贸易航运和保险业中占有很重要的地位。

英国劳合社的 S. G 保险单说明规则被英国 1906 年《海上保险法》列为附则，后来逐渐成为国际海上保险单的范本。1912 年，伦敦保险协会的技术与条款委员会（Technical and Clause Committee）制定了《协会货物保险条款》（Institute Cargo Clause，ICC），对沿用已久的 S. G 保险单的内容进行了修改和补充，以加贴的形式附于保险单背面。后经过多次修改，于 1963 年形成了一套完整的海上运输货物保险标准条款，即 ICC 旧条款。该条款包括平安险、水渍险和一切险三套条款，我国现行的《海洋运输货物保险条款》正是参照该条款而制定的。

ICC 旧条款仍然是与 S.G 保险单配合使用的。最近一次修订完成于 1981 年，并于 1982 年 1 月 1 日起，开始在伦敦保险市场使用，旧的《协会货物保险条款》和劳合社 S.G.保险单已于 1983 年 3 月 31 日起，在伦敦保险市场停止使用，从 1983 年 4 月 1 日起，开始强制性要求使用新的海上保险单格式和新的《协会货物保险条款》（ICC：1982），新保险单本身不能单独使用，必须与新条款同时使用才能构成一份完整的保险合同。长期以来，《协会货物保险条款》在国际保险市场上应用十分广泛，据统计，在全世界范围内大约有三分之二的国家都在采用《协会货物保险条款》。

到了 21 世纪，为适应全球经济的发展和各国法律法规的变化，联合货物委员会又对 1982 年条款予以修订，在集中多方意见后，于 2008 年 11 月 24 日颁布了新的协会货物保险条款，该条款于 2009 年 1 月 1 日起生效。2009 年的 ICC 和 1982 年的 ICC 在结构上并没有变化，主要是对保险公司引用免责条款作出了一些限制，扩展了保险责任期限，对条款中容易产生争议的用词作了更为明确的规定，对文字结构进行了一些调整，使其更为简洁、严谨，便于阅读和理解。

下面主要介绍 2009 年的 ICC，同时将其和 1982 年条款进行比较。

伦敦保险协会 A 条款、B 条款和 C 条款均包括承保风险（Risks Covered）、除外责任（Exclusions）、保险期限（Duration）、索赔（Claims）、保险受益（Benefit of Insurance）、减少损失（Minimizing Losses）、防止延迟（Avoidance of Delay）和法律与惯例（Lawand Practice）八部分。

一、协会货物保险（A）条款的主要内容

（一）承保风险

协会货物保险 A 条款改变了以往“列明风险”的方式，采用“一切风险减去除外责任”的方式，对约定和法定的除外事项，在“除外责任”部分全部予以列明，对于未列入“除外责任”项下的风险损失，保险人均予负责。但是，“一切风险”不能理解为“任何原因”，保险人负责的损失应该是风险导致而意外发生的，对那些必然发生的损失，保险人不予负责。

同时，A 条款还承保共同海损和救助费用，对根据运输合同中“船舶互撞责任”条款规定的由被保险人承担责任的部分，保险人也予负责。

从承保范围看，A 条款主要承保海上风险和一般外来风险，责任范围广泛。

根据本条款，被保险人只需要证明保险标的在承保期间内遭受了意外的损失或损害，而不必证明损失或损害的确切原因是什么。这对于被保险人来说，举证责任较轻，也较公平。保险人若想拒赔，则需要证明损失或损害属于除外责任造成的。

（二）除外责任

协会货物保险 A 条款的除外责任包括法定除外责任和约定除外责任，内容全面、详尽，条理清晰，包括四个条款。和 1982 年的条款相比较，2009 年条款取消了每个条款前的副标题，其原因是副标题所表示的意思与除外责任的具体内容不可能完全一致。

1. 第一条除外责任

在任何情况下，本保险对以下各项不予承保：

（1）归因于被保险人恶意不法行为所造成的损失、损害或费用。

本条规定对被保险人本人的恶意不法行为所致的损失后果，保险人不负责任，但被保险人以外的任何其他人，包括其代理人或雇员等的恶意行为所致的损失，不在本条之列，故属于保险人承保的责任。例如由于货物市价跌落，进口商指使船长在中途将货物卖掉，而谎称发生海难，索取保险赔款，保险人对此损失不予赔偿。但如果在被保险人不知情的情况下，船长为获得非法收益而私自将货物卖掉，谎称发生海难，应属于保险责任，被保险人可向保险人申请赔偿。

（2）保险标的的自然渗漏、重量或容量的自然损耗或自然磨损。

由于货物的自然损耗、自然磨损、自然渗漏不是意外的、外来风险所致，而是属于运输途中的必然性损失，故保险人将该项损失予以除外。

（3）由于保险标的包装或准备不足或不当引起的不能承受运输过程中的通常风险产生的损失、损害或费用，如果此种包装或准备是由被保险人或其雇员实施的，或是在本保险责任开始前完成的（在本款意义上，“包装”包括集装箱内的积载，“雇员”不包括独立承包商）。

一般情况下，包装属于保险人承保的责任范围，但货物的包装均有一定的标准，如果因包装本身有缺陷，不符合要求，经不起运输或装卸等操作而致货物损失，保险人无需负责。

在本款中，规定只有当包装由被保险人或其雇员进行的，或是保险责任开始前完成的，由此导致的损失保险人才可拒赔。和 1982 年条款相比较，2009 年的协会条款对此款在文字和结构上均有所调整，规定更为细致，含义也更为明确，删除了“大型海运箱（Lmvan）”这一词语. 并规定“雇员”不包括“独立承包商”。

（4）保险标的内在缺陷或特性所引起的损失、损害或费用。

由于货物的内在缺陷及特性造成的损失属于货物的内在原因，而非外来风险所致，故保险人对此损失予以除外。例如，新鲜的水果在运输途中腐烂，如果未曾遭遇灾害事故，保险人即可以固有缺陷为由而拒赔。但如果由此造成其他货物的损失，不属保险除外责任，保险人应予负责。

（5）由于延迟造成的损失、损害和费用，即使延迟是由包括承保风险导致的。本条明确规定任何原因造成的延迟损失保险人均不予负责，即使延迟是承保风险引起的也是如此。

（6）由于船舶所有人、经理人、承租人或经营人破产或经济困境导致的损失、损害或费用，如果在保险标的装上船舶时，被保险人知道或在通常业务过程中应该知道，此种破产或经济困境会阻止本次航程的正常进行。本责任免除不适用于保险合同已转让给第三方，而该第三方是基于合同善意购买或同意购买保险标的并提出保险索赔的情形。

本款对承运人因经济上的原因造成的损失和费用不予负责，目的是为鼓励货主谨慎地选择承运人，以避免其为降低成本而选择运费低廉但有财务困难或信誉不良的承运人。

和 1982 年条款相比较，2009 年的协会条款对此款有所调整，首先限制了保险人的免责范围，规定只有当保险标的在装上运输船舶时，被保险人知道或理应知道船舶所有人、经理人、承租人或经营人破产或经济困境将会影响航程的正常完成时，保险人才能免责。这是因为自 2008 年起，航运市场步入了发展的“冬季”，船东因财务困境而没有足够的流动资金购买燃油或支付船员工资的情形时有出现，在充分考虑到货主权益的基础上，对被保险人作出了更为宽松的规定。其次，该款还增加了保护善意第三方的规定，规定责任免除不适用于保险合同已转让给善意第三方的情形。例如在 CIF 合同项下，由卖方负责办理保险和租船，当卖方将货运单据包括保险单转让给买方后，如果出现承运人破产而致航程在途中被迫终止的情形，无辜的买方对承运人的情形并不知情，则保险人并不能依此条款拒赔货损。

（7）由于使用任何原子或核裂变和（或）聚变或其他类似反应或放射性作用或放射性物质的武器或设备直接或间接导致的损失、损害或费用。

本条对核武器或设备所致的损失后果一概除外不保。和 1982 年条款相比较，2009 年的协会条款在此款中的规定有所变化，用“武器或设备”代替了 1982 年条款中的“战争武器”，扩大了除外责任的范围，除外责任既包括战争武器，也包括其他设备。

2. 第二条除外责任

（1）在任何情况下，本保险不承保下述原因所致的保险标的的损失、损害或费用：船舶或驳船不适航或对运送保险标的不适合。如果被保险人在保险标的装船时对此种不适航或不适合有私谋；集装箱或托盘对保险标的之安全运输不适合，如果装载发生在本保险责任开始之前，或是由被保险人或其雇员实施的，而且他们在装载时对此种不适合有私谋。

（2）如果保险合同已转让给根据一份有约束力的合同已善意购买或同意购买保险标的的另一方，对于其提出的索赔，上述除外责任不适用。

（3）保险人放弃载运保险标的到目的港的船舶不得违反默示适航或适货保证。

第 1 款分为两种情况，一是针对运输工具适航问题，对于船舶、驳船不适航或不适合装运保险标的导致的损失，如果被保险人在保险标的装船时知道船舶、驳船不适航或不适合装运保险标的，保险人不负责赔偿；二是针对集装箱或托盘安全运载货物的问题，对于集装箱或托盘对保险标的之安全运输不适合导致的损失，如果该装载是在保险合同生效前完成的，或是被保险人及其雇员在装载时对其不适合安全运输知情的，保险人不负责赔偿。这个规定是针对现代运输方式中，货方自己装箱，或者用自己的拖车运送集装箱货物的情形。

根据英国《1906 年海上保险法》的规定，航程保险单有一个默示保证，即在船舶开始航行时，船舶不仅要适航，而且要适合载运货物到保险单载明的目的地。这一规定对于货物保险的被保险人很不公平，因为在船商分离的情况下，被保险人与船方一般并无密切关系，很难影响或控制承运船舶的适航情况。所以针对这一情况，规定了第3款的内容，使得保险人放弃了这一默示保证，对于载货船舶存在不适航或不适货情况下的货物损失，保险人应当予以赔偿。

和1982年的条款相比较，2009年条款除了字面上有所调整，还新增了一款，规定保险人的责任免除不适用于保险合同已转让给善意第三方的情形，再次体现了保险条款对于无辜的保单持有人利益的合理保护。

3. 第三条除外责任

在任何情况下，保险人对下列原因造成的损失、损害或费用不予负责：

（1）战争、内战、革命、叛乱、暴乱或由此引起的内乱或来自交战方或针对交战方的任何敌对行为。

（2）捕获、拘留、扣留、禁制、扣押（海盗除外）以及上述行为的后果或这方面的任何企图、威胁。

（3）被遗弃的水雷、鱼雷、炸弹或其他被废弃的战争武器。

此条对战争行为、敌对行为以及由此引起的捕获、禁制或扣押等造成的损失后果和战争武器所致的损失予以免责。其中需注意的是，关于海盗风险，在战争除外责任中被明确剔除，这说明在协会条款中，海盗风险属于一般的外来风险而非战争风险，故应该是A条款的承保风险，由此引起的损失，保险人负责赔偿。而在我国海运货物战争险条款中，海盗风险属于战争险的承保责任。

4. 第四条除外责任

在任何情况下，保险人对下列损失、损害或费用不予负责：

（1）罢工者、被迫停工工人或参加工潮、暴动或民变人员造成。

（2）罢工、被迫停工、工潮、暴动或民变引起。

（3）由任何恐怖主义分子实施的恐怖行为引起，其行为代表或与旨在推翻或影响法律上承认的或非法律上承认的政府组织相联系。

（4）由任何人出于政治、信仰或宗教目的实施的行为引起。

罢工除外责任规定对罢工者及罢工行为引起的损失不予负责，同时对恐怖分子或有政治动机的人员造成的损失也予以除外。

自2001年美国“9·11”事件以来，全球恐怖行为的威胁日益严重。基于此原因，2009年条款对于此条除外责任的规定更为详尽，将1982年条款的第3款拆分为两款，前一款明确了恐怖主义行为的定义、范围和目的；后一款扩大了除外不保的范围，规定对出于政治、宗教和意识形态动机的行为造成的损失和费用予以除外。

（三）保险期限（Duration）

伦敦协会货物保险条款中，对保险期限的规定包括三个条款，分别是运输条款（Transit Clause）、运输合同终止条款（Termination of Carriage Clause）和航程变更条款（Change of Voyage Clause）。

1. 运输条款

运输条款规定的是保险责任的开始、持续和终止的条件，和我国《海洋运输货物保险条款》的有关规定基本一致，均以“仓至仓”为限。但在《协会货物保险条款》中规定，如果出现被保险人无法控制的延迟、绕航、强制卸货、重新装载或转载，以及船东或承租人行使运输合同赋予的权限而进行任何航海上的变更，在此期间，保险继续有效，被保险人无须通知保险人，也无须另行缴付保险费。而我国《海洋运输货物保险条款》中规定，如果出现上述情况，被保险人应该立即通知保险人，并在必要时加缴保险费。

在2009年条款中，规定保险责任自保险标的为了立即搬运至运输车辆或其他运输工具以便开始运输之目的，在仓库或储存处所内开始搬移时生效。而在1982年条款中，规定保险责任自货物运离仓库或储存处所时开始。由此可见，根据2009年条款，保险责任的开始是从货物在保险合同载明的起运地仓库或储存处所开始搬移时起算，如果货物在仓库开始移动到卡车的过程中发生损坏，即使卡车还没有驶离仓库，也属于保险责任范围，保险人对此损失予以负责。

关于保险责任的终止，2009年条款增加了一种情况，即规定如果被保险人或其雇员使用任何运输车辆或其他运输工具或集装箱作为正常运输过程以外的储存时，保险责任终止。

2. 运输合同终止条款

运输合同终止条款规定，如果由于被保险人不能控制的情况，运输合同在非保险单载明的目的地终止，保险合同也终止，但如被保险人迅速通知保险人，提出续保要求，保险合同继续有效。这和我国《海洋运输货物保险条款》的规定是一致的。

3. 航程变更条款

航程变更条款规定，当保险责任开始后，若被保险人改变了目的地，则被保险人必须立即通知保险人，并另行商定保险费率和保险条件，在此费率和条件达成一致前，若发生保险事故，只有在保险费率和保险条件符合合理的商业市场行情的情况下，本保险继续有效；当保险标的按照本保险合同的航程规定开始航行时，被保险人或其雇员对该船舶驶向另一目的地不知情，则本保险仍然被视为是在本保险合同规定的航程开始时生效。而在我国《海洋运输货物保险条款》中，规定若航程有所变更时，被保险人应在获悉后立即通知保险人，并在必要时加缴保险费，保险继续有效。显然，《协会货物保险条款》对航程变更的规定更加详细明确，而且增加了对善意被保险人利益保护的程度。

（四）索赔

保险标的发生事故后，被保险人在向保险人索赔时，适用以下四个条款：

1. 可保利益条款（Insurable Interest）

可保利益条款也称可保权益条款，是保险索赔的基本原则之一，体现了英国《1906年海上保险法》中关于可保利益的规定和原SG保险单中“无论灭失与否条款”（Lost or Not Lost Clause）的内容。具体规定如下：

（1）发生损失时，被保险人对保险标的必须具有可保利益，否则不能获得保险赔款。例如，以FOB或CFR条件成交的货物买卖合同，保险由买方自理，如果损失发生在装运港装上船之前，此时买方并不具有可保利益，故其不能向保险人请求赔偿。

（2）除另有规定外，被保险人有权获得在保险期间发生的承保损失的赔偿，尽管该损失发生在本保险合同订立之前，除非当时被保险人知道该项损失而保险人不知道。这一条体现了“无论灭失与否”条款的精神，即在签订保险合同时，不论保险标的是否已经灭失，只要保险双方是善意的，此保险合同即有效。因此，只要被保险人对保险货物具有可保利益，而且对保险事故的发生并不知情. 即使在发生保险事故后才办理保险，保险人还是应负责赔偿。例如以FOB或CFR条件进口货物时，货运保险由买方自理，有时发货人由于疏忽，在货物装上船一段时间后才通知买方有关货物付运的消息，这就有可能出现当买方购买保险时，货物已经在运输途中发生损失的情况。此时，只要被保险人本着诚信的态度，事先并不知情，其所购买的货运保险单还是有效的，保险人对该项损失仍应按照保险合同的规定予以赔付。

该条款是根据国际货物买卖的特点而订立的，也是世界各国保险业的习惯做法。

2. 续运费用条款（Forwarding Charges Clause）

续运费用条款规定，由于承保责任范围内的风险导致运输在非保险单载明的港口或处所终止时，保险人应赔偿由此产生的卸货、存仓及续运保险标的至保险单载明目的地而产生的合理的额外费用，但不包括由被保险人或其雇员的过错、疏忽、破产或经济困境而引起的费用。由此可见，如果航程的终止是由于保险风险所致，其所引起的续运费用应由保险人负责。例如，由于途中船舶触礁，无法完成航程，只好在中途转船，由此支出的额外费用，保险人予以赔偿。

3. 推定全损条款（Constructive Total Loss Clause）

推定全损条款重申了推定全损的概念，即规定如果由于实际全损不可避免，或因为恢复、整理和续运保险标的到保险目的地的费用会超过其抵达目的地的价值，经过委付，被保险人可得到推定全损赔偿。

4. 增值条款（Increased Value Clause）

增值条款是货物在投保增值保险的情况下对有关赔偿问题的规定。

由于货物的价值会随着市场行情的推动而发生变化，在投保货运保险后，卖方按保险价值投保的金额可能低于买方期望在出售后得到的金额，在这种情况下买方往往希望另行购买保险对此差额予以保障。增值保险是指买方估计所买进的货物在到达目的地时的完好价值将比卖方投保原始保险的保险金额要高，而将两者之间的估计差额另行投保（一般在原保险单基础上按原保险条件投保）的保险。

本条款规定，若货物投保增值保险，则货物的保险价值应为原始保险的保险金额和所有增值保险的保险金额的总和，发生损失时，每一保险人的赔偿责任以其保险单中载明的保险金额占总保险金额的比例计算。这改变了英国《1906 年海上保险法》中关于原保险单中约定的保险价值约束保险合同的双方当事人，任何一方不得推翻该价值的规定，并使原保险人和增值保险的保险人在支付赔款和享受向第三者责任方追偿的权利时处于平等地位。

（五）被保险人的义务

《协会货物保险条款》（A）对被保险人义务的规定主要体现在“减少损失（Minimizing Losses）”和“防止延迟”（Avoidance of Delay）条款中。前者也称被保险人义务条款，其主要内容是，保险标的发生保险责任范围内的损失时，被保险人及其雇员和代理人应尽可能地采取合理措施以避免或减少货物的损失，并适当地保留和维护对第三者责任方的追偿权利，而保险人除了负责赔偿承保责任范围内的任何损失外，还负责赔偿被保险人履行上述义务时支付的合理费用。后者的内容是被保险人必须在力所能及的情况下，对保险标的所发生的任何事情采取合理迅速的行动，避免出现延迟。

（六）其他内容

1. 弃权条款（Waiver Clause）

本条款规定当保险标的发生损失时，被保险人和保险人为拯救、保护或恢复保险标的所采取的措施不得视为放弃或接受委付，或影响任何一方的权利。这条规定是为鼓励被保险人在货物受损之后积极履行施救义务，明确了保险合同双方当事人中的任何一方对受损保险标的进行施救，并不会影响自身的权利，即保险人不能把被保险人的施救行为看作是放弃委付权利的表现，被保险人也不能把保险人为减少保险标的损失而采取的措施视为已接受委付的表示。

2. 保险利益条款（Benefit of Insurance）

2009 年的保险利益条款取代了 1982 年的不受益条款（Not to Insure Clause），首先规定本保险保障的被保险人包括根据本保险合同提出索赔的人或收货人；其次规定承运人或其他受托人不得享受本保险的利益。这一规定的目的是为防止承运人或其他受托人通过在货物运输合同或委托合同中订立享有保险利益条款（Benefit of Insurance Clause）来摆脱对货物损失应承担的责任。享有保险利益条款的主要内容是：对于应由承运人或受托人负责的损害，如另有保险可获赔偿时，承运人或受托人可以要求享受保险利益。按此条款，保险人在向被保险人支付保险赔款后，将丧失向承运人或其他委托人行使代位求偿的权利。本款规定否定了承运人和其他受托人享受保险利益的权利，避免了保险人代位求偿权的丧失。

3. 法律与惯例条款

本条款规定本保险适用于英国法律和惯例，明确《协会货物保险条款》受英国法律和惯例管辖。

二、协会货物保险（B）条款的主要内容

（一）承保风险

B 条款承保的责任范围比 A 条款小，它采用列明风险的方式将所保的风险逐一罗列，对下述原因所致的保险标的的损失和损害负责赔偿：

（1）火灾或爆炸；

（2）船舶或驳船搁浅、擦浅、沉没或倾覆；

（3）陆上运输工具倾覆或出轨；

（4）船舶、驳船或运输工具与水以外的任何外界物体碰撞或接触；

（5）在避难港卸货；

（6）地震、火山爆发或闪电；

（7）共同海损牺牲；

（8）抛弃或浪击落海；

（9）海水、湖水或河水进入船舶、驳船、运输工具、集装箱或储存处所；

（10）货物在装卸时落水或坠落而造成的整件货物的全部损失。

此外，保险人还承保共同海损分摊和救助费用，但导致共同海损的原因必须不是本保险所除外的风险。

由此可见，B 条款主要承保自然灾害和意外事故所致的损失，同时还承保共同海损的牺牲、分摊和救助费用。和我国《海洋运输货物保险条款》水渍险相比，B 条款明确将承保危险扩大到陆上，对发生在保险期内的陆上运输工具的意外倾覆、出轨予以负责。其次，根据 B 条款，货物在运输途中或陆上储存期间若被海水、湖水或河水浸湿，只要发生在保险期内，均可获赔，而不必具体确定由于何种风险所致。此外，B 条款仅承保货物在装卸过程中跌落造成的整件货物的全部损失，与水渍险的规定有所区别。

（二）除外责任

B 条款的除外责任和 A 条款大致相同，只有两点区别：

（1）在“一般除外责任”条款中，增加了“由于任何个人或数个人的错误行为对保险标的或其组成部分故意损害或破坏，保险人不负责任”的规定，这意味着在 B 条款中，保险人不但对被保险人的蓄意不法行为所致的损失不负责任，对任何其他人的故意非法行为所致损失也不负责任。

（2）在“战争险除外责任”条款中，B 条款规定“捕获、拘押、扣留、禁制或以及此种行为的后果或这方面的企图”造成的损失、损害或费用不予承保。在 A 条款中，加上了“海盗行为除外”这几个字，明确将海盗风险从除外责任中剔除，即将海盗风险作为承保风险，而 B 条款中对于海赔风险并未作为除外风险，但也没有

列入承保风险。由于B条款采取列明风险的方法确定承保风险，所以按照B条款的规定，保险人对海盗风险不予负责。

（三）其他内容

B条款关于保险期限、索赔、被保险人义务的规定和其他内容在字面上均与A条款相同。

三、协会货物保险（C）条款的主要内容

C条款是《协会货物保险条款》A、B、C三种条款中保险人责任范围最小的条款。与B条款相同，C条款的承保风险也采用逐一列明的方式。

（一）承保风险

保险人对下列原因造成的保险标的的损失负责：

（1）火灾或爆炸；

（2）船舶或驳船遭受搁浅、擦浅、沉没或倾覆；

（3）陆上运输工具倾覆或出轨；

（4）船舶、驳船或其他运输工具与水以外的任何外界物体碰撞或接触；

（5）在避难港卸货；

（6）共同海损牺牲；

（7）抛弃。

此外，保险人对非除外风险所致的共同海损的分摊和救助费用负责赔偿。

由此可见，C条款的承保范围比B条款更小，主要承保意外事故所致的损失以及共同海损和救助费用，对于自然灾害造成的损失，全都不予负责。和我国《海运货物保险条款》平安险相比，C条款的承保风险范围显然较小。

（二）其他内容

C条款关于除外责任、保险期限、索赔、被保险人的规定和其他内容在字面上与B条款完全一致。

为了便于理解，将ICC（A）、ICC（B）、ICC（C）三种险别中保险人承保的风险列表进行比较，如表7-1所示。

表7-1　　ICC（A）、ICC（B）、ICC（C）承保责任对比表

承保风险	ICC(A)	ICC(B)	ICC(C)
（1）火灾、爆炸	√	√	√
（2）船舶、驳船的搁浅、触礁、沉没、倾覆	√	√	√
（3）陆上运输工具的倾覆或出轨	√	√	√
（4）船舶、驳船或运输工具同除水以外的任何外界物体	√	√	√
（5）在避难港卸货	√	√	√

表7-1(续)

承 保 风 险	ICC(A)	ICC(B)	ICC(C)
(6) 地震、火山爆发或雷电	√	√	
(7) 共同海损牺牲	√	√	√
(8) 共同海损分摊和救助费用	√	√	√
(9) 运输合同订有“船舶互撞责任”条款，根据该条款的规定应由货方偿还船方的损失	√	√	√
(10) 抛弃	√	√	√
(11) 浪击落海	√	√	
(12) 海水、湖水或河水进入船舶、驳船、运输工具、集装箱或储存处所	√	√	
(13) 货物在船舶或驳船装卸时落海或跌落，造成任何整件的损失	√	√	
(14) 由于被保险人以外的其他人（如船长、船员等）的故意违法行为所造成的损失或费用	√		
(15) 海盗行为	√		
(16) 由于一般外来原因所造成的损失	√		

四、协会货物战争险条款（Institute War Clsuse<Cargo>）

2009 年 1 月 1 日起使用的协会货物战争险条款由八部分组成，共十四条，具有完整的结构体系，故可以单独投保。这里主要介绍承保风险、除外责任和保险期限三部分内容。

（一）承保风险

《协会货物战争险条款》承保的风险包括以下两部分：

（1）负责下列原因造成的保险标的的损失或损害：

①战争、内战、革命、叛乱、暴乱或由此引起的内乱或来自交战方或针对交战方的任何敌对行为。

②由上述承保风险引起的捕获、拘留、扣留、禁制或扣押，以及这些行动的后果或任何进行这种行为的企图。

③被遗弃的水雷、鱼雷、炸弹或其他被遗弃的战争武器。

从上述规定可知，协会货物战争险条款仅对战争行为及战争武器导致的保险标的的直接损失负责，不负责因此而致的费用损失。此外，海盗风险并不属于承保风险。

（2）对为避免承保风险所造成的共同海损和救助费用负责。

（二）除外责任

战争险条款的除外责任包括“一般除外责任”和“不适航、不适货除外责任”

两部分。

1. 一般除外责任

该部分和协会货物保险（A）条款相比，增加了“航程挫折条款”，表明保险人对货物本身没有受损，但由于航程受阻或航海上的损失而引起的货物的索赔不予负责，也就是说，保险人只承保货物本身的损失，而不承保其运输航程的完成。此外，在战争险条款中，“核武器除外责任”的内容为“由于敌对性地使用核战争武器所致损失不予负责”。

2. 不适航、不适货除外责任

战争险条款的“不适航、不适货除外责任”和A条款中的有关规定完全一致。

（三）保险期限

协会战争险关于保险期限的规定比较复杂，主要包括以下几方面：

（1）保险期限以“水上危险”为限，即保险责任自货物装上海轮时开始直到卸离海轮时为终止，若货物不及时卸离海轮，以海轮到最后港口或卸货港当日午夜起满15天为限，保险责任终止，如果在中途港转运，也以到港15天为限。

（2）当保险责任中途终止时，如果货物继续运往保险单载明目的地，通过支付保险人所要求的额外保险费，自续运开始后，保险单可以重新恢复效力。

（3）如果由驳船向海轮装卸货物，保险人承保装卸时的水雷和鱼雷风险，但最长不超过货物卸离海轮后60天。

五、协会货物罢工险条款（Institute strike Clause<Cargo>）

2009年1月1日起使用的协会货物罢工险条款也是由八部分共十四个条款组成，结构完整，可以单独投保。

（一）承保范围

罢工险对下列原因造成的保险标的的损失或损害负责：

（1）罢工者、被迫停工工人或参加工潮、暴动或民变人员。

（2）由任何恐怖主义分子实施的恐怖行为，其行为代表或与旨在推翻或影响法律上承认的或非法律上承认的政府组织相联系。

（3）由任何人出于政治、信仰或宗教目的实施的行为。

此外，协会罢工险条款也承保为避免承保风险所致的共同海损和救助费用。

（二）除外责任

罢工险的除外责任包括“一般除外责任”和“不适航、不适货除外责任”两部分。

1. 一般除外责任

该部分和《协会货物保险条款》（A）相比，增加了下列内容：

（1）由于航程或航海上的损失或受阻的索赔，保险人不负责；

（2）由于罢工、关厂、工潮、暴动或民变造成的各种劳动力缺乏、短缺或抵制引起的损失保险人不负责；

（3）对战争风险所致的损失后果，保险人不负责。

另外，其中“核战争武器除外责任”仅对敌对性使用核战争武器所致的损失后果予以除外。

2. 不适航、不适货除外责任

罢工险的“不适航、不适货除外责任”和 A 条款中的有关规定完全一致。

六、协会附加险条款

（一）协会货物恶意损害险条款（Institute Maliclous Damage Clause）

协会货物恶意损害险条款开始使用的时间是 1983 年 8 月 1 日，它是协会货物条款的附加险条款，作为补充性的协会条款，它没有完整的结构，不能单独投保，而是供双方当事人在基本条款基础上加保使用。

恶意损害险主要承保除被保险人以外的其他人的故意损害、故意破坏、恶意行为所致保险标的的损失或损害。如果恶意行为是出于政治动机，则不属于本条款的承保范围，但可以在罢工险条款中得到保障。

协会 A 条款只将被保险人的恶意行为列入除外责任，显然已将恶意损害险的内容包括在其承保范围之内，而在 B 条款和 C 条款中，被保险人以外的任何他人的恶意行为所致的损失均属于除外责任，因此，若想得到恶意损害风险的保障，除非已经投保 A 险，否则须加保恶意损害险。

（二）协会偷窃提货不着险条款（Institute Theft，Pilferage and Non-delivery Clause）

该条款规定以被保险人支付附加保险费为前提，保险人同意承保由偷窃或整件货物提货不着造成的保险标的的损失或损害。因此该险别承保两类风险，一是偷窃，二是提货不着。

按照英国 1906 年《海上保险法》的规定，所谓“偷”（Theft）是指海上袭击性偷窃，须伴有暴力或暴力威胁，不包括暗中的小偷小摸。而“窃”（Pilferage）是指暗中进行的小偷小摸。

提货不着指由于任何不明原因造成整件货物不知去向，或者误交给不知姓名的其他提货人而无法追回。另外，如果交货不到的原因和货物所在的处所是知道的，不属于“提货不着”的范畴。

偷窃提货不着险已包含在 A 条款中，如果投保 B 险或 C 险，则需要加保才可得到保障，

七、协会特种货物保险条款

冷冻食品、煤炭、散装油类和橡胶等商品由于性质特殊或运送方式不同于一般

货物，若采用普通的货物运输保险条款，往往无法全面保障货物在运输途中遭遇的风险，或是由于责任不明确会引起保险合同双方的争议，因此伦敦保险协会在协会货物保险 A、B、C 条款的基础上，对特种货物的海上运输制定了适应该种货物特别需要的保险条款。下面主要介绍三种协会特种货物保险条款：

（一）协会冷冻食品保险条款

冷冻食品有严格的冷藏温度要求，在运输途中，除可能因遭遇一般的海上风险而致损失外，温度的变化是影响冷冻食品品质的主要原因。由于与其他冷冻食品相比，冷冻畜肉要求更低的冷藏温度，需另设专门的冻肉保险条款，因而冷冻食品条款不适用于冻肉的保险。冷冻食品保险条款包括 19 条，其结构与协会货物保险 A、B、C 条款完全一致，内容上主要表现为承保风险、除外责任和保险期限有所区别。

冷冻食品（冻肉除外）保险包括 A 条款［INSTITUTE FROZEN FOOD CLAUSES (A)］（Excluding Frozen Meat）（1/1/1982，re-issued l/1/1986）和 C 条款［INSTITUTE FROZEN FOOD CLAUSES（C）］（Excluding Frozen Meat）（1/1/1982，re-issued 1/1/1986）两套条款，这两套条款于 1982 年 1 月 1 日开始使用后，均于 1986 年 1 月 1 日重新修订。下面主要介绍冷冻食品 A 条款不同于协会 A 条款的部分。

1. 风险条款

和协会 A 条款相比，除包括一般风险导致的非温度变化引起的保险标的损失外，协会冷冻食品 A 条款中增加了由于制冷机器故障造成停止运行不少于连续 24 小时而使温度变化引起的保险标的的损失。此外，对于因发生火灾、爆炸、船舶搁浅、沉没、碰撞等意外事故导致温度变化引起的保险标的损失，保险人也予以负责。

2. 除外责任条款

和协会 A 条款相比，新增了“由于被保险人或其雇员没有采取合理的预防措施保证保险标的保存在冷冻，或在合适时，适当隔离和冷藏的处所所引起的损失、损害或费用。”强调被保险人在其可以控制的范围内，对照料货物不能有过失。

另外还规定任何索赔如果未在保险责任终止后 30 天内通知保险人，保险人有权拒赔。这主要是为了防止损失的扩大。因此，被保险人应在收货后尽快确定货物品质是否良好。

3. 保险期限

和协会 A 条款相比，主要区别在于保险责任自货物从保险单载明的冷库装上运输工具开始运送起即开始，而不是在运离仓库起责任才开始。

保险责任终止的时间为保险标的在最后卸离港全部卸离海轮后的 5 天，而非协会 A 条款中规定的 60 天。

4. 特别注意事项

本条是在 1986 年 1 月 1 日协会修订条款时增加的，明确规定“本保险不承保禁运或进口国政府或其职权部门所造成的损失、损害或费用，但并不排除本保险承保的风险引起的、发生在此种禁运、拒收、禁止或滞留之前的保险标的的损失或损害。”这意味着本险别不包括拒收险，对由于保险货物属于禁运品或不符合卫生建议标准等原因，被进口地当局拒收、禁止或滞留造成的损失，保险人不负责任。

协会冷冻食品 C 条款的内容和协会货物保险 C 条款相类似，在此不作详述。

（二）协会散装油类保险条款

协会散装油类保险条款（INSTITUTE BULK OIL CLAUSES）（1/2/1983）是协会新增订的针对油类货物的特种货物运输保险条款，和协会货物保险 B 条款相比较，增加了“理算条款”，使总条款增加为 20 条。下面介绍其与协会货物保险 B 条款不同的部分内容。

1. 风险条款

和协会货物保险 B 条款相比，从字面上看，用“保险标的的损失或沾污（Contamination）”代替了“保险标的的损失或损害（Damage）”。

从内容上看，增加承保了三种与油类运输密切相关的风险，即：

（1）“在装货、转运或卸货时连接管道的渗漏”。连接管道是指装卸时连接岸上油罐和船舱的管道，本项仅承保此种管道在装卸或转运过程中发生的渗漏损失。

（2）“船长、高级船员或普通船员在抽吸货物、压载水或燃料方面的疏忽”。此项承保与船员操作泵系有关的疏忽导致的货物损失。由于船员疏忽经常导致货物与货物之间、货物与压载水或燃料之间发生沾污，所以此项规定能使被保险人将此类风险损失转嫁给保险人。

（3）“恶劣气候影响造成的保险标的的沾污”。

2. 除外责任条款

与协会货物保险 B 条款相比，本险别没有将“包装不足”和“除被保险人以外的其他人的故意损害或毁坏”造成的保险标的的损失列入除外事项。

3. 保险期限

本险别规定，保险人的保险责任从货物为装船而离开保险单载明的起运地岸上油罐开始，至卸入保险单载明的目的地岸上油罐或油驳时终止。本保险不承保由陆上运输工具运送的风险，岸上油罐必须全部由管道直接与船舱相连。

此外，保险责任终止的最长时间期限为船舶抵达目的港时起满 30 天。如果在中途发生运输终止的情况，本保险续保的最长期限也是 30 天。

4. 理算条款

本条款规定了保险货物的渗漏或短卸索赔的理算原则，是专为液体散装油类货物设立的，其目的是为了尽可能减少由于记录装船数量和卸船数量的文件缺乏直接的可比性和测量液态货物数量的困难所引起的“纸面损失（Paper Loss）”。

（三）协会木材贸易联合会条款

协会木材贸易联合会条款（INSTITUTE TIMBER TRADE FEDERATION CLAUSES）（Agreed with the TimberTrade Federation）（1/4/1986）是在协会货物保险 A、B、C 条款的基础上修订的，同样包括 29 条，与 A 条款的区别在于承保风险条

款和运送条款的规定有所不同。

1. 风险条款

由于木材很可能放在甲板上运输，因此本条款包括两种情况下的承保风险。

（1）当货物装载于甲板上时，承保风险以协会C条款为基础，另外还承保浪击落水、偷窃或提货不着以及恶意行为风险。但另一方面，不承保C险所承保的陆上运输工具倾覆或出轨的风险以及驳船搁浅、擦浅、沉没、倾覆或碰撞、碰损风险。

（2）当货物未装于甲板时，承保风险以A条款为准，即承保除外风险以外的一切风险。

由于装在甲板上的木材被海浪打入水中是经常发生的损失，木材还可能不明原因地丢失，这些损失均可以通过本险别予以承保。

2. 运送条款

本保险的责任自保险货物在林场、仓库工厂、堆场或库房等任何地点装上陆上或水上运输工具或起漂，向海轮发送时开始。这条规定充分考虑了木材贸易运输的实际情况，不管木材是以何种方式运输，也不管木材从什么地方发运，只要木材为装上海轮而发运，保险责任就开始。这种灵活的规定使被保险人不致因运送时的情况不同于一般货物而丧失保险索赔权利。

保险责任的终止有三种情形，一是在最后目的地交付给收货人或被保险人；二是交付到被保险人用作非正常储存的仓库或储存处所；三是在最后卸货港卸离海轮时起满60天，以先发生者为准。

第三节　中英两国海运货物保险条款比较

我国现行海运货物保险条款是在我国1972年条款的基础上，于1976年和1981年两次修订而成的，我国的条款一方面广泛地吸取了当时国际保险市场的内容和做法，另一方面又结合了我国的实际情况，基本上满足了我国对外贸易过程中对海运保险的要求。英国1982年的伦敦协会货物保险条款是在对原SG保险单和旧协会货物保险条款进行彻底改革的基础上制订的，而2009年条款则对1982年条款进行了一些结构和文字的调整。现将我国的海洋运输货物保险条款（1981/1/1）与伦敦协会货物保险条款（2009/1/1）进行比较。

一、两国海运货物保险条款的共同点

我国海运货物保险条款的一切险、水渍险和平安险与协会货物保险A险、B险和C险一一对应，从总体上看，有如下的共同点：

（一）承保责任范围相当

一切险和 A 险的承保责任虽然在文字表达上有所区别，但都是对海上自然灾害、意外事故和一般外来风险予以负责，内容比较接近；水渍险和 B 险的承保责任均主要是对海上自然灾害和意外事故的保障，内容也基本相当；平安险和 C 险所承保的风险虽然有所区别，但从保障的范围看，两者之间比较接近。

（二）除外责任基本相同

我国海运货物保险条款只有 5 条除外责任，协会货物保险条款则包括 4 条、近 20 款，但从具体内容看，基本上都是把非意外的、间接的及特殊原因的和人为故意行为所致损失作为除外责任，两者的区别不大。

（三）保险期限基本一致

我国海运货物保险条款的保险期限采取“仓至仓”的责任起讫，协会货物保险条款则包括运输条款、运输契约终止条款和航程变更条款，共同组成保险人的责任期限，实际上也是以“仓至仓”为责任起讫。

（四）被保险人义务大致相同

两国条款均规定货物发生损失时被保险人应迅速采取合理措施，防止或减少货物的损失；航程发生变更时，被保险人应立即通知保险人；货物发生损失时，被保险人应保证保险人向第三方追偿的权利等。

二、两国货物保险条款的区别

（一）两国保险条款的名称不同

我国海运货物保险条款的基本险别分别命名为一切险、水渍险和平安险，实际的承保责任和名称并不符合，容易让人望文生义，从而引起误解。

协会货物保险条款的主要险别分别称为 A 险、B 险和 C 险，可避免因名称而产生的误解，同时又非常简单，称呼方便。

（二）两国保险条款的结构不同

我国海运货物保险条款只有一个总的条款，共分为五条，其中包括三个基本险别，文字比较简明扼要，但由于各主险没有完整、独立的结构，不利于被保险人区分各险别的内容差距。

协会货物保险条款中，A 条款、B 条款和 C 条款均自成体系，包括结构完整的十九条内容，由于各险别结构独立，便于被保险人确定各险别的具体内容。

（三）两国保险条款的承保责任和除外责任有所不同

我国的一切险和协会货物保险 A 险在对一切风险的界定上是基本一致的，但协会货物保险 A 险规定的除外责任比我国一切险更加具体，内容更加全面，除了增加“由于船舶所有人、经理人、租船人，或经营人破产或不履行债务造成的损失”这一项内容，还明确了船舶不适航、不适货的除外责任的适用情况，有利于进一步明确条款中“一切风险”的涵盖范围，避免把任何原因引起的损失都包括在一切险的承保责任范围中的误解。

我国的水渍险与协会货物保险 B 险的承保责任虽然大致相当，但存在一些差别。首先，水渍险仅对列举的自然灾害、意外事故的货物损失和共同海损负责赔偿，而 B 险负责海水、河水、湖水进入运输工具所致的货物损失，而不必明确是何种灾害所致。其次，水渍险对浪击落海的货物损失不予负责。此外，水渍险对货物在装卸时落海或跌落造成的全部损失和部分损失均予负责，而 B 险仅负责由此而造成的整件货物的全部损失。最后，在除外责任中，水渍险对于被保险人以外的其他人的恶意行为导致的货物损失并未予以除外，而在 B 险中，此风险属于除外责任。

我国的平安险和协会货物保险 C 险的承保责任也存在着差别。平安险对海上发生的自然灾害造成货物的全部损失负责，而 C 险对自然灾害造成的损失，无论是全部损失还是部分损失，均不予负责平安险负责货物在装卸或转运时落海造成的全部或部分损失，C 险对此损失均不予负责。从整体上看，平安险的保险责任范围大于协会货物保险 C 险的责任范围。但 C 险通过列明风险，明确地界定了责任范围，取消了按全部损失和部分损失划分险别的规定，条理更加清楚，内容更加明确。

此外，从险别的总体承保内容看，平安险和水渍险的责任范围差距不大，而 B 条款与 C 条款的责任范围差别比较明显。

（四）两国保险条款其他内容的不同

与我国海运货物保险条款相比，协会条款新增了“可保利益条款”、“增值条款”以及“法律和惯例条款”等内容，有利于避免保险合同双方之间发生不必要的纠纷，也有利于指导保险纠纷的解决。我国海洋运输货物保险条款虽然文字简练，但内容不够全面，有些方面没有包括在内。在具体实践中如果出现问题一般参照以往的习惯做法和国际惯例，容易引发合同双方的纠纷。

思考题

1. 简述平安险、水渍险和一切险的承保范围及三者的区别。
2. 如何正确理解“仓至仓”原则？
3. 如何理解 ICC（A）的承保责任范围？
4. 简述 ICC（A）、ICC（B）、ICC（C）三个条款在承保风险上的区别。
5. 解释《协会货物保险条款》的“不适航、不适货除外责任”的含义。
6. 简述《协会货物保险条款》中的保险利益条款。
7. 什么是卖方利益险？一般在什么情况下投保该险种？
8. 什么是增值保险和增值保险条款？
9. 请比较中英两国海洋运输货物保险条款。

第八章　海运货物保险实务

国际贸易中的货物在从出口国到进口国的运输过程中，一般均需要办理货物运输保险。通常情况下，国际货物运输保险实务包括投保人的投保、保险人的承保以及保险的索赔和理赔等四个阶段。

第一节　海运货物保险投保实务

国际货物运输保险的投保是指投保人向保险人提出申请，表达订立保险合同的意愿，并将自己所面临的风险和投保要求告知保险人。投保是拟订保险合同的开始，是整个承保工作的基础。一般来说，投保工作分两个方面：一是投保人的要约或询价；二是保险人的承诺或对此询价提出包括保险条件和费率的要约，也就是申请投保和接受投保。因此，需要保险人与被保险人双方共同做好工作。在我国的保险实践中，投保人一般需要填写国际货物运输保险投保单来完成投保行为，保险人则在投保单上签章表示同意承保，此时保险合同成立。

一、确定由谁投保

在国际贸易中，货价由货物本身的成本、运费和保险费三个部分组成。运输和保险是由买方还是由卖方办理，由不同的贸易术语决定。《2010 年国际贸易术语解释通则》（以下简称《2010 年通则》）中规定的 11 种贸易术语中，只有 CIF 和 CIP 两种贸易术语明确规定卖方必须根据合同约定自行负担费用取得货物保险。

价格不同，投保的方面也不一样，与保险的关系也有差别。因此在实际操作中，进出口货物从卖方仓库到装运港，从装运港到目的港，从目的港到收货人仓库的全程运输中，所面临的运输风险应由卖方还是买方向保险人购买货物运输保险，是由买卖双方在国际贸易合同中选用的贸易术语决定的。下面根据《2010 年通则》，将一些常用的价格术语以及有关买卖双方办理货运保险的责任规定介绍如下：

（一）FOB 价格术语及投保责任

FOB 价格，即船上交货价格，又称离岸价。买卖双方以 FOB 价格术语签订贸易合同，卖方应按照合同规定的货物品质、数量、包装备妥货物，在规定的时间内，将货物装上买方指派的海轮。货物一经装上海轮，卖方就履行了合同，此后有关货物的一切责任、费用和风险一概由买方承担。采用 FOB 价格术语，当货物在指定的装运港装上船之前损坏或灭失的一切风险由卖方承担。因此，货物的海洋运输保险应由买方办理。该术语仅适用于海洋运输和内河运输。

（二）CFR 价格术语及投保责任

CFR 价格，即成本加运费价，是指货价中包括运费在内，但不包括保险费。买卖双方以 CFR 价格术语签订国际贸易合同，卖方应按照合同规定的货物品质、数量、包装备妥货物，并负责租船、订舱，在规定的时间内，将货物装上船舶。货物在装运港装上船之前损失或灭失的风险由卖方承担，货物在装运港装上船之后损坏或灭失的风险，以及由于各种事件造成的任何额外费用，由买方承担。因此，采用 CFR 价格术语，货物的海洋运输保险应由买方办理，卖方必须注意及时发出装运通知，以避免不必要的损失。该术语仅适用于海洋运输和内河运输。

（三）CIF 价格术语及投保责任

CIF 价格，即成本加保险费加运费价，又称到岸价格。买卖双方以 CIF 价格术语签订国际贸易合同，则卖方应按照合同规定的货物品质、数量、包装备妥货物，并负责租船、订舱，在规定的时间内，将货物装上船舶，并由卖方负责在装运港装上船以前货物损坏或灭失的一切风险，货物装上船后损坏或灭失的风险及由于各种事件造成的任何额外费用即由卖方转移到买方。可见，这种价格对货物风险的转移，与前面的 FOB 和 CFR 都是一样的，但保险由卖方办理并由其承担保险费用。

采用 CIF 价格术语，货物在装运港装船前的保险及货物在装运港装船后的保险，均由卖方办理。货物在装运港装上船后的保险，是由卖方代买方办理的。但是，CIF 术语只要求卖方投保最低限度的保险险别，如买方需要更高的保险险别，则需要与卖方明确地达成协议，或者自行作出额外的保险安排。因此，到岸价格中的保险不能包括一切要求，只能提供基本的保险保障，否则会大大提高货物的单价，或者大大降低卖方的利润，甚至可能会造成卖方无利可图。该术语仅适用于海洋运输和内河运输。

（四）FCA 价格术语及投保责任

FCA 价格，即货交承运人（……指定地点），是指卖方只要将货物在指定的地点，交给由买方指定的承运人，并办理了出口清关手续，即完成交货。在交货以前，卖方承担货物灭失或损坏的一切风险，交货后风险由买方承担。该术语可用于各种运输方式，包括国际多式联运。

（五）CPT价格术语及投保责任

CPT价格，即运费付至（……指定目的地），是指卖方向指定的承运人发货，但卖方还必须支付将货物运至目的地的运费。其风险转移与FCA不同，即在FCA项下，由买方承担交货之后的一切风险和其他费用。该术语可适用于各种运输方式，包括国际多式联运。

（六）CIP价格术语及投保责任

CIP价格，即运费和保险费付至（……指定目的地），是指卖方向指定的承运人交货，但卖方还必须支付将货物运至目的地的运费，即买方承担卖方交货后的一切风险和额外费用。但是按照C1P价格术语，卖方还必须办理买方货物在运输途中灭失或损坏风险的保险。因此，在CIP项下，由卖方订立保险合同并支付保险费。该术语可适用于各种运输方式，包括国际多式联运。

二、投保险别的选择

买卖双方根据价格术语确定了办理投保的责任后，接下来就是选择适当的保险险别。保险人承担的保险责任以险别为依据，在不同的险别下，保险人承保的责任范围各不相同，其保险费率也不相同。例如，在我国海洋运输货物保险的三种主险中，平安险的责任范围最小，水渍险次之，一切险的责任范围最大。与此相对应，平安险的费率最低，一切险的费率最高，两者之间的费率有时相差几十倍。投保人在选择险别时，应根据实际情况全面衡量，既要使货物得到充分保障，又要尽量节约保险费支出，降低成本。

在国际货物运输保险中，选择何种险别，一般应综合考虑下列因素：

（一）货物的性质和特点

不同性质和特点的货物，在运输途中可能遭受的风险和发生的损失往往有很大的差别。

因此，投保人在投保时应充分考虑货物的性质和特点，选择适当的险别。例如，粮谷类货物（大米、豆类、玉米等）的特点是含有水分，经过长途运输，可能会因水分蒸发造成短量；在运输途中如果通风设备不良，船舱中湿气过大，可能导致发霉。对于此类货物，海洋运输时一般可以在投保水渍险的基础上加保短量险和受潮受热险，或者投保一切险；陆上运输时则需投保陆运一切险，或在陆运险的基础上加保短量险。对于家用电器等货物，由于在运输途中易受碰损和被盗，一般应在水渍险或平安险的基础上加保碰损险和偷窃、提货不着险或者投保一切险。对于某些大宗货物（如原煤、天然橡胶）以及某些特殊货物（如冷藏货物），需要按不同货物的特点选择保险人提供的特定的或专门的保险条款进行投保，以求能够获得充分保障。但是，在投保一般海洋运输货物保险的条件下，除非另有特别约定，对于货物内在的缺陷所致的损失或费用以及运输途中的自然损耗，保险人不予负责。

（二）货物的包装

包装对货物的安全运输具有重要作用，包装方式会直接影响货物的完好情况。有些货物在运输及装卸转运过程中，常因包装破损而造成质量上或数量上的损失。例如，袋装大米可能因在装卸时使用吊钩而使外包装破裂，大米漏出而致损；散装货物（如大宗的矿石），在装卸时容易发生短量损失，散装的豆类等还可能因混入杂质而受损；裸装货物，如小轿车等，一般停放于甲板上并采取固定、防滑措施后进行运输，容易因碰撞或挤擦而出现表面凹瘪、油漆掉落等损失。因此，在办理投保和选择险别时，对货物包装在运输过程中可能发生的损坏及其对货物可能造成的损害应加以考虑。

在采用集装箱运输时，货物在运输途中遭遇各类风险而致损失的可能性相对较小，但也可能因集装箱本身未清理干净而使货物沾污受损，或是箱内货物堆放不妥而致运输途中出现碰损、混杂等损失，往往需要在平安险或水渍险的基础上加保碰损、破碎险或混杂、沾污险。但是，对于包装不良或由于包装不适应国际贸易运输的一般要求而导致的货物遭受损失，属于发货人的责任，保险人一般不予负责。

（三）货物的用途与价值

货物的用途与货物投保的险别也有关系。一般而言，食品、化妆品及药品等与人的身体、生命息息相关的货物，由于其用途的特殊性，一旦发生污染或变质损失，就会丧失全部使用价值。因此，在投保时应尽量考虑能得到充分、全面的保障。例如，茶叶在运输途中一旦被海水浸湿或吸收异味即无法饮用，失去使用价值，所以应当投保一切险。

价值的高低对投保险别也有影响。对于古玩、古画、金银、珠宝及贵重工艺品之类的货物，由于其价值昂贵，而且一旦损坏对其价值影响很大，所以应投保一切险，以获得全面的保障。而对于矿石、矿砂等大宗货物，因其价值低廉，也不易受损，所以一般仅需在平安险的基础上加保短量险即可，陆上运输则可投保陆运险并加保短量险。

（四）运输方式和运输工具

货物采用不同的运输方式和运输工具进行运输，途中可能遭遇的风险并不相同，可供选择的险别因此也各不相同。例如，根据我国货物运输保险条款，货物采用的运输方式不同，其适用的保险险别也不同。海洋运输货物保险的主险包括一切险、水渍险和平安险，陆上运输货物保险的主险则包括陆运险和陆运一切险。此外还有航空运输和邮包运输的保险险别等。所以应根据不同的运输方式选择适用的保险险别。

货物在运输途中，面临的风险与运输工具本身的性能也有密切的关系。例如，在海洋运输货物保险中，载货船舶的建造年份、吨位、船上设备等对其适航性有重要影响，因此载货船舶的情况是保险人考虑的一项重要的风险因素。保险业惯例是，船龄在 15 年以上的为老船，用这样的船运输货物，保险人要适当加收费用；对于船舶的载重吨在 1 000 吨以下的小型船运输货物，保险人也要适当加收费用。

随着运输技术的发展，国际多式联运作为新的运输方式越来越多地被采用，但国际上并无专门承保国际多式联运的保险条款，因而需要根据国际多式联运过程具体采用的运输方式，分段投保相应的保险险别。

（五）运输路线及船舶停靠港口（车站）情况

就运输路线而言，一般来说，运输路线越长，所需的运输时间越长，货物在运输途中可能遭遇的风险就越多；反之，运输路线越短，货物可能遭受的风险就越少。例如，从上海港海运一批大米到韩国，由于航程较短，大米在途中发霉的可能性很小。但是，如果目的地为英国利物浦，航程较长，大米在运输途中很可能因气候变化、船舱通风设备不畅等原因导致受潮、受热而发霉。另外，运输途中经过的区域的地理位置、气候状况及政治形势等也会对货物的安全运输产生影响。此外，在政局动荡不定或在已经发生战争的海域航行，货物遭受意外损失的可能性自然增大。

同时，货物在运输途中停靠的港口（车站）不同，所带来的货物的风险也不同。由于不同停靠港口（车站）在设备、装卸能力以及安全设施、管理水平、治安状况等方面有很大差异，进出口货物在港口装卸时发生货损货差的情况也就不同。投保人在投保时，应事先了解装卸地及中转地港口（车站）的情况，根据需要决定是否加保必要的险别。例如，货物出口到经常下雨的地区，就应加保淡水雨淋险。

（六）运输季节

运输季节不同，也会对货物带来不同的风险和损失。例如，载货船舶冬季在北纬 60 度以北航行，极易发生与流动冰山碰撞的风险；夏季装运粮食、果品，极易出现发霉腐烂或生虫的现象，而冬季运送橡胶制品，货物可能出现冻裂损坏等。因此，投保人应根据不同季节的气候特点选择险别。

三、选择合适的保险人

投保人无论是通过保险经纪人、保险代理人间接购买保险，还是直接从保险人购买保险，选择保险人都是十分重要的。对投保人而言，在选择保险人时主要应考虑以下因素：

（一）保险人的经济实力和经营的稳定性

保险人履行对投保人的承诺，是以其经济实力和经营的稳定性为基础的。一般而言，经济实力雄厚的保险人，经营比较稳健，其履行承诺的保证也比较大。

（二）保险商品的价格是否合理

保险商品的价格就是费率，费率的高低决定了保险费的多少。价格虽然不是选择保险的唯一因素，但却是重要因素。因为投保人在投保时，也要考虑到经济效益，以节省不必要的保险费支出，所以投保人会选择费率合理的保险人。

（三）保险人的理赔情况

处理索赔是否公平、及时，也是选择保险人的一个重要条件。这需要投保人在投保时要做好市场调研，对各个保险人的理赔情况比较了解。在此基础上选择保险人，才能在真正发生损失时，及时、公正地获得经济补偿。

（四）保险人提供的服务

投保前，投保人需要很多有关保险单的咨询，保险人或其代理人是否能够给予全面的、客观的回答；投保后，投保人或被保险人的一些合理需要能否得到满足；保险标的发生损失后，保险理赔是否迅速、合理等，这些都是保险公司服务水平、态度的表现。保险人的服务直接关系保险的质量，因此也是投保人选择保险人应考虑的因素。

四、保险金额的确定

保险金额是被保险人对保险标的的实际投保金额，是保险人承担保险责任的标准及计收保险费的基础。在保险货物发生保险责任范围内的损失时，保险金额就是保险人赔偿的最高限额。因此，投保人投保货物运输保险时，一般应按保险价值向保险人申报保险金额。保险金额原则上应与保险价值相等，但实际上也常出现不一致的情况。保险金额与保险价值相等称为足额保险（Full Insurance），被保险人申报的保险金额小于保险价值，就是不足额保险（Under Insurance）。我国《海商法》第二百三十八条对此有专门规定。被保险人申报的保险金额大于保险价值，就是超额保险（Over Insurance）。在此情况下，超额部分一般无效，保险人只按照保险价值赔付。

（一）保险金额的构成

在我国的外贸实践中，目前采用 FOB、CFR、CIF、FCA、CPT 与 CIP 这 6 种贸易术语的国际贸易合同居多，为使被保险人能通过保险得到充分足额的保障，保险金额除应包括商品的价值、运费和保险费外，还应包括被保险人在贸易过程中支付的经营费用，如开证费、电报费、借款利息、税款和分摊到本笔交易的日常管理费用等，以及在正常情况下可以获得的预期利润。因此，如果以 CIF 或 CIP 术语成交，保额金额应为 CIF（CIP）x（1+保险加成率）。如果以其他四种贸易术语成交，则应先折算成 CIF 或 CIP 再加成。

关于保险加成率，在 UCP 600 和《2010 年通则》中均规定，最低保险金额为货物的 CIF 或 CIP 价格加 10%。当然，保险加成率并非必须是 10%，因为加成的目的是为弥补被保险人的各项经营费用及预期利润的损失，所以被保险人可以根据不同时间、不同交易的预期利润的不同及经营费用的高低，在买卖双方取得协议的基础上和保险人约定不同的加成率，在我国出口业务中，保险金额一般按 CIF 或 CIP 的价格加 10%计算。如果保险加成率高于 10%，保险人在综合考虑货物在出口地和进口地的价格差以及进口商的资信后，如果认为确属客观业务需要，一般可以同意接受投保人提出的加成率。但是，如果保险人认为保险金额太高可能会导致骗赔现象时，可以拒绝接受过高的保险加成率，而只接受按 CIF 或 CIP 价加 10%计算的金额作为保险金额。在实际业务中，如果国际贸易合同中进口商提出的保险加成率很高，如超过 30%，出口商应事先征求保险人意见，在保险人表示同意承保后才能接受进口商的保险条件。

（二）保险金额的计算

1. 已知 CIF 价格和加成率，计算保险金额

其计算公式为：

保险金额=CIF×(1+保险加成率)

2. 已知 CFR 价格、保险费率和加成率，计算保险金额

保险金额是以 CIF 价格为基础计算的。如果对外报价为 CFR 价格，而买方要求改报 CIF 价格，或者在 CFR 合同项下，卖方代买方办理投保，保险金额都不能以 CFR 价格为基础直接加上保险费来计算，而应先把 CFR 价格转化为 CIF 价格，再加成计算保险金额。从 CFR 价格换算为 CIF 价格时，计算公式为：

$$CIF = \frac{CFR\text{价格}}{1 - \text{保险费率} \times (1 + \text{保险加成率})}$$

五、投保手续

选择了保险险别及保险人之后，投保人应办理具体的投保手续。投保人向保险人投保，是一种签订契约的法律行为。在我国，无论在进口业务还是在出口业务中，投保货物运输保险时，投保人通常以书面方式作出投保要约，即填写货物运输保险投保单，经保险人在投保单上签章承诺或出立保险单，保险双方即确立了合同关系。

（一）投保单的填写

从保险合同的成立来看，投保人填写的投保单是保险合同成立的要约。投保单是投保人对保险标的有关事实的告知和陈述，保险公司的承保人员在对投保人填写的投保单上的内容进行详细的审核后，据以签发正式的保险单，并确定保险费。投保单的法律效力表现在保险合同生效后，投保单将作为保险合同不可分割的组成部分。因此，投保单的填写必须准确、真实。中国人民财产保险公司的“进出口货物运输保险投保单”的具体填写内容主要有以下几项：

1. 被保险人

被保险人是保险合同保障的对象，应按照可保利益的实际有关人填写，如是买方或卖方投保的，则分别写上其名称。当以 CIF 或 CIP 术语出口时，应由出口方以投保人的身份办理保险，出口方应以本人作为被保险人，当货物在起运港装上船或交付承运人接管之前发生损失时，风险由出口方承担，出口方可以向保险人索赔。

一旦货物装上船或交承运人接收后，出口方只需根据信用证或其他文件的要求在保险单上签字背书，即可将保险单转让给进口方或指定的第三方（如银行）。如果以FOB、FCA、FCR和CPT术语成交，则由进口方自行办理国际货运保险，投保人与被保险人一般均为进口方。保险责任从货物装上船，或从卖方交付给买方，买方对货物享有可保利益之时开始，出口方承担的货物在起运港装上船或货交承运人接收之前的风险，可通过投保国内短途货运险予以保障。

2. 标记

投保单上的标记，应与提单上所载的标记符号一致，特别是要与刷在货物外包装上的实际标记符号相同，以免在发生理赔案件时，引起检验、核赔、确定责任上的混乱。

3. 包装数量

对货物的包装方式，如箱（Cases）、袋（Bags）、桶（Drums）、捆（Bundles）等，以及数量均需书写清楚。如果一次投保有数种不同的包装时，可以“件”（Packages）为单位。散装货物应填写散装重量（…M/T in Bulk）。如果采用集装箱，应予以注明（in Container）。

4. 货物名称

应填写保险货物的具体类别、名称。例如，玉米、茶叶、棉布、袜子、玻璃器皿等，一般不要笼统地写农产品、农副产品、纺织品、百货或杂货等大类，以便保险人确定适用的保险费率。

5. 保险价值

只有在定值保险单下才填写。保险价值的多少，由保险人与投保人共同商定。

6. 保险金额

保险金额一般是按照发票的CIF价格加上一定的成数计算的，加成率一般为10%，也可以根据实际情况加二成（20%）或三成（30%）不等。如果发票价格为FOB、FCA或CFR、CPT，应将运费、保险费加上以后，再加成计算保险金额。保险金额的货币名称要与发票一致。

7. 船名或装运工具

如果采用船舶运输，应写明具体的船名。中途需要转船的，如果已知第二程船时，应打上船名；如果第二程船名未知，则只需打上转船（With Trans-shipment）字样。装箱运输（Container Shipment）应注明，如果采用火车或航空运输，最好注明火车班次和班机航次。如果采用国际多式联运，应写明联运方式，如空陆联运或海空联运等。如果是大宗货物，发货人租船时为减少运输费用而可能租用老龄船。由于保险公司对船龄超过15年的船舶所载货物的运输保险要加收保险费，所以投保人应在投保时予以说明。

8. 开航日期

有确切日期的，填写×月×日或注明“按所附提单”（as per B/L）；无确切日期的，可填写“约于×月×日”。

9. 提单或运单号码

提单或运单的号码要填写清楚，以备保险公司核对。

10. 航程或路程

应写明“自×港（地）到×港（地）”。如果到达目的地的路线有两条以上时，应写明“自×港（地）经×港（地）到×港（地）”。

11. 航次、航班

应写明船舶航行的航班、航次。

12. 发票号码和合同号码

这一项确定了保险保障的国际贸易货物的具体批号，主要是为了便于发生索赔时进行核对。按照我国目前的贸易实践，出口货物一般只需填写该批货物的发票号码，进口货物则填写国际贸易合同号码。

13. 承保险别

此项写明投保人需要投保的险别名称，还应注明采用何种保险条款。如果对保险条款有特殊要求的，也要在这一栏内注明，以便保险人考虑接受与否。

14. 赔款地点

通常在保险单注明的目的地支付赔款。如果被保险人要求在目的地以外的地方赔款，应在此栏注明。

15. 投保日期

投保日期应该是船舶开航或运输工具开行之前的日期。

16. 投保人签章及企业名称、电话，地址

这一项填写投保人的名称、地址等具体信息。

对于与保险公司订有长期有效的国际运输预约保险合同的被保险人，只需在货物起运后或接到装船通知后填写国际运输预约保险起运通知书或保险凭证，即完成了投保手续。

（二）填写投保单的注意事项

1. 投保时所申报的内容必须真实

保险是建立在最大诚信原则基础之上的合同关系，保险人对投保人的投保是否接受或按什么费率承保，主要是以投保人所申报的情况为依据来确定的。因此，投保人在办理投保时，应当将有关保险货物的重要事项（包括货物的名称、装载的工具以及包装的性质等）向保险人作真实的申报和正确的陈述。根据最大诚信原则，如果所报事项不真实或隐瞒真实事项，保险人有权解除合同或不负赔偿责任，且不必退还保险费。如果投保人因过失而未如实申报重要事实，保险人也可以酌情作出解除保险合同或加收保费的决定。

2. 尽可能投保到内陆目的地

在国际贸易中，买方的收货地点往往是在内陆，而海洋运输中常用的贸易术语

规定，只将货物运送到目的港。在实际业务中，货物的损失往往在货物运抵目的地仓库经检验后才能发现，若只投保到目的港，就会对损失责任的确定造成困难。因此，为解决收货人的实际需要并避免纠纷，以投保到内陆目的地为宜。目前在保险实务中，我国保险公司一般都同意国内的投保人将国际货运保险保到国外内陆目的地，酌情加收一定费用。

3. 特殊要求的处理

在出口业务中，如果进口方对保险有特殊要求，如加保某些特殊险或要求保险加成率过高等，出口方应事先征得保险公司同意，方可接受进口方的要求。

4. 投保单的内容必须与国际贸易合同及信用证上的有关规定一致

由于保险单是以投保单为依据签发的，如果投保人不按国际贸易合同的规定填写投保单，保险人据此出具的保险单就会与国际贸易合同的规定不符，收货人可以拒绝接受这种保险单。在信用证支付方式下，投保单的内容还应符合信用证的有关规定，否则保险人所签发的保险单也会因“单证不符”而遭到银行的拒收。

在实际业务中，如果出现买方开来的信用证中有关保险的规定与国际贸易合同中的保险条款不一致时，卖方应根据实际情况妥善处理，以保证国际贸易合同的正常履行和及时收汇。下面是几种常见的信用证和国际贸易合同的保险条款不一致的情形和投保时处理的方法。

（1）来证规定的承保范围过大或要求特殊，保险人不能接受

例如，信用证要求承保不论任何原因的损失（Loss Whatsoever Cause），这显然超越了保险所能保障的范围，因为保险只对意外的、外来原因所致的货物损失负责。此时，卖方应该及时通知买方按照国际贸易合同的规定修改信用证。又如，来证要求承保市价跌落的损失，由于市价跌落属于商业风险，保险人一般不能接受，因此卖方应通知对方修改信用证，剔除此项规定。

（2）来证要求的保险责任小于国际贸易合同的规定

例如，国际贸易合同规定投保 ICC（A）和战争险，信用证却只要求投保 ICC（A）。此时，卖方应先按信用证所列险别投保 ICC（A）出单议付，另外再补保战争险，将战争险保单另行寄给客户。

（3）来证要求采用国外条款

例如，国际贸易合同规定按我国《海洋运输货物保险条款》投保，而信用证却要求按伦敦保险协会条款投保。此时，卖方原则上可接受。如果合同规定投保一切险的，相应改为 ICC（A）；合同规定投保水渍险的，可改为 ICC（B）；合同规定投保平安险的，可改为 ICC（C）。但是，卖方应注意提交的保险单所载险别名称必须与信用证的规定一致。

（4）来证规定的保险责任范围大于国际贸易合同规定，但保险人可以接受的情况

例如，国际贸易合同规定货物运达目的地仓库保险责任即终止，而来证要求货

物到目的地仓库后再负责30天。出现这种情况，通过与买方协商，在买方支付额外保险费的前提下卖方可按照来证要求投保。又如，国际贸易合同中订明险别为一切险，而来证却要求投保一切险加保战争险。出现这种情况，卖方可以通过与买方协商，按一切险加战争险投保，两者之间的保费差额可由卖方另行向买方收取。再如，国际贸易合同规定按照CIF加10%作为保险金额，来证却规定保险金额为CIF加20%。此时，卖方应先与保险公司商量，在征得保险公司同意的情况下，可按照来证规定的保险金额办理，保费差额应由买方另行支付。

（5）来证所列保险条款与贸易合同中的保险条款虽然保险责任相同，但在用词、编排上有所不同，或来证对保险责任做了进一步解释

例如，国际贸易合同中规定投保一切险，来证却在写明一切险的基础上专门列出要保偷窃、提货不着险，包装破裂险等，由于这些一般附加险已经包括在一切险责任范围内，故可按照信用证的文字在投保单及保险单上加列，以达到符合“单证一致”的要求。

六、投保方式

（一）进口货物的投保方式

我国的进口货物，除CIF合同应由国外卖方办理保险外，FOB、FCA、CFR或CPT等合同项下的进口货物，均须由国内买方办理投保。投保的方式有以下两种：

1. 订立预约保险合同

在我国的保险实务中，为了简化保险手续，并防止进口货物在国外装运后因信息传送不及时而发生来不及办理投保等情况，各经营进口业务的公司与中国人民财产保险公司签订预约保险合同。《海运进口货物运输预约保险合同》全文共12条，并有两个附件。其中规定，各进口公司成交的从国外海洋运输进口至国内的全部国际贸易货物，凡国际贸易合同规定是由我国进口公司办理保险的，都属于预约保险合同范围之内，保险公司对合同范围内的货物，负有自动承保的责任；在合同范围内进口货物如有需要在国外保险者，各有关公司应事先将国际贸易合同内容通知保险公司，以免重复保险。

按照《海运进口货物运输预约保险合同》的规定，与保险公司签有预约保险协议的各进口公司，对每批进口货物无须逐笔办理投保，也无须填制投保单，而以国外卖方装船通知副本或进口货物结算凭单副本代替投保单，每10天向保险公司汇交一次办理投保。装船通知或结算凭单的内容包括船名、货物名称和数量、开航日期及航线、货价和价格条件、订货合同号等。每批货物的保险金额均以CIF进口价为准，不另加成。

《海运进口货物运输预约保险合同》除了上述内容外，还对保险金额及保险费的计算、保险公司的保险责任、被保险人的索赔手续和期限以及保险公司的赔款支

付等做了相应的规定。

2. 逐笔办理投保

逐笔办理投保适用于不经常有货物进口的单位。采用这种投保方式时，买方必须在接到国外卖方的发货通知后，立即向保险公司申请办理海洋运输货物保险的手续，即填写投保单，并立即缴纳保险费。保险人根据投保单签发保险单。根据我国《海商法》的规定，被保险人应当在合同订立之后立即支付保险费，在被保险人支付保险费之前，保险人可以拒绝签发保险单。

（二）出口货物投保的方式

按 CIF、CIP 价格成交的出口货物，货物运输保险由卖方办理投保。按我国保险公司的有关规定，出口货物的投保一般需逐笔填写投保单，向保险公司提出书面投保申请，投保单经保险公司接受后，由其签发保险单。

理论上，出口货物也可采用订立长期性的预约保险合同的方式，但在实践中却很少采用。这是因为我国出口合同大部分以信用证为付款方式，向银行结汇时出口方需要向银行提交包括保险单在内的一系列单据，所以采用逐笔投保方式更为方便。

如果出口方因为时间急促，也可采用口头或电话的方式向保险公司申请投保，如获允许，保险也可生效，但投保人随后一定要补填投保单，以明确保险合同的内容，证明保险合同的存在。为了简化手续和单证处理，对于长期客户，保险公司还可以同意投保人不单独填写投保单，而利用出口公司现成的发票副本代替投保单，但发票副本上必须将投保单上所规定的内容补填齐全。

第二节　海运货物保险承保实务

保险公司在接受投保人的投保申请后，应及时出立投保单，并确定投保人应缴纳的保险费。一般来讲，保险公司需要对投保对象和保险标的进行风险分析和评估，在综合考虑被保险人的资信情况、以往的赔付记录以及保险标的的性质、运输工具、运输路线、投保险别等与国际货物运输有关的风险后，决定是否承保，并提出相应的保险条件，确定保险费率。

保险公司承保工作质量的好坏，关系到保险合同能否顺利履行。承保工作包括保险公司将一笔业务承揽下来要做的全部工作，如风险因素的评估、保险单的缮制、费率的确定、危险的控制与分散等。如果保险双方对保险合同的条款取得一致意见，保险合同成立，保险公司应及时签发保险单。

一、保险单的缮制、批改和转让

（一）保险单的缮制

保险单是保险公司根据投保人提供的投保单的内容而制作的。因此，保险人在接受投保后，所缮制的保险单内容应与投保单一致，以满足投保人对保险的要求。

保险单一般均应包括下列事项：

（1）保险公司名称。保险单最上方均事先印就保险公司的名称，如“中国人民保险集团公司（The People's Insurane Company of China）”。

（2）保险单名称。例如，海运货物保险单的名称为“海洋货物运输保险单”（Marine Cargo Insurance Policy）。

（3）保险单号次（Policy No.）。这是保险公司按出单顺序对每张保险单进行的编号。

（4）被保险人的名称（the Insured）。此项被保险人俗称“抬头”。按投保单中的内容填写，如信用证规定被保险人为某银行或某公司，保险单抬头应直接打上该银行或公司的名称。保险单可由被保险人背书转让。

（5）发票号与唛头（Invoice Nos. &Marks）。此项填写发票号码，一般还应将发票上所标的唛头打上。如果唛头较复杂，可只填写发票号码（as per Invoice No. x x x）。因为保险索赔时必须提供发票，两种单据可以相互参照。

（6）包装及数量（Quantity）。此项按投保单打制。包装货物应打明包装方式，如“袋”（Bags）、“箱”（Cases）等。有两种或两种以上包装方式时，应打上“包装件”（Packages）。有时需打明重量“千克”（Kilos）。散装货打上“…M/T in Bulk”。

（7）保险货物项目（Description of Goods）。此项一般按投保单打制，应与发票相符，如“彩色电视机（ColorTelevision）”。

（8）保险金额（Amount Insured）。此项根据投保单中金额填写，小数点后的尾数一律进为整数，大小写金额必须一致。如加保进口关税险，需另行打明关税险的保险金额。例如，发票金额为28 000美元，另加保30%进口关税险，应打明“Plus loss of import duty at30% of CIF US \$ 28 000”。

（9）保费（Premium）。此项一般只打“按照约定”（As Arranged），但若信用证要求标明保费及费率，则应打上具体保费金额和保险费率。

（10）装载运输工具（Per Conveyance S.S.）。此项如在海洋运输中按投保单上的记载打上船名和航次。若船名未知，打“To be Declared”。

（11）开航日期（Sailing on or ABT.）。此项一般打上“按所附提单”（as per B/L），表明以提单为准，或打上具体时间。例如，“2nd Oct. 2014”，或大致日期“about...”

（12）运输起讫地（From... To...）。此项按投保单填写。如果中途转船，则必须打明转船字样。例如，从秦皇岛至伦敦，在新加坡转运，应为“From Qinhuangdao to Singapore and Thencel to London”。若到目的港须转运内陆某地，如自上海海运至马赛，然后由铁路运至巴黎，应打上“From Shanghai by seagoing vessel to Marseilles and thence by rail to Paris”。

（13）承保险别（Conditions）。此项具体载明保险公司承担的保险责任，要求全面、详细而准确，根据投保单上的要求制定。例如，要求承保平安险加保战争险和短量险，应为“Covering F. P. A including Risks of Shortage as per Ocean Marine Cargo Clauses of the People's Insurance Company of China，dated 1/1/1981.”，“Including War Risks as per Ocean Marine Cargo War Risks Clauses of the People's Insurance Company of China，dated 1/1/1981”。

（14）保险公司在目的地的检验、理赔代理人名称及详细地址、电话号码等内容。检验代理人和理赔代理人可能是同一人，也可能不是同一人，应在保险单中注明。如果最后目的地没有保险公司检验代理人，应规定可由当地合格的代理人检验（Survey to be carried out by a local competent surveyor）。

（15）赔款偿付地点（Claim Payment at/in）。一般以目的地为赔款偿付地，不能把国家名称作为赔付地点。若投保人要求在目的地以外的某一具体地点付款，如属于贸易需要或商人的正当要求，一般应予接受。

（16）保单签发日期（Date）。应不迟于运输单据日期，因为银行不接受迟于运输单据日期的保险单。实务中，一般以投保单上的日期为保险单签发日期。

（17）保险公司代表（General Manager）签名。

（二）保险单的批改

保险单在签发后，在保险单有效期内，其内容一般不宜更改。但在实际业务中，由于种种原因，投保人在向保险公司申报时陈述错误或遗漏是难以完全避免的。在此情况下，如不及时变更或修改，被保险人的利益就可能受到影响，甚至导致保险合同失效。此外，保险货物在运输途中，也可能遇到某些意外情况，如承运人根据运输合同所赋予的权利改变航行路线、变更目的地、临时挂靠非预定港口或转船等。这些新变化也要求对原保险单内容及时进行变更或修改，以便保险标的获得与新的情况相适合的保险保障。

保险单内容的变更或修改，往往会影响保险人的承保责任范围及其承担的风险。投保人或被保险人如果需要对保险单内容进行变更和修改，应以书面形式向保险人申请批改。通常只要不超过保险条款规定允许的内容，保险人都会接受。如果涉及扩大承保责任或增加保险金额，一般也是可以的，但必须在被保险人不知有损失事故发生的情况下，在抵达目的地之前申请办理，并需加缴一定的保险费。

保险人批改保险单一般采用签发批单（Endorsement）的方式进行。此项工作可以由保险人自己办理，也可以由保险人授权设在国外港口的代理人办理。保险人或其代理人所签发的批单，一般应贴在原保险单上，构成原保险单的一个组成部分，对双方当事人均有约束力。如批改的内容与保险合同有抵触，应以批单为准。

（三）保险单的转让

保险单的转让是指保险单持有人将保险单所赋予的要求损失赔偿的权利以及相应的诉讼权转让给受让人。因此，保险单的转让即保险单权利的转让。这种权利的转让与保险货物本身所有权的转让是两种不同的法律行为。买卖双方交接货物，转移货物所有权，并不能自动转移保险单的权利。

根据各国海上保险法律，关于保险单的转让一般有以下规定：

（1）海运货物保险单可以不经保险人的同意而自由转让；船舶保险单则必须征得保险人的同意才能转让。

（2）海上保险单的转让，必须在保险标的所有权转移之前或转移的同时进行，如果所有权已经转移，事后再办理保险单的转让，则转让是无效的。

（3）在海上保险单办理转让时，无论损失是否发生，只要被保险人对保险标的仍然具有可保利益，保险单均可有效转让。

（4）保险单的受让人只能享有与原被保险人在保险单下享有的相同权利和义务。

（5）保险单转让后，受让人有权以自己的名义向保险人进行诉讼，保险人也有权如同对待原被保险人一样，对保险合同项下引起的责任进行辩护。

（6）保险单的转让可以采取由被保险人在保险单上背书或其他习惯方式进行。按照习惯做法，采用空白背书方式转让的保险单可以自由转让；采用记名背书方式转让的保险单，则只有被背书人才能成为保险单权利的受让人。

二、保险费的计算

（一）保险费的计算公式

投保人投保时，需向保险人缴纳一定数额的保险费，这是保险合同生效的重要前提条件。保险费是保险人经营业务的基本收入，是保险基金的来源，也是被保险人从保险人获得损失赔偿权利所付的对价。保险金额是根据保险价值确定的，在不超过保险价值的前提下，可由保险人和投保人约定。在实践中，通常是由投保人根据货物的合同价格经加成后，经保险人同意确定的。而保险费率即保险价格，是保险人为承担约定的保险赔付责任而向投保人收取保费的标准。

保险费是以投保货物的保险金额为基础，按一定的保险费率计算出来的。其计算公式为：

保险费=保险金额×保险费率

如果按照CIF加成投保，则上式可改为

保险费=CIF价格×（1+保险加成率）×保险费率

（二）保险费率的确定

保险费率是保险人以保险标的的风险大小、损失率高低、经营费用多少等为依据，根据商品性质和包装、目的地、运输方式、航程远近、航行路线以及不同的投保险别所制定的保险价格。国际货运保险的保险费率通常是由保险人根据损失赔付概率，运用大数法则，综合营运成本而制定的。保险费率的制定不能偏高，也不能偏低。费率定得太高，会使保险人在市场上缺乏竞争力，定得太低又会影响保险人对灾害事故的偿付能力，影响业务的正常运行。此外，由于国际货运保险承保的是国际贸易的货物，所以还应注意国际因素，使保险费率水平能适应国际市场的行情，以增强自身在国际市场上的竞争能力，而且还应使保险费率水平能为国际再保险人接受，以便保险人在需要时通过国际范围内的再保险使承保风险得以分散和转移。

我国的国际货运保险费率是根据我国货物运输的实际货损情况，并参照国际保险市场的费率水平制定的。中国人民财产保险公司的出口货物保险费率包括以下几项：

1. 一般货物费率

一般货物费率适用于所有的出口货物。海洋运输的一般货物费率按基本险别，即平安险、水渍险和一切险分为三种，每种险别又按目的地所在洲、国家的不同而确定相应的费率。所有出口货物均需按该表所列费率标准计收保险费，这是被保险人必须支付的基本保险费率标准。

2. 指明货物加费费率

指明货物加费费率是针对某些易损货物加收的一种附加费率。这些货物在运输途中极易由于外来风险引起短少、破碎和腐烂等损失，损失率较高，所以保险人把这些货物专门列出来，并称此类货物为“指明货物”。指明货物的加费费率是按照货物大类分类的，凡属于指明货物加费费率项中的货物，无论使用何种运输方式，如果投保一切险，在计算保险费率时，均需在一般货物费率的基础上，再按此项加费规定加收保险费。例如，对海洋运输运往韩国的蔬菜投保一切险，一般货物一切险费率为0.6%，指明货物加费费率为3%，则应按3.6%计收保险费。

3. 货物运输战争险、罢工险费率

货物运输战争险或罢工险的费率与基本险费率相比是很特殊的，它实际上仅规定了战争险费率，而且不管采用何种运输方式，不按货物的分类，费率均相等。战争险、罢工险一起投保时，只按战争险费率计收，罢工险不另加费。如只投保罢工险，则按战争险费率计收。在没有战争爆发的情况下，战争险费率较低，但保险人对其承保的战争风险，可以根据不同时间、不同地区的战争风险和罢工风险的实际情况，以及国际形势的变化随时调整战争险的费率。

4. 其他规定

这一部分内容主要是对上述三项没有包括的某些特殊情况的规定，诸如投保一般附加险、特别附加险、内陆运输扩展责任保险等规定的收费标准，以及某些情况下减费的规定等，具体有以下几项：

（1）一般附加险费率。如果加保的附加险是该货物在运输过程中可能遭受的最主要的外来风险，则加保的一般附加险按指明货物加费费率计收。

（2）特别附加险费率。这是指对除一切险之外的附加特殊险别的加费规定。特别附加险费率根据加保的附加险的险别而定。

（3）舱面险加费。舱面货一般在平安险或水渍险的基础上加保舱面险，费率按主险的50%计收。如果在一切险的基础上加保舱面险，按一切险费率100%加收舱面险费率。

（4）内陆运输加费。当保险起运地或目的地在海运港口以外的内地时，投保一切险视具体情况加收一定的费率。如果投保平安险或水渍险，并不加费。

（5）延长保险期限加费。当国际货运保险期限终止后还要求延长保险期限的，根据延长的时间加收一定的费率。

（6）转运加费。运输途中发生转船、转车或转机时，按具体风险损失情况决定是否加费。

（7）免赔率增减计算。凡指明出口货物费率表内规定有免赔率的，如果投保人要求降低或提高免赔宰，应按一定的标准加收或减收保险费。

（8）贵重物品保险计算。保险货物已向承运人声明价值并支付从价运费的，视为贵重物品，按费率表的规定给予折扣优待，但战争、罢工险不享受这种优待。

第三节　海运货物保险索赔实务

被保险货物因保险事故的发生而遭受损失后，对货物遭受的承保范围内的损失进行赔偿是国际货运保险的基本职能。赔偿作为一种法律关系，其内容包括索赔和理赔。索赔是指国际货运保险合同关系中遭受损失的一方，根据保险合同的规定向另一方提出损失补偿的要求；理赔是指负赔偿责任的一方，根据保险合同的规定向对方履行补偿的义务。

保险索赔是指具有索赔请求权的人（一般是被保险人），根据保险合同有关规定，向保险公司正式提出要求赔偿损失的申请。索赔时，被保险人对保险标的必须具有保险利益。以海洋运输为例，若以CIF术语成交，货物的损失如果发生在起运港装上海轮之前的运输途中，应由卖方向保险公司索赔；如果货物的损失发生在装上海轮之后，根据保险利益原则的规定，应由买方向保险公司索赔。

一、索赔程序

被保险人在索赔时的程序可以分为以下几步：

（一）损失通知

被保险人一经获悉或发现保险标的遭受损失，应立即通知保险公司。被保险人获知货损一般有两种情况：

（1）保险货物在运输途中因运输工具遭遇意外事故，如卡车倾覆、船舶触礁等而受损。

由于在这种情况下货损情况往往比较严重，被保险人通常在事发后很快就能知悉。

（2）保险货物在起运前后虽然因各种原因而受损，但由于损失程度较轻或从外表无法察觉，直到货物运抵目的港，被保险人在提货时，甚至进入收货人最后仓库时才发现。

不管属于何种情况，一旦获悉保险货物受损，被保险人就应立即向保险人或其指定的代理人发出损失通知。保险人或其指定的代理人接到损失通知后，一方面，对货物提出施救意见并及时对货物进行施救，避免损失扩大；另一方面，尽快对货物的损失进行检验，核定损失责任，查核发货人或承运人的责任等，以免因时间过长而导致货物损失原因难以查清，责任无法确定而使处理产生困难，甚至发生争议。因此，被保险人若没有及时进行损失通知，保险人有权拒绝理赔。

（二）申请检验

被保险人在向保险人或其代理人发出损失通知的同时，也应向其申请货物检验。各国的保险人对货物的损失通知和申请检验均有严格的时间限制，我国的保险公司一般要求申请检验的时间最迟不能超过保险责任终止后 10 天。当然，如果是因为被保险人无法控制的原因导致申请检验时间超过了规定的期限，保险人应根据实际情况予以受理。

被保险人在申请检验时，应注意以下几点：

1. 向谁申请检验

在出口运输货物保险单中，一般都指明了保险公司在目的港、目的地的检验代理人的名称和地址。发生货损后，被保险人应采取就近原则，向保险单指定的代理人申请检验。目前，中国人民财产保险公司在世界各地有 400 多家具有核赔权的代埋人。

对于进口运输货物保险，当货物在运抵目的地时发现有损失，一般由保险人或其代理人和被保险人进行联合检验，共同查明损失的原因，确定损失金额以及责任归属。如果货损情况非常复杂，则应申请由出入境检验检疫部门或保险公估人进行检验，出具联检报告。

2. 可以不申请检验的情况

对整件短少的货物，如果短少是在目的港将货物卸下海轮时发现的，被保险人应向承运人索取溢短证明；如果短少是货物在卸离海轮以后、提货以前发现的，被保险人应向有关港口当局或装卸公司索取溢短证明。在这种情况下，溢短证明即可作为损失的依据报告。此外，如果货损轻微，损失金额很小，检验费用可能超过保险货物损失的金额。从经济上考虑，保险人往往不要求被保险人申请检验。

3. 检验报告的性质和作用

检验报告是被保险人据以向保险人索赔的重要证据，但同时检验报告只是检验人对货损情况作出客观鉴定的证书，并不能最后决定货损是否属于保险责任，也不能决定保险人是否应对货损予以赔偿。因此，检验报告上一般注明“本检验报告不影响保险人的权利”。这意味着货物损失是否属于保险责任范围最终要由保险人根据保险合同条款决定。

（三）向有关责任方提出索赔

被保险人或其代理人在提货时，发现货物的包装有明显的受损痕迹，或者整件短少，或者散装货物已经残损，除向保险公司报损、申请检验外，还应该立即向承运人、受托人以及海关、港务当局索取货损货差证明，包括记录货物损失情况并由承运人签字的理货报告、由装卸部门签字的货运记录等。按照运输合同等有关规定，如果不在当时提出索赔，等于收货人承认提货时货物完好，可能会影响事后的索赔工作。保险公司对丧失追偿权利部分的损失，可以拒绝赔偿。

根据我国《海商法》第八十一条的规定，承运人向收货人交付货物时，收货人未将货物灭失或损坏的情况书面通知承运人的，此项交付视为承运人已经按照运输单据的记载交付以及货物状况良好的初步证据。如果货物灭失或损坏的情况非显而易见的，在货物交付的次日起连续 7 日内，集装箱货物交货的次日起连续 15 日内，收货人未提交货物残损书面通知的，此项交付同样视为承运人已经按照运输单据的记载交付以及货物状况良好的初步证据。如果货物交付时，收货人已经会同承运人对货物进行了联合检验，则无须就查明的灭失或损坏情况提交书面通知。由此可见，如果收货人未能在上述条款规定的期限内及时向有关责任方索取损失证明或进行损失通知，可能会导致责任方推卸责任，最终亦会影响被保险人向保险人的索赔权。

根据我国《海洋运输货物保险条款》的规定，被保险人向保险人索赔的时效为货物卸离海轮之日起两年，而其向有关责任方索赔的时效往往少于两年，如我国《海商法》规定，向承运人索赔的时效为货物卸离海轮之日起一年；交通部规定，向港务部门索赔的时效为其编制货运记录次日起 180 天。因此，被保险人应在规定的索赔期限内向责任方提出索赔，以维护自己的索赔权，否则如果过了索赔时效未向责任方提出索赔而丧失了索赔权，进而损害保险人代位追偿的行使权，保险人会相应扣减赔偿额或是拒赔，使被保险人遭受损失。我国《海商法》和《保险法》均规定，被保险人未经保险人同意而放弃向第三方要求赔偿的权利，或者由于过失致使保险不能行使追偿权利的，保险人可以相应扣减保险赔款甚至拒赔。

因此，及时向责任方进行追偿，维护保险人代位追偿权的行使是被保险人应履行的一项重要义务。

（四）提交索赔单证

被保险人在向保险公司或者其代理人提请赔偿时，应提交索赔必需的各种单证。按照我国《海洋运输货物保险条款》的规定，被保险人在索赔时，应提供保险单正本、提单、发票、装箱单、磅码单、货损货差证明、检验报告及索赔清单。如果涉及第三者责任，还须提供向责任方追偿的有关函电及其他必要的单证或文件。

1. 保险单或保险凭证正本

保险单或保险凭证正本是向保险公司索赔的基本证件，是保险合同的书面证明。保险单中规定的保险人的责任范围及保险金额等内容是确定保险人赔偿与否及赔偿金额的直接依据。

2. 运输凭证

运输凭证（Transportation Document）是承运人在接受货物后出具的，包括海运提单、公路运单、铁路运单、航空运单和邮寄单等运输单证。运输凭证证明保险货物承运的状况，如承运的件数、运输的路线、交运时货物的状态等，以确定受损货物是否在保险期限，以及在保险责任开始前的货物情况。

3. 发票

发票（Invoice）是计算保险赔款时的数额依据。保险人还可以通过核对发票与保险单及提单的内容是否相符，来审核保险利益的限额。

4. 装箱单、磅码单

装箱单（Packing List）、磅码单（Weight Memo）证明被保险货物装运时的件数和重要的细节，是保险人据以核对损失数量的依据。

5. 货损货差证明

货损货差证明（Certificate of Loss or Damage），是在承运人所签发的提单是清洁的，而所交的货物有残损或短少的情况下，要求承运人签发的文件。它既是被保险人和保险人索赔的证明，又是日后向承运人追偿的根据。特别是整件短少的，更应要求承运人签具短缺证明。

6. 检验报告

检验报告（Survey Report），是检验机构出具的货物质量和数量的检验单据，是证明损失原因、损失程度、损失金额、残余物资的价值以及受损货物处理经过的证明，是保险人据以核定保险责任及确定赔偿金额的重要文件。检验报告可以由第三方公证、检验机关出具，也可以由保险公司及其代理人出具。一般来说，出口货物往往由保险代理人或检验人出具，进口货物由保险公司或其代理机构会同收货人联合出具。

7. 海事报告

当船舶在航行途中遭遇海事时，船长必须在航行日志中进行记录，同时申明船方不承担因此而造成的损失。海事报告记录了船舶在遭遇海上风险时发生的各种损失及承运人采取的各种措施，对确定货物的损失原因和保险公司确定海事责任直接有关。碰到一些与海难有关的损失较大的案件，保险公司一般要求提供此种文件。

8. 索赔清单

索赔清单（Statement of Claim），是被保险人提交的要求保险人赔偿的详细清单，主要列明索赔的金额和计算依据，以及有关费用的项目和用途等。

此外，保险人还可以根据损失情况及理赔需要，要求被保险人提供与确认保险事故性质和损失程度有关的证明和资料。所有这些证明和资料是被保险人索赔的依据。保险人是否承担损失赔偿责任，除根据现场调查搜集的资料外，主要是依据这些证明和单据进行判断。

二、索赔工作应注意的问题

被保险人向保险人提出索赔，应注意以下几个问题：

（一）提出索赔的人必须是在保险标的发生损失时，对保险标的具有保险利益的人

根据保险利益原则，损失发生时，只有对保险标的具有保险利益的人，才能向保险公司提出索赔请求。因此，损失发生时对保险标的不具有保险利益的人提出的索赔无效。

（二）保险标的的损失必须是保险单承保风险造成的保险责任范围内的损失，保险公司 才履行损失赔偿责任

这一规定是根据近因原则确定的。因此，若保险标的的损失不是以保险承保风险为近因造成的，保险公司无须赔偿。

（三）对受损货物应积极采取措施进行施救和整理

保险货物受损后，作为货方的被保险人，除了应立即向保险人或其指定的代理人发出损失通知申请检验之外，还应对货物提出施救意见并及时对货物进行施救，避免损失扩大。在我国，无论是进口货物还是国内运输的货物受损后，原则上施救、整理都应由货方自行处理。我国《海商法》第二百三十六条规定，一旦保险事故发生，被保险人收到保险人发出的有关采取防止或减少损失的合理措施的特别通知的，应当按照保险人通知的要求处理，如果被保险人没有采取必要的措施防止损失扩大，则这部分继续扩大的损失，保险人不负赔偿责任。被保险人为此而支付的合理费用，可以从保险人的赔款中获得补偿。

（四）对受损货物的转售、修理、改变用途等，由被保险人负责处理

在我国，无论是进口货物还是国内运输的货物，受损后原则上都是由被保险人（货方）自行处理。被保险人在对受损货物进行转售、修理、改变用途等工作之前，必须通知保险人，或征得保险人的同意。

（五）如果涉及第三者责任，虽然赔款一般先由保险人赔付，但被保险人应首先向责任方提出索赔，以保留追偿权利

如果损失涉及承运人、港口或车站等第三者责任方，被保险人还应提交向承运人等第三者责任方请求赔偿的函电等文件的留底或复印件，以证明被保险人确已履行了其应该办理的追偿手续，即维护了保险人的代位追偿权。有时还要申请延长索赔时效。

此外，在保险索赔中，被保险人还必须根据保险合同的规定履行应尽的合同义

务，才能获得保险赔偿。

三、索赔时效

被保险人向保险人就保险单项下的损失提出索赔时，必须在保险单规定的索赔时效内提出索赔要求。

索赔时效，即索赔的有效期。它是保险法确认的索赔权利得以行使的时间限制，索赔权利超过法定期限不行使，即归于消灭。

以海洋运输货物保险为例，我国《海商法》第二百六十四条规定，根据海上保险合同向保险人要求保险赔偿的请求权，时效期间为两年，自保险事故发生之日起计算。第二百六十六条规定，在时效期间的最后 6 个月内，因不可抗力或其他障碍不能行使请求权的，时效中止。自中止时效的原因消除之日起，时效期间继续计算。第二百六十七条规定，时效因请求人提起诉讼、提交仲裁或者被保险人同意履行义务而中断。但是请求人撤回起诉、撤回仲裁或者起诉被裁定驳回的，时效不中断。

第四节　海运货物保险理赔实务

保险理赔是指保险人在接到被保险人的损失通知后，通过对损失的检验和必要的调查研究，确定损失的原因、损失的程度，并对责任归属进行审定，最后计算保险赔款金额并给付赔款的一系列过程。根据我国《保险法》的规定，保险人在收到被保险人的赔偿请求后，应当及时作出赔偿与否的核定，对属于保险责任的，在与被保险人达成赔偿协议后 10 日内履行赔偿义务。如保险人在收到赔偿请求及有关资料 60 天内不能确定赔偿金额的，应当根据已有证明和资料可以确定的最低数额先予支付。最终确定赔款额后，应支付相关差额。

在保险理赔过程中，重点应包括以下几个环节：

一、确定损失原因

损失的原因对保险公司核定责任至关重要。损失发生后，只从损失现象看，还无法确定责任的归属。根据近因原则，保险人只对近因属于承保风险而导致的损失予以负责。在实际事故中，货物损失的情况多种多样，造成损失的原因也十分复杂，因此首先需要从若干致损原因中找出损失的近因，然后才能确定损失是否属于保险责任。

（一）分析损失原因

分析损失原因是一件复杂而细致的工作，理赔工作人员要善于分析，从繁杂的现象中找出导致损失的主要原因，在分析货损原因时，经常碰到的是导致损失的原因不只一个，这就需要分别加以掌握。

（1）只有一个单独的损失原因，这一原因如果属于保险责任范围的，应予赔偿；反之，则不赔偿。例如，货物在运输途中遭雨淋损失，加保淡水雨淋险保险人应该负责，只保水渍险，保险人就不负责。

（2）造成损失的原因同时有几个，这几个原因都是承保责任范围的，应予赔偿；反之，则不赔偿。例如，货物在运输途中同时遭受雨淋和海水损失，投保了一切险的，应予负责；遭到串味和沾污的损失，只投保平安险的，就不负责。几个原因中有的属于承保责任，有的不属于承保责任，如果损失能划分，保险公司只负责承保的那部分损失；如果损失无法划分，保险公司可以完全不负责。例如，棉布在运输途中遭受海水水渍斑损、钩损的，如果已投保水渍险，且海水损失与钩损的损害后果可以从价值上加以划分，保险公司只赔水渍部分损失，不赔钩损部分损失；反之，棉布遭钩损严重，水渍斑损相对较轻微，定损时只能从钩损估计出赔值，水渍斑损已无法估出，保险公司就都不赔付。

（3）损失原因前后是自然联系的，如果前后的损失原因都是保险责任内的，保险公司应予负责。例如，五金商品投保了一切险，先遭受雨淋浸损，后又碰到海水泡湿，结果发生严重锈蚀，如果前面的损因都属于承保范围，应予赔偿。如果前面的损因属于保险责任，后面的损因不属保险责任，但后面的损因是前面的损因导致的必然后果，保险公司对损失应予负责。又如，包装食品投保了水渍险，先遭受海水浸湿外包装受潮，后发生霉变损失，霉变是海水打湿外包装、水汽侵入造成的结果，保险公司应予负责。反之，如果前面的损因不属于保险责任，后面的损因属于，尽管后面的损因是前面损因导致的必然结果，但是保险公司对损失不予负责。

（二）运输货物损失的主要原因

从损失的表现形式看，货物在运输途中的损失大致有以下几种：

1. 水渍损失

采用海洋运输方式时，货物经常会遇到水渍损失。造成水渍损失的原因有海水、淡水和舱汗三种。

（1）海水水渍损失

海水水渍损失往往是由于船舶遭遇海事而引起的，如恶劣气候使海水灌入船舱导致货物受损。对于这种情况，船长在海事报告或航行日志中都要加以记录，必要时可向船方索取这方面资料作为证明。有时货物遭受水渍，并不都有海水入舱记录，而在检验时发现有盐分，往往是因为海运货物受含有盐分空气的侵袭；或者是因为货物本质的反应，有些含有钠离子或氯离子（含盐质）的货物（如皮革绒毛等），都不属于保险责任。

（2）淡水水渍损失

淡水水渍损失可能是因为货物在装卸驳运时碰到雨淋、河水溅激，还可能因为船上淡水管破裂，淡水外溢等引起的，应按照承保险别确定责任。如果保了一切险，保险人都应负责。

（3）舱汗水渍损失

舱汗水渍损失往往是由于货物在海洋运输途中遭遇恶劣气候，关闭通风筒，致使舱内水汽凝结成汗珠影响货物引起的。一般来说，受损货物的外包装表面有汗潮迹象。在这种情况下，如果投保了一切险，保险人就应负责。

2. 偷窃及短少损失

包装货整件短少的原因主要有以下几种情况：

（1）货物在运输途中发生共同海损而被抛弃。

（2）货物在运输途中被人整件窃走。

（3）货物在装卸时整件坠落。

包装货出现包装内数量短少，如果外包装有打开过的迹象，如包装被挖破、箱板经重钉，一般是偷窃所致，还有可能是由于运输途中外包装自然破裂导致货物散失短缺。

散装货重量或数量短少，可能属于自然损耗，也可能是被偷窃，或是由于装卸时洒落所致。值得注意的是，如果同一船舱或车厢中有多个货主的同一种散货分运几个不同的港口，可能由于先卸货的货主多卸或者先卸的货物没有扣途耗，导致最后卸货时货物短量，这需要根据提单条款的规定，向前面的货主追索。

3. 碰损及破碎损失

造成碰损及破碎损失的原因，主要有以下几种情况。

（1）装卸不慎。由于装卸操作粗鲁或者未按操作规程作业。

（2）运输工具颠震，如轮船、火车、汽车剧烈震动、颠簸。

（3）包装不妥。包装的材料不符合要求，如箱板过薄、内垫衬托材料不当，以及包装技术欠佳等。船方在装货时若发现包装明显不好，都要在提单上批注“包装不妥”字样，以免除责任。对于因包装不妥造成的损失，保险公司是不负责的。

（4）装载不妥。船方没有按习惯配载，如重货压在轻货上引起损失，对此船方是有责任的。

（5）海事引起。海洋运输中船舶在途中遭遇风浪，船身发生剧烈颠簸引起舱内货物碰击，这是自然灾害引起的，如果保了水渍险，保险人就应负责。

4. 钩损及沾污损失

用布、麻、化学纤维袋盛装或以上述材料捆装的货物易发生钩损。货物污染有的是在码头、甲板装卸时碰沾泥水等脏物造成的，有的是堆存在仓库、船舱内与其他物资接触碰脏的，情况不一。如果在装载配舱时违反习惯因而污染货物，属于船方装载不妥，应向船方追偿。

此外，货物在运输途中还可能遭受火灾损失、串味损失等，均需要根据实际情况确定损失原因。

二、责任审定

在确定了损失原因之后，理赔进入审定保险责任阶段。保险人应根据保险条款中的保险险别以及保险期限等规定，确定损失是否属于保险责任。

（一）险别责任的审定

每一份保险单都明确规定所承保的险别，包括基本险和附加险，以及使用的保险条款。保险人应以保险条款为依据，确定损失是否属于保险责任。例如，运输货物按照我国《海洋运输货物保险条款》投保平安险，如果根据检验结果及被保险人提交的“海事声明书”，可确定因船舶在运输途中遇台风导致货物部分被水浸湿，根据保险条款规定可知，货物因恶劣气候而致的部分损失不属于平安险的承保责任，所以保险人会拒赔。在附加险的责任审定时，保险人也会根据保险条款的内容掌握责任的界定。

（二）保险期限的审定

保险期限的审定主要是审查损失是否发生在保险有效期限内，这是审核赔付的重要环节。保险人在审定保险期限时，一般要注重以下几点：

1. 查看保险单中被保险人的名称

保险的有效与否是受保险利益制约的。同一张保险单，起运地相同，但如果保险单上被保险人的抬头不一样，保险有效期也会因之而异。例如，在海洋运输中，假如抬头为卖方，则保险责任从发货人仓库货物运离仓库时开始；如果抬头为买方，则保险责任要从货物装上船时开始。因为被保险人为卖方，货物在发货人仓库时，其即具有保险利益；反之，被保险人为买方，则其保险利益要从货物的风险归其承担时才能开始。

2. 审查货物的损失是否发生在正常运输过程中

按照正常的航程、航线行驶并停靠港口、车站的属于正常运输，这是货运保险期限原来应该负责的范围。在审核赔付时，保险人要按照仓至仓条款的范围来掌握。非正常运输是指在运输过程中遇到一些特殊情况，没有按照正常的航程、航线行驶或停靠港口、车站。如货物在原目的港以外的某个港口卸下，发生运输合同中止、绕道、被迫卸货、重新装载、转载等情况，一般会增加保险人承担的风险。但是这些情况的发生，往往不是被保险人所能控制的，所以保险人应予负责。一般在保险条款中规定，若发生非正常运输情况，被保险人应及时通知保险人，并在必要时加缴保费。

3. 注意保险单中的责任起讫地点

保险责任从货物运离保险单载明的起运地发货人仓库时开始生效。例如，货物搬离仓库放到停放在外面的卡车上，卡车失火，保险人应该负责。又如，在采用海洋运输时，有时货物在目的港卸下后，还需转运至内陆目的地，如果保险单中载明的目的地为港口所在地，则在内陆运输发生的损失不在保险期限内，保险人无须负责。

4. 注意具体的期限限制

保险单中如果没有特别载明，海洋运输时货物在目的港卸离海轮满 60 天，陆上运输时货物运抵最后卸载的车站满 60 天，航空运输时货物在最后卸离地卸离飞机满 30 天，保险责任即终止。但是如果被保险人要求延长保险期限，保险人已在保险单中予以确认的，则应按保险单的规定办理。

（三）被保险人义务的审定

由于保险合同是最大诚信合同，所以被保险人应履行合同中规定的告知、保证义务，否则保险人可以拒赔甚至解除保险合同。

（1）被保险人对保险标的及相关重要事实的告知必须是真实的，如果被保险人为了少付保险费或为了让保险人接受其投保申请等原因而故意隐瞒重要事实，保险人一旦获悉真情，即可解除保险合同，并且对发生的损失均不负责。

（2）被保险人如果做了保证，则应自始至终遵守其所做的承诺，一旦违反合同中的保证条款，保险人即有权解除保险合同，但对保险人在违反保证之前发生的保险事故损失，保险人应予以负责。

（3）如果在合同有效期间，保险货物的危险程度增加，被保险人应及时通知保险人。

（4）保险人还应审定被保险人在事故发生后是否尽力采取措施，防止损失扩大，否则，保险人对扩大的损失部分有权拒赔。

如果涉及第三者责任，保险人还要审定被保险人是否及时向第三者责任方进行追偿，获取有关证明，有效地维护保险人代位追偿权的行使。如果被保险人放弃向第三者责任方要求赔偿的权利，或因被保险人的过错而使保险人丧失代位追偿权，保险人可以扣减保险赔款甚至拒付赔款。

三、赔偿金额的计算

保险货物发生事故后，如果确定损失属于保险责任，保险人应当及时向被保险人进行经济补偿。我国《保险法》第二十四条明确规定，保险人收到赔偿请求后，应当及时核定，如属保险责任，应在与被保险人达成保险赔偿协议后 10 日内，支付保险赔款，否则保险人应当赔偿被保险人因此受到的损失。如果案情较复杂，保险人自收到赔偿请求及有关资料 60 天内不能确定赔偿金额的，应当根据已有证明和资料可以确定的最低数额先予支付，等到最终确定赔款金额后，再支付相应的差额。

（一）货物损失的赔付

国际货运保险一般采用定值保险方式，一旦发生损失，保险人以保险金额为限，计算保险赔款。

1. 全部损失

如果货物发生实际全损或发生推定全损时，被保险人进行委付，保险人也接受委付，只要保险金额不超过约定的保险价值，保险人应按保险金额给予全额赔偿，而不管损失当时货物的完好市价是多少。如果货物尚有残值，则归保险人所有。

2. 部分损失

如果货物因保险事故遭受部分损失，则必须按损失的程度或数量确定损失比例，然后计算保险赔款。

（1）数量（重量）短少

其计算公式为：

$$\text{保险赔款} = \frac{\text{保险金额}}{\text{损失数量(重量)/保险货物总数量(重量)}}$$

（2）质量损失

其计算公式为：

$$\text{保险赔款} = \text{保险金额} \times \frac{\text{货物完好价值} - \text{货物受损后价值}}{\text{货物完好价值}}$$

货物完好价值和货物受损后价值，一般以货物运抵目的地检验时的市场价格为准。如受损货物在中途处理不再运往目的地，则可按处理地的市场价格为准。处理地或目的地的市场价格一般是指当地的批发价格。

需要注意的是，货物完好价值和货物受损后价值必须是同一地点的市场价格，否则因为货物在世界各地的市场价格并不一定相同，会导致两者之间缺乏可比性。在实际业务中，如果难以确定当地市场价格，经协议也可按发票价值计算，计算公式为：

$$\text{保险赔款} = \text{保险金额} \times \frac{\text{按发票价值计算损失额}}{\text{发票金额}}$$

（3）规定有免赔率的货物损失

对于易损、易耗货物的保险，保险公司往往规定有免赔率。免赔率是指保险人对某项保险标的规定一定限度内的损失免除赔偿责任的比率。免赔率的高低由各保险公司根据商品种类的不同而定，我国保险公司采用的是绝对免赔率，即无论货物损失程度如何，对于免赔额度内的损失，保险公司均不予负责。

（4）修复时的赔偿

如果保险货物遭遇损失后，需要进行修复以维持原状，此时对合理的修理恢复费用，保险人一般在保险金额内予以赔偿。鉴于国外市价高于出口货价，而人工劳务费也比较昂贵，因此修理费用比较高。对此，一般不能按国内情况衡量。例如，出口芬兰钢琴一架，按我国《海洋运输货物保险条款》投保海运一切险，保险金额为 2 000 欧元，运至目的地时发现钢琴琴键、琴盖破损，在当地修理费支出达 1 200 欧元。保险人经审查，认为这一修理费合理，即应赔付 1 200 欧元。

3. 共同海损

如果发生共同海损，无论投保何种险别，保险人对共同海损的牺牲和费用都负责赔偿。

对保险货物的共同海损的牺牲，由保险人先按实际损失予以赔付，然后参与共同海损的分摊，摊回部分归保险人所有。被保险人可以提前得到保险赔偿，而且不受共同海损分摊价值的影响。

如果保险货物本身没有发生共同海损牺牲，但需要承担共同海损费用或其他地方的共同海损牺牲的分摊，一般先由保险人出具共同海损担保函，待分摊完毕后，保险人对分摊金额予以赔付。由于共同海损分摊价值和保险金额不一定相等，所以保险人的赔偿金额有所调整。我国《海商法》第二百四十一条规定，保险金额低于共同海损分摊价值的，保险人按照保险金额和共同海损分摊价值的比例赔偿共同海损分摊。

4. 连续损失

连续损失是指保险货物在保险期内发生几次保险事故造成的损失。我国《海商法》第二百三十九条规定，保险标的在保险期内发生几次保险事故所造成的损失，即使损失金额的总和超过保险金额，保险人也应当赔偿。但是对发生部分损失后未经修复又发生全部损失的，保险人按照全部损失赔偿。

（二）费用的赔付

一旦发生保险事故，除了货物的损失，往往还需支付各项费用，以避免损失扩大，或用来处理损余物，或继续完成航程，或用来对货物进行检验。这些费用包括施救费用、救助费用、续运费用、检验费用、出售费用以及理算费用等。

对于上述费用的支出，保险人赔付的原则是，如果货物损失属于保险责任，则对费用的支出予以赔付，否则保险人可以拒赔。我国《海商法》第二百四十条规定，被保险人为防止或减少根据保险合同可以得到赔偿的损失而支出的必要的合理费用，为确定保险事故的性质、程度而支出的检验、估计的合理费用，以及为执行保险人的特别通知而支出的费用，应当由保险人在保险标的损失赔偿之外另行支付。保险人对于上述费用的支付，以相当于保险金额的数额为限。

对救助费用的赔偿，当救助费用可作为共同海损费用向保险人索赔的，如前所述，适用于我国《海商法》第二百四十一条的规定，由保险人赔偿其分摊额，保险金额低于共同海损分摊价值的，保险人按照保险金额和共同海损分摊价值的比例赔偿共同海损分摊。在其他情况下，根据《海洋货物运输保险条款》的规定，保险人应对救助费用予以赔偿，但救助费用的赔偿和保险货物本身的损失赔偿之和不能超过保险金额。

续运费用是指船舶遭遇海难后，在中途港、避难港由于卸货、存仓以及运送货物产生的费用。各国保险条款均将这部分费用列入承保责任，由保险人负责赔偿。

出售费用则应作为货物损失的一部分，如果被保险人在对受损货物进行处理时支付了出售费用，一般只要在保险金额限度内，均可加入损失之内，由保险人补偿。出售费用和保险货物本身的损失赔偿之和不能超过保险金额。其计算公式为：

$$保险赔款=保险金额\times\frac{货物损失的价值+出售费用}{货物完好价值}$$

四、保险人赔偿后的权利和损余处理、行使代位追偿权

根据我国《保险法》第四十四条的规定，保险事故发生后，保险人已支付了全部保险金额，并且保险金额等于保险价值的，受损标的的全部权利归于保险人；保险金额低于保险价值的，保险人按照保险金额与保险价值的比例取得受损标的的部分权利。除了保险标的物质形态完全灭失外，若受损标的仍有残值，则在实际处理赔案中，通常将残余物资估价，冲减赔款数额，然后将损余物的所有权交给被保险人，必要时损余物资也可归保险公司处理。保险人处理损余物资一般坚持物尽其用的原则。

此外，根据保险的补偿原则，我国《保险法》第四十五条对代位追偿也做了规定，因第三者对保险标的的损害而造成保险事故的，保险人自向被保险人赔偿保险金之日起，在赔偿金额范围内，代位行使被保险人对第三者请求赔偿的权利。在国际货运保险中，通常表现为保险人代被保险人向承运人、船东、港务局和车站等第三者请求赔偿。

思考题

1. 投保人选择投保险别时一般应考虑哪些因素？
2. 投保人在填写投保单时，应注意哪些事项？
3. 根据各国海上保险法律，保险单的转让一般有哪些规定？
4. 保险人的承保工作包括哪几个主要环节？
5. 我国进口货物的投保方式有哪两种？
6. 保险金额是如何确定的？
7. 货物发生损失后，被保险人如何进行索赔？索赔时提交的单证有哪些？
8. 货物发生损失后，被保险人进行索赔的时候应该注意哪些问题？
9. 什么是保险理赔？理赔包括哪些环节？
10. 对保险货物的数量损失和质量损失，应该如何计算赔偿金额？

第九章　其他货物运输保险

除了海运之外，国际贸易货物还普遍采用陆运、空运以及多式联运方式。由于现代陆运、空运保险等都是在海上保险的基础上发展演变而来的，因而其与海运货物保险在很多方面有相同之处。但由于陆上运输、航空运输与海洋运输之间运输方式不同，货物在运输途中可能遭遇的风险也有所区别，因而货物保险条款也有所不同。

第一节　陆上运输货物保险

陆上运输货物保险始于19世纪末期，第一次世界大战爆发后得到较快发展。目前，在欧洲、非洲和拉丁美洲内陆国家，通过陆上运输运送国际贸易货物所占的比重相当大。而我国对俄罗斯及前独联体各国、朝鲜、蒙古、罗马尼亚、波兰、捷克、保加利亚和匈牙利等国的国际贸易货物，大都采用铁路运输。由此可见，陆上运输方式在我国的对外贸易中占有重要的地位。

较常见的陆上货物运输的风险有车辆碰撞、倾覆或出轨，公路、铁路坍塌，桥梁折断，道路损坏以及火灾、爆炸等意外事故；雷电、洪水、暴风雨、地震、火山爆发、霜雪冰雹等自然灾害。此外，海上运输可能存在的偷窃、短量、破损、渗漏、战争、罢工等外来原因所造成的风险，陆上运输也同样存在。但是，陆上运输一般不涉及海上运输时可能产生的共同海损问题，而且，按照保险业的习惯，陆上运输货物保险业务只要因发生承保责任内风险所致的损失，一般都予以赔偿，不再区分全部损失和部分损失。这就决定了陆上运输货物保险的基本险别与海洋运输货物保险的险别是不同的。

陆上运输主要包括铁路运输和公路运输两种。其运输工具主要是火车和汽车。国际上保险公司对于采用人力车和牲口驮运等落后工具运输货物的风险一般不予承保。我国现行的《陆上运输货物险条款》也明确规定以火车、汽车为限。

根据 1981 年 1 月 1 日中国人民保险公司的《陆上运输货物保险条款》，陆上运输货物保险的基本险别分为陆运险（Overland Transportation Risks）和陆运一切险（Overland Transportation All Risks）两种。此外，还有适用于陆运冷藏货物的陆上运输冷藏货物保险［Overland Transportation Insurance（Frozen Products）］，其性质也属于基本险。在附加险中，除仅适用于火车运输的陆上运输货物战争险（火车）条款外，海洋运输货物保险中的附加险在陆上运输货物保险中也均适用。

一、陆运险与陆运一切险

（一）承保责任范围

陆运险的承保责任范围与《海洋运输货物保险条款》中的水渍险或 ICC（B）相似。保险人负责赔偿保险货物在运输途中遭受暴风、雷电、洪水、地震等自然灾害；或由于运输工具遭受碰撞、倾覆、出轨；或在驳运过程中因驳运工具遭受搁浅、触礁、沉没、碰撞；或由于遭受隧道坍塌、崖崩或失火、爆炸等意外事故，所造成的全部或部分损失。此外，被保险人对遭受承保责任内危险的货物采取抢救、防止或减少货物损失的措施而支付的合理费用，保险人也负责赔偿，但以不超过该批被救货物的保险金额为限。

陆运一切险的承保责任范围与《海洋运输货物保险条款》中的一切险或 ICC（A）相似。保险人除承担上述陆运险的赔偿责任外，还负责赔偿保险货物在运输途中由于外来风险（如偷窃、短量、渗漏、碰损等）所造成的全部或部分损失。

以上责任范围均适用于火车和汽车运输，并以此为限。

陆运险与陆运一切险的除外责任与海洋运输货物保险的除外责任基本相同。

（二）责任起讫

陆上运输货物保险的责任起讫也采用“仓至仓”责任条款。保险人负责自保险货物运离保险单所载明的起运地仓库或储存处所开始运输时生效，包括正常运输过程中的陆上以及与其有关的水上驳运在内，直至该项货物运达保险单所载目的地收货人的最后仓库或储存处所或被保险人用作分配、分派的其他储存处所为止。如未运抵上述仓库或储存处所，则以被保险货物运抵最后卸载的车站满 60 天为止。陆上运输货物保险的索赔时效为，从保险货物在最后目的地车站全部卸离车辆后起计算，最多不超过两年。

（三）除外责任

陆运险和陆运一切险的除外责任包括以下 5 项：

（1）被保险人的故意行为或过失所造成的损失。

（2）属于发货人责任所引起的损失。

（3）在保险责任开始前，保险货物已存在的品质不良或数量短差所造成的损失。

（4）保险货物的自然损耗、本质缺陷、特性，以及市价跌落、运输延迟所引起的损失或费用。

（5）陆上运输货物战争险条款和货物运输罢工险条款规定的责任范围和除外责任。

从上述规定可知，陆上运输货物保险基本险的除外责任与海洋运输货物保险基本险的除外责任基本相同。

二、陆上运输冷藏货物险

（一）承保责任范围

陆上运输冷藏货物险是陆上运输货物保险中的一种专门保险。其主要责任范围，除负责陆运险所列举的自然灾害和意外事故所造成的全部或部分损失外，还负责赔偿由于冷藏机器或隔温设备在运输途中损坏，所造成的保险货物解冻溶化而腐烂、衰败的损失。但对于因战争、工人罢工或运输延迟而造成的保险货物的腐烂或损失，以及保险冷藏货物在保险责任开始时未能保持良好状况，整理、包扎不妥或冷冻不合规格所造成的损失除外。一般的除外责任条款也适用本险别。

（二）保险期限

陆上运输冷藏货物险的责任自保险货物运离保险单所载起运地点的冷藏仓库，装入运送工具开始运输时生效，包括正常陆运以及与其有关的水上驳运在内，直至货物到达目的地收货人仓库为止。但是保险责任的最长有效期限，以被保险货物到达日的地车站后 10 天为限。

中国人民财产保险公司的保险条款还规定，装货的任何运输工具，必须有相应的冷藏设备或隔温设备；或供应和储存足够的冰块使车厢内始终保持适当的温度，保证被保险冷藏货物不致因冰块融化而腐烂，直至目的地收货人仓库为止。

陆上运输冷藏货物险的索赔时效为，从保险货物在最后目的地全部卸离车辆后起计算，最多不超过两年。

（三）除外责任

陆上运输冷藏货物险的除外责任除包括陆上运输货物保险基本险的除外责任外，对保险货物在运输过程中因未存放在有冷藏设备的仓库或运输工具中，或辅助运输工具没有隔温设备或没有在车厢内储存足够的冰块所致的货物腐败，以及保险货物在保险责任开始时因未保持良好的状态所引起的腐败和损失也不负赔偿责任。

三、陆上运输货物战争险

陆上运输货物战争险（Overland Transportation Cargo War Risks），是陆上运输货物保险的一种附加险，只有在投保了陆运险或陆运一切险的基础上，经过投保人与保险人协商方可加保。对于陆上运输货物战争险，国外私营保险公司大都是不保的。我国为适应国际贸易业务需要，保险公司接受加保，但目前仅限于火车运输，若使用汽车运输则不能加保。加保陆上运输货物战争险须另缴付一定的保险费。

加保陆上运输货物战争险后，保险人负责赔偿在火车运输途中由于战争、类似战争行为或敌对行为、武装冲突所致的损失，以及各种常规武器包括地雷、炸弹所致的损失。但是，由于敌对行为使用原子或热核武器所致的损失和费用，以及由执政者、当权者或其他武装集团的扣押、拘留引起的承保运程的丧失和挫折而造成的损失除外。

陆上运输货物战争险的责任起讫与海洋运输货物战争险相似，以保险货物置于运输工具时为限，即自保险货物装上保险单所载起运地的火车时开始，到卸离保险单所载目的地火车时为止。如果保险货物不卸离火车，则以火车到达目的地的当日午夜起计算满 48 小时为止；如在运输中途转车，则不论货物在当地卸载与否，保险责任均以火车到达该中途站的当日午夜起计算满 10 天为止。如货物在此期限内重新装车续运，保险合同仍恢复有效。但需指出，如运输合同在保险单所载目的地以外的地点终止时，该地即视作保险单所载目的地，在货物卸离该地火车时为止；如不卸离火车，则保险责任以火车到达该地当日午夜起计算满 48 小时为止。

陆上运输货物保险的附加险，除战争险外，还可加保罢工险。陆上运输货物罢工险的承保责任范围与海洋运输货物罢工险相同。在投保战争险的前提下，加保罢工险不另收费。如仅要求加保罢工险，则按战争险费率收费。

第二节 航空运输货物保险

航空运输货物保险是承保以飞机装载的航空运输货物的一种保险。利用飞机运输国际贸易货物始于 20 世纪初。初期的空运货物主要是一些军用品和部分邮件等，而且运量很小。1929 年在荷兰海牙成立了国际航空协会，开始推动航空工业和航空货物运输的发展，特别是在第二次世界大战以后，利用航空运送进出口货物的需要日益迫切，使航空运输在国际货物运输中的重要性日益显著，占整个国际贸易货运量的比重也迅速增加。

航空运输发展较晚，与此相适应的航空运输货物保险业务历史也不长，迄今尚未形成一个完整、独立的体系。伦敦保险协会直至 1965 年，才对实际业务中的航空运输货物一切险制定了一份比较完整的《协会航空运输货物一切险条款》[Institute Air Cargo Clause（All Risks）]，1982年起改称为《协会航空运输货物险条款》（Institute Air Cargo Clause）。此外，伦敦保险协会还制定了《协会航空运输货物战争险条款》[Institute War Clause（Air Cargo）]及《协会航空运输货物罢工险条款》[Institute Strikes Clause（Air Cargo）]，以供保险界采用。目前，国际保险市场上的保险人在接受投保航空运输货物保险时，多采用上述条款的规定。

我国现行的《航空运输货物保险条款》的险别及其承保责任范围，是参考了国际保险市场上的通行做法，特别是参照了伦敦保险协会上述条款的基本内容制定的。我国航空运输货物保险的基本险别有航空运输险（Air Transportation Risks）和航空运输一切险（Air Transportation All Risks）两种。航空运输货物战争险（Air Transportation Cargo War Risks）是航空运输货物保险的附加险条款。此外，海洋运输货物保险中的附加险也可在航空运输货物保险中有选择地使用。现将我国航空货物运输保险的险别及其责任范围进行介绍。

一、航空运输险和航空运输一切险

（一）承保的责任范围

航空运输险的承保责任范围与《海洋运输货物保险条款》中的水渍险和ICC（B）大致相同。保险人负责赔偿保险货物在运输途中遭受雷电、火灾、爆炸或由于飞机遭遇恶劣气候或其他危难事故而被抛弃，或由于飞机遭受碰撞、倾覆、坠落或失踪等自然灾害和意外事故所造成的全部或部分损失。

航空运输一切险的承保责任范围除包括航空运输险的全部责任外，保险公司还负责赔偿保险货物由于被偷窃、短少等外来原因所造成的全部或部分损失。

航空运输险和航空运输一切险的除外责任与海洋运输货物保险的除外责任基本相同。

（二）保险期限

航空运输货物保险的两种基本险的保险责任也采用“仓至仓”原则，但与海洋运输货物保险的“仓至仓”责任条款有所区别，具体如下：

（1）如保险货物运达保险单所载明的目的地而未运抵保险单所载明的收货人仓库或储存处所，则以保险货物在最后卸载地卸离飞机后满30天为止。如在上述30天内保险货物需转送到非保险单所载明的目的地时，则以该项货物开始转运时终止。

（2）由于被保险人无法控制的运输延迟、绕道、被迫卸货、重新装载、转运或承运人运用运输合同赋予的权限所做的任何航行上的变更或终止运输合同，致使被保险货物运到非保险单所载的目的地时，在被保险人及时将获知的情况通知保险人并在必要时加缴保险费的情况下，保险单继续有效，保险责任按下述规定终止：①保险货物如在非保险单所载的目的地出售，保险责任至交货时为止。但不论任何情况，均以保险货物在卸载地卸离飞机后满 30 天为止。②保险货物在上述 30 天期限内继续运往保险单所载的目的地或其他目的地时，保险责任仍按上述规定，即在保险单所载的目的地或其他目的地卸离飞机后，满 30 天终止。

二、航空运输货物战争险

航空运输货物战争险是航空运输货物保险的一种附加险，只有在投保了航空运输险或航空运输一切险的基础上，经过投保人与保险人协商方可加保，加保时须另加付一定的保险费。加保航空运输货物战争险后，保险人承担赔偿在航空运输中由于战争、类似战争行为、敌对行为或武装冲突，以及各种常规武器和炸弹所造成的货物的损失，但不包括因使用原子或热核武器所造成的损失。

航空运输货物战争险的保险责任期限自保险货物装上保险单所载明的起运地的飞机时开始，直到卸离保险单所载的目的地飞机时为止。如果被保险货物不卸离飞机，则以飞机到达目的地当日午夜起计算满 15 天为止；如果被保险货物需在中途转运，则保险责任以飞机到达转运地的当日午夜起计算满 15 天为止；一旦装上续运的飞机，保险责任恢复有效。

航空运输货物保险的附加险，除战争险外，还可加保罢工险。在投保航空运输货物战争险的前提下，加保罢工险不另收费。如仅要求加保罢工险，则按战争险费率收费。

航空运输货物罢工险的责任范围与海洋运输货物罢工险的责任范围相同。

第三节　邮包运输货物保险

在国际贸易中，通过邮政包裹运送小件货物对寄件人来说是一种比较简便的运输方式。由于邮包运输要经过海上、陆上和航空运输等一种或多种运输方式才能实现，货物在运输途中也会遭遇各种自然灾害、意外事故而损毁，使寄件人遭受经济损失，因此需要通过投保邮包运输货物保险获得保障。邮包运输货物保险的保险人承保邮政包裹在运送过程中由于自然灾害、意外事故或外来风险所造成的包裹内物品的损失。由于邮包运送可能同时涉及海、陆、空三种运输方式，所以保险人在确定承保责任范围时，需综合考虑这三种运输方式各自可能遭遇的风险，给予全面的保险保障。

国际保险市场上，对邮包运输所采用的保险条款及保险险别并无统一的规定，英国伦敦保险协会迄今为止仅对邮包运输制定了《协会战争险条款（邮包）》[Institute War Clauses (Sending by Post)]，而未制定邮包运输的基本险别条款。目前，我国邮包运输货物保险采用的是中国人民保险公司于 1981 年 1 月 1 日修订的

《邮包保险条款》，其基本险包括邮包险（Parcel Post Risks）和邮包一切险（Parcel Post All Risks），还设有附加险——邮包战争险（Parcel Post War Risks）。

一、邮政包裹保价

邮政包裹保价是邮政机构自办的运输货物保险业务。根据万国邮政联盟于1979年在里约热内卢召开的大会所通过的《邮政包裹协定》，以及我国国家邮政局的有关规定，以下几点应予以注意：

（一）保价金额

各国邮政机构有权限制它的最高保价金额，但不得少于5 000金法郎，或在本国内的保价限额少于5 000金法郎时，采用国内保价限额。实际上，目前参加《邮政包裹协定》的国家，除少数规定不足1 000金法郎，个别为5 000金法郎外，一般均为1 000金法郎。根据2006年12月我国国家邮政局修订的《国际邮件处理规则》，规定最高保价金额为人民币10 000元，相当于876金法郎。在采取不同保价限额的各国邮政机构间，各方均应以最低限额为准。对与寄达国（地区）邮政另有双边协定的，则以协定规定的限额为准。

寄件人申报保价金额，不得超过包裹内件的实际价值，但可以借包裹内件部分价值申报保价金额。申报保价金额超过包裹实际价值的，遇到损失，超过部分邮政机构不予补偿。

（二）办理保价包裹手续

保价包裹只限在设有海关的邮政机构交寄，办理交寄手续时，必须先查看寄达国（地区）是否办理此项业务，一般限于参加《邮政包裹协定》的成员。但参加的成员也不一定都办理保价业务，如非该协定成员，则要查看是否与我国政府订立邮政包裹双边协定，以及协定是否规定承办保价包裹业务。我国邮政部门备有《通达保价包裹的国家（地区）表》，可供查阅。该表除列有通达保价包裹的国家（地区）外，还列有其最高保价限额和可否按航空方式寄递的内容。保价包裹除需交付普通包裹资费或按航空交寄的航空包裹资费外，还需加缴保价费和保价手续费。

由于保价包裹在寄递过程中遗失或受损时，邮政机构有按保价金额赔偿的责任，所以保价金额类似于向保险人投保时的保险金额，保价费则类似于向保险人投保时交付的保险费。

利用邮政包裹寄递物品虽然可通过保价得到保障，但保价包裹由于存在以下限制，还不能全部满足寄件人的安全保障要求：有的国家或地区无保价邮包业务，或保价有最高限额，而贵重物品包裹的实际价值，则往往超过保价最高限额，邮政机构对损失赔偿大都有一定限制。例如，我国《国际邮件处理规则》规定，由于自然灾害和邮政部门不可抗力的事故造成的或致使档案损毁，无法加以追查，而又没有其他证据确定责任的，邮政部门不负赔偿责任。因此，在使用保价包裹不能满足寄件人需要时，寄件人就要向保险人投保邮政包裹保险。

二、邮包运输货物保险介绍

邮包运输货物保险（Parcel Post Insurance），是保险人承保的邮政包裹在运送途中，因自然灾害、意外事故或外来风险所造成包裹内物件的损失。由于邮包的运送可能同时涉及海、陆、空三种运输方式，因此保险人在确定承保责任范围时，必须要同时考虑这三种运输方式可能出险的因素。

邮包运输货物保险也经常使用海洋运输货物保险单加贴邮包险条款的做法。各国保险公司所使用的险别和确定承保责任范围的保险条款也不尽相同，比较常见的是沿袭海洋运输货物保险的平安险、水渍险与一切险的险别名称，但具体条款与海洋运输货物保险的同名险别不完全一致。

在我国，中国人民财产保险公司参照国际上的通行做法，结合我国邮政包裹业务的实际情况，制定了较为完备的邮包运输货物保险条款。

（一）邮包基本险

在具体险别上，邮包基本险有邮包险和邮包一切险两种。在办理邮包货物运输保险时，必须选保其中的一种。

1. 邮包险的责任范围

邮包险负责赔偿被保险邮包在运输途中由于恶劣气候、雷电、海啸、地震、洪水、自然灾害或由于运输工具搁浅、触礁、沉没、碰撞、出轨、倾覆、坠落、失踪，或由于失火和爆炸等意外事故造成的全部或部分损失。另外，还负责被保险人对遭受承保责任范围内危险的货物采取抢救、防止或减少货损的措施而支付的合理费用，但以不超过该批被救货物的保险金额为限。

2. 邮包一切险的责任范围

邮包一切险的承保责任范围除包括邮包险的全部责任外，还负责被保险邮包在运输途中由于一般外来原因所致的全部或部分损失，但是，在这两种险别中，保险人对因战争、敌对行为、类似战争行为、武装冲突、海盗行为、工人罢工所造成的损失，直接由于运输延迟，或被保险物品本质上的缺陷，或自然损耗所造成的损失，属于寄件人责任和被保险邮包在保险责任开始前，已存在的品质不良或数量短差所造成的损失，以及被保险人的故意行为或过失所造成的损失，不负赔偿责任。

邮包险和邮包一切险的保险责任自被保险邮包离开保险单所载起运地点即寄件人的处所，运往邮政机构时开始生效，直至被保险邮包运达保险单所载明的目的地，邮政机构发出通知书给收件人当日午夜起计算满 15 天为止，但在此期限内邮包一经递交至收件人的处所，保险责任即行终止。

（二）邮包战争险

邮包战争险是邮包运输货物保险的一种附加险，只有在投保邮包险或邮包一切险的基础上，经过投保人与保险人协商，方可加保，加保邮包战争险须另支付保险费。

加保邮包战争险后，保险人负责赔偿在邮包运输过程中，由于战争、类似战争行为、敌对行为、武装冲突、海盗行为以及各种常规武器包括水雷、鱼雷、炸弹所造成的损失。此外，保险人还负责被保险人对遭受以上承保责任内危险的货物，采取抢救、防止或减少损失的措施而支付的合理费用。但保险人不承担因使用原子弹或热核武器所造成的损失的赔偿。

邮包战争险的保险责任自被保险邮包经邮政机构收讫后，自储存处所开始运送时生效，直至该项邮包运达保险单所载明的目的地邮政机构，送交收货人为止。

除战争险外，邮包附加险还有邮包罢工险。在投保战争险的前提下，加保罢工险不另收费。如仅要求加保罢工险，则按战争险费率收费。邮包罢工险的责任范围与海洋运输货物罢工险的责任范围相同。

第四节　集装箱运输货物条款和国际多式联运货物保险

随着国际贸易和运输业的发展，集装箱运输及在此基础上发展起来的国际多式联合运输方式被越来越多地采用，如今集装箱货物多式联运已成为国际货物运输的发展方向。

一、集装箱运输货物保险条款

对于集装箱运输货物的保险，根据采用的运输方式不同，直接适用于本书前面所述的海运、陆运或空运货物保险。由于集装箱运输的特殊性，实务中对其特殊的风险以及一些特别条款的应用须予以特别关注。

为适应集装箱运输货物保险的需要，我国制定了进口集装箱货物运输保险特别条款，附贴在一般的运输货物保险条款中使用。该条款的主要内容如下：

（一）保险期限

（1）进口集装箱货物运输保险责任按原运输险保险单责任范围负责，但保险责任至原保险单载明的目的港收货人仓库终止。

（2）集装箱货物运抵目的港，原箱未经启封而转运内地的，其保险责任至转运目的地收货人仓库终止。

（3）如果集装箱货物运抵目的港或目的港集装箱转运站，一经启封开箱，全部或部分箱内货物仍须继续转运内地时，被保险人或其代理人必须征得目的港保险公司同意，按原保险条件和保险金额办理加批加费手续后，保险责任可至转运单上标明的目的地收货人仓库终止。

（二）特别除外责任

（1）凡集装箱体无明显损坏，铅封完整，经启封开箱后，发现内装货物数量规格等与合同规定不符，或因积载或配载不当所致的残损不属保险责任。

（2）装运货物的集装箱必须具有合格的检验证书，如因集装箱不适货而造成的货物残损或短少不属保险责任。

（三）被保险人义务

（1）集装箱在目的港转运站、收货人仓库或经转运至目的地收货人仓库，被发现箱体有明显损坏或铅封被损坏或灭失，或铅封号码与提单、发票所列的号码不符时，被保险人或其代理人或收货人应保留现场，保存原铅封，并立即通知当地保险公司进行联合检验。

（2）进口集装箱货物残损或短缺涉及承运人或第三者责任的，被保险人有义务先向承运人或第三者取证，进行索赔和保留追索。

二、国际多式联运保险

国际多式联运是指将海、陆、空各段的运输，以两种或两种以上的运输方式衔接起来，组成一个连贯的运输，把货物从一个国家的起运地，运至另一个国家的交货目的地的运输方式。由于国际多式联运将不同的运输方式有机地组合在一起，具有各单一运输方式所无法比拟的优势，因而发展迅速。

多式联运货物在运输途中同样面临多种风险，需要保险保障。但是，迄今为止，国际多式联运货物的保险在国际保险业中尚未形成一个单独的险种，我国保险界也没有一款专门的险种针对多式联运的货物。对于多式联运中的货物，实践中的普遍做法是视承运货物的不同方式，分段投保相应运输方式的运输货物保险，在保险单的承保险别一栏，则将不同运输方式的货物保险险别全部列入。若货物在运输途中发生保险责任范围内的损失，则直接依据所投保的险别向有关保险人索赔。

思考题

1. 我国陆运货物保险包括哪些基本险别？其责任范围有何区别？
2. 简述我国航空运输险和航空运输一切险的承保责任。
3. 邮包保险主要承保哪些风险？其责任起讫是如何规定的？
4. 简述集装箱货物运输保险条款的主要内容。
5. 如何投保国际多式联运保险？

附录1　中国海洋运输货物保险条款

海洋运输货物保险条款

一九八一年一月一日修订

一、责任范围

本保险分为平安险，水渍险及一切险三种。被保险货物遭受损失时，本保险按照保险单上订明承保险别的保险条款规定，负赔偿责任。

（一）平安险

本保险负责赔偿：

1. 被保险货物在运输途中由于恶劣气候，雷电，海啸，地震，洪水等自然灾害造成整批货物的全部损失或推定全损。当被保险人要求赔付推定全损时，须将受损货物及其权利委付给保险公司。被保险货物用驳船运往或运离海轮的，每一驳船所装的货物可视做一个整批。推定全损是被保险货物的实际全损已经不可避免，或者恢复，修复受损货物以及运送货物到原订目的地的费用超过该目的地的货物价值。

2. 由于运输工具遭受搁浅，触礁，沉没，互撞，与流冰或其他物体碰撞以及失火，爆炸意外事故造成货物的全部或部分损失。

3. 在运输工具已经发生搁浅，触礁，沉没，焚毁意外事故的情况下，货物在此前后又在海上遭受恶劣气候，雷电，海啸等自然灾害所造成的部分损失。

4. 在装卸或转运时由于一件或数件整件货物落海造成的全部或部分损失。

5. 被保险人对遭受承保责任内危险的货物采取抢救，防止或减少货损的措施而支付的合理费用，但以不超过该批被救起货物的保险金额为限。

6. 运输工具遭遇海难后，在避难港由于卸货所引起的损失以及在中途港，避难港由于卸货，存仓以及运送货物所产生的特别费用。

7. 共同海损的牺牲，分摊和救助费用。

8. 运输契约订有“船舶互撞责任”条款，根据该条款规定应由货方偿还船方的损失。

（二）水渍险

除包括上列平安险的各项责任外，本保险还负责被保险货物由于恶劣气候，雷电，海啸，地震，洪水自然灾害所造成的部分损失。

（三）一切险

除包括上列平安险和水渍险的各项责任外，本保险还负责被保险货物在运输途中由于外来原因所致的全部或部分损失。

二、除外责任

本保险对下列损失不负赔偿责任：

（一）被保险人的故意行为或过失所造成的损失。

（二）属于发货人责任所引起的损失。

（三）在保险责任开始前，被保险货物已存在的品质不良或数量短差所造成的损失。

（四）被保险货物的自然损耗，本质缺陷，特性以及市价跌落，运输延迟所引起的损失或费用。

（五）本公司海洋运输货物战争险条款和货物运输罢工险条款规定的责任范围和除外责任。

三、责任起讫

（一）本保险负“仓至仓”责任，自被保险货物运离保险单所载明的起运地仓库或储存处所开始运输时生效，包括正常运输过程中的海上，陆上，内河和驳船运输在内，直至该项货物到达保险单所载明目的地收货人的最后仓库或储存处所或被保险人用做分配、分派或非正常运输的其他储存处所为止。如未抵达上述仓库或储存处所，则以被保险货物在最后卸载港全部卸离海轮后满六十天为止。如在上述六十天内被保险货物需转运到非保险单所载明的目的地时，则以该项货物开始转运时终止。

（二）由于被保险人无法控制的运输延迟，绕道，被迫卸货，重新装载，转载或承运人运用运输契约赋予的权限所作的任何航海上的变更或终止运输契约，致使被保险货物运到非保险单所载明目的地时，在被保险人及时将获知的情况通知保险人，并在必要时加缴保险费的情况下，本保险仍继续有效，保险责任按下列规定终止。

1. 被保险货物如在非保险单所载明的目的地出售，保险责任至交货时为止，但不论任何情况，均以被保险货物在卸载港全部卸离海轮后满六十天为止。

2. 被保险货物如在上述六十天期限内继续运往保险单所载原目的地或其他目的

地时，保险责任仍按上述第（一）款的规定终止。

四、被保险人的义务

被保险人应按照以下规定的应尽义务办理有关事项，如因未履行规定的义务而影响保险人利益时，本公司对有关损失，有权拒绝赔偿。

（一）当被保险货物运抵保险单所载明的目的港（地）以后，被保险人应及时提货，当发现被保险货物遭受任何损失，应即向保险单上所载明的检验，理赔代理人申请检验，如发现被保险货物整件短少或有明显残损痕迹应即向承运人，受托人或有关当局（海关，港务当局等）索取货损货差证明。如果货损货差是由于承运人，受托人或其他有关方面的责任所造成，并应以书面方式向他们提出索赔，必要时还须取得延长时效的认证。

（二）对遭受承保责任内危险的货物，被保险人和本公司都可迅速采取合理的抢救措施，防止或减少货物的损失，被保险人采取此措施，不应视为放弃委托的表示，本公司采取此措施，也不得视为接受委付的表示。

（三）如遇航程变更或发现保险单所载明的货物，船名或航程有遗漏或错误时，被保险人应在获悉后立即通知保险人并在必要时加缴保费，本保险才继续有效。

（四）在向保险人索赔时，必须提供下列单证：

保险单正本，提单，发票，装箱单，磅码单，货损货差证明，检验报告及索赔清单。如涉及第三者责任，还须提供向责任方追偿的有关函电及其他必要单证或文件。

（五）在获悉有关运输契约中“船舶互撞责任”条款的实际责任后，应及时通知保险人。

五、索赔期限

本保险索赔时效，从被保险货物在最后卸载港全部卸离海轮后起算，最多不超过二年。

海洋运输冷藏货物保险条款

一九八一年一月一日修订

一、责任范围

本保险分为冷藏险和冷藏一切险二种。被保险货物遭受损失时，本保险按照保险单上订明承保险别的条款规定，负赔偿责任。

（一）冷藏险

本保险负责赔偿：

1. 被保险货物在运输途中由于恶劣气候、雷电、海啸、地震、洪水自然灾害或由于运输工具遭受搁浅、触礁、沉没、互撞、与流冰或其他物体碰撞以及失火、爆炸意外事故或由于冷藏机器停止工作连续达二十四小时以上所造成的腐败或损失。

2. 在装卸或转运时由于一件或数件整件货物落海所造成全部或部分损失。

3. 被保险人对遭受承保责任内危险的货物采取抢救、防止或减少货损的措施而支付的合理费用，但以不超过该批被救货物的保险金额为限。

4. 运输工具遭遇海难后，在避难港由于卸货所引起的损失以及在中途港、避难港由于卸货、存仓以及运送货物所产生的特别费用。

5. 共同海损的牺牲、分摊和救助费用。

6. 运输契约订有“船舶互撞责任”条款，根据该条款规定应由货方偿还船方的损失。

（二）冷藏一切险

除包括上列冷藏险的各项责任外，本保险还负责被保险货物在运输途中由于外来原因所致的腐败或损失。

二、除外责任

本保险对下列损失不负赔偿责任：

（一）被保险人的故意行为或过失所造成的损失。

（二）属于发货人责任所引起的损失。

（三）被保险货物在运输过程中的任何阶段，因未存放在有冷藏设备的仓库或运输工具中，或辅助运输工具没有隔温设备造成的货物腐败。

（四）被保险货物在保险责任开始时因未保持良好状态，包括整理加工和包扎不妥，冷冻上的不合规定及骨头变质所引起的货物腐败和损失。

（五）被保险货物的自然损耗、本质缺陷、特性及市价跌落、运输延迟所引起的损失和费用。

（六）本公司海洋运输货物战争险条款和货物运输罢工条款规定的责任范围和除外责任。

三、责任起讫

（一）本保险责任自被保险货物运离保险单所载起运地点的冷藏仓库装入运送工具开始运输时生效，包括正常运输过程中的海上、陆上、内河和驳船运输在内，直至该项货物到达保险单所载明的最后卸载港三十天内卸离海轮，并将货物存入岸上冷藏库后继续有效。但以货物全部卸离海轮时起算满十天为限。在上述期限内货物一经移出冷藏库，则责任即行终止，如卸离海轮后不存入冷藏库，则至卸离海轮时终止。

（二）由于被保险人无法控制的运输延迟、绕道、被迫卸货、重新装载、转载或承运人运用运输契约赋予的权限所作的任何航海上的变更或终止运输契约，致使被保险货物运到非保险单所载明目的地时，在被保险人即时将获知的情况通知保险人，并在必要时加缴保险费的情况下，本保险仍继续有效。保险责任按下列规定终止：

1. 在货物到达卸载港三十天内卸离海轮并将货物存入岸上冷藏仓库后继续有效，但以货物全部卸离海轮后时起算满十天终止。在上述期限内，被保险货物如在非保险单所载明目的地出售，保险责任至交货时为止。

2. 被保险货物如在上述十天期限内继续运往保险单所载原目的地或其他目的地时，保险责任仍按上述第（一）款的规定终止。

四、被保险人的义务

被保险人应按照以下规定的应尽义务办理有关事项，如因未履行规定的应尽义务而影响本公司利益时，本公司对有关损失有权拒绝赔偿。

（一）当被保险货物运抵保险单所载目的港以后，被保险人应及时提货，当发现被保险货物任何部分有腐败或损失，应即向保险单所载明的检验、理赔代理人申请检验，由其在本保险责任终止前确定腐败件数或损失程度。如发现被保险货物整件短少或有明显残损痕迹应即向承运人、受托人或有关当局（海关、港务当局等）索取货损货差证明。如果货损货差是由于承运人、受托人或其他有关方面的责任所造成，并应以书面方式向他们提出索赔，必要时还须取得延长时效的认证。

（二）对遭受承保责任内危险的货物，应迅速采取合理的抢救措施，防止或减少货物的损失，被保险人采取此项措施，不应视为放弃委付的表示，本公司采取此项措施，也不得视为接受委付的表示。

（三）如遇航程变更或发现保险单所载明的货物，船名或航程有遗漏或错误时，被保险人应在获悉后立即通知保险人并在必要时加缴保险费，本保险才继续有效。

（四）在向保险人索赔时，必须提供下列单证：

保险单正本、提单、发票、装箱单、磅码单、货损货差证明、检验报告及索赔清单。如涉及第三者责任，还须提供向责任方追偿的有关函电及其他必要单证或文件。

（五）在获悉有关运输契约中“船舶互撞责任”条款的实际责任后，应及时通知保险人。

五、赔款的处理

（一）本保险对同一标记和同一价值的或不同标记但是同一价值的各种包、件、扎、块、除非另有规定，均视作同一重量和同一保险价值计算处理赔偿。

（二）本保险的索赔时效，从被保险货物在最后卸载港全部卸离海轮后起计算，最多不超过二年。

海洋运输散装桐油保险条款

一九八一年一月一日修订

一、责任范围

本保险负责赔偿：

（一）不论任何原因所致被保险桐油短少、渗漏损失而超过本保险单规定的免赔率时（以每个油仓作为计算单位）。

（二）不论任何原因所致被保险桐油的沾污或变质损坏。

（三）被保险人对遭受承保险任内危险的桐油采取抢救、防止或减少货损的措施而支付的合理费用，但以不超过该批被救桐油的保险额为限。

（四）共同海损的牺牲、分摊、和救助费用。

（五）运输契约订有“船舶互撞责任”条款，根据该条款规定应由货方偿还船方的损失。

二、除外责任

本保险对下列损失不负赔偿责任：

（一）被保险人的故意行为或过失所造成的损失。

（二）属于发货人责任所引起的损失。

（三）在保险责任开始前，被保险桐油已存在的品质不良或数量短差所造成的损失。

（四）被保险桐油的市价跌落或运输延迟所引起的损失或费用。

（五）本公司海洋运输货物战争险和货物运输罢工险条款规定的责任范围和除外责任。

三、责任起讫

（一）本保险责任自被保险桐油运离保险单所载明的起运港的岸上油库或盛装容器开始运输时生效，在整个运输过程中，包括油管积油，继续有效，直至安全交至保险单所载明的目的地的岸上油库时为止。但如桐油不及时卸离海轮或未交至岸上油库，则最长保险期限以海轮到达目的港后十五天为限。

（二）由于被保险人无法控制的运输延迟、绕道、被迫卸货、重新装载、转载或承运人运用运输契约赋予的权限所作为任何航海上的变更或终止运输契约，致使被保险桐油运到非保险单所载明目的港时，在被保险人及时将获知的情况通知保险人，并在必要时加缴保险费的情况下，本保险仍继续有效，保险责任按下列规定终止。

1. 被保险桐油应在到达该项港口十五天内卸离海轮，在卸离海轮后满十五天责任终止，如在前述期限内货物在该地出售，则在交货时终止。

2. 被保险桐油如在上述十五天内继续运往保险单所载原目的地或其他目的地时，保险责任仍按上述第（一）款的规定终止。

四、特别约定

（一）被保险人在起运港必须取得下列检验保证书，如不按照执行，则本保险不负桐油品质上的损失。

1. 船上油仓在装油前必须清洁并经在场的商品检验局代表检验出具合格的证书。

2. 桐油装船后的容量或重量和温度必须由商品检验局详细检验并出具证书，装船重量即作为本保险负责的装运量。

3. 装船桐油的品质还须由商品检验局抽样化验并出具合格证书，证明在装运时确无沾污、变质或“培他”（桐油损失专门名词）迹象。

（二）如遇本条款第三条（二）款必需卸货的情况时，在卸货前须进行品质鉴定并取得证书，对接受所卸桐油的油驳、岸上油库其他容器以及重新装载桐油的船舶油轮均须申请当地合格检验人进行检验，并取得证书。

（三）被保险桐油在运抵本保险单所载目的港后，被保险人必须在卸货前通知本保险单所指定的检验、理赔代理人，由他指定的检验人进行检验。确定卸货时油仓中的温度、容量、重量或量尺，并应由代理人指定的合格化验师一次或数次抽样化验，出具确定当时品质状况的证书。如到货后由油驳驳运，则油驳在装油前须经检验人检验出证。

五、被保险人的义务

被保险人应按照以下规定的应尽义务办理有关事项。如因未履行规定的义务而影响本公司利益时，本公司对有关损失有权拒绝赔偿。

（一）当被保险桐油运抵保险单所载目的港以后，被保险人应及时提货，发现被保险桐油遭受任何损失，应即向保险单上所载明的检验、理赔代理人申请检验。如发现被保险桐油的短少和损失是由于承运人、受托人或其他有关方面的责任所造成，并应以书面方式向他们提出索赔，必要时还须取得延长时效的认证。

（二）对遭受承保责任内危险的桐油，应采取合理的抢救措施，防止或减少桐油损失，被保险人采取此项措施，不应视为放弃委付的表示，本公司采取此项措施，也不得视为接受委付的表示。

（三）如遇航程变更或发现保险单所载明的货物、船名或航程有遗漏或错误时，被保险人应在获悉后立即通知保险人，并在必要时加缴保险费，本保险才继续有效。

（四）在向保险人索赔时，必须提供下列单证：

保险单正本、提单、发票、货损货差证明、检验报告、索赔清单以及上述第四条（一）至（三）款所列的各项检验证书。如涉及第三者责任还须提供向责任方追偿的有关函电及其他必要单证或文件。

（五）在获悉有关运输契约中“船舶互撞责任”条款的实际责任后，应及时通知保险人。

六、赔款的处理

（一）如被保险桐油经检验和化验证明已发生短少或损失时，必须同装船时的检验和化验报告相比较，估定损失数额。如发生全损，以上述第四条（一）款2项规定的装运量作为计算的标准。

（二）如根据化验报告中的鉴定被保险桐油品质上有变异时，本保险按实际所需的提炼费用（包括提炼后的短量、贬值、运输、人工、存仓、保险等各项费用）减去通常所需的提炼费用后差额赔付。

（三）一切检验和化验费用均由被保险人负担，但为了决定赔款数额而支付的必要检验和化验费用，可由保险人负担。

（四）本保险索赔时效，从被保险货物在最后卸载港全部卸离海轮后起计算，最多不超过二年。

海洋运输货物战争险条款

一九八一年一月一日修订

一、责任范围

本保险负责赔偿：

（一）直接由于战争、类似战争行为和敌对行为、武装冲突或海盗行为所致的损失。

（二）由于上述（一）款引起的捕获、拘留、扣留、禁制、扣押所造成的损失。

（三）各种常规武器，包括水雷、鱼雷、炸弹所致的损失。

（四）本条款责任范围引起的共同海损的牺牲、分摊和救助费用。

二、除外责任

本保险对下列各项不负赔偿责任：

（一）由于敌对行为使用原子或热核制造的武器所致的损失和费用。

（二）根据执政者、当权者、或其他武装集团的扣押、拘留引起的承保航程的丧失和挫折而提出的任何索赔。

三、责任起讫

（一）本保险责任自被保险货物装上保险单所载起运港的海轮或驳船时开始，到卸离保险单所载明的目的港的海轮或驳船时为止。如果被保险货物不卸离海轮或驳船，本保险责任最长期限以海轮到达目的港的当日午夜起算满十五天为限，海轮到达上述目的港是指海轮载该港区内一个泊位或地点抛锚、停泊或系缆，如果没有这种泊位或地点，则指海轮载原卸货港或地点或附近第一次抛锚、停泊或系缆。

（二）如在中途港转船，不论货物在当地卸载与否，保险责任以海轮到达该港或卸货地点的当日午夜起算满十五天为止，俟再装上续运海轮时恢复有效。

（三）如运输契约在保险单所载明目的地以外的地点终止时，该地即视为本保险目的地，仍照前述（一）款的规定终止责任，如需运往原目的地或其他目的地时，在被保险人于续运前通知保险人并加缴保险费的情况下，可自装上续运的海轮时重新有效。

（四）如运输发生绕道，改变航程或承运人运用运输契约赋予的权限所作的任何航海上的改变，在被保险人及时将获知情况通知保险人，在必要时加缴保险费的情况下，本保险仍继续有效。

注：本条款系海洋运输货物保险条款的附加条款，本条款与海洋运输货物保险条款中的任何条文有抵触时，均以本条款为准。

海运进口货物国内转运期间保险责任扩展条款

一九七二年四月一日修订

一、本公司同意将“海洋运输货物保险条款”规定的保险责任期限扩展如下：

保险货物运至海运提单载明的我国卸货港后，如需转运至国内其他地区，本公司按“海洋运输货物保险条款”规定的保险险别（战争险除外），继续负责转运期间的保险责任，直至所保货物运至卸货港货物转运单据上载明的国内最后目的地。

（一）经收货单位提货后运抵其仓库时终止。

（二）自货物进入承运人仓库或堆场当日零时起算满三十天终止。

以上（一）、（二）两项，以首先发生的一项为准。卸货港等待转运期间的保险责任，以货物全部卸离海轮当日零时起算满六十天终止。如货物不能在六十天内转运，收货或接货单位可在六十天满期前开列不能转运的货物清单，申请展延保险期限。本公司可根据具体情况决定是否同意展延和确定展延的日期。如同意展延，展延期限最长不能超过六十天。在期限届满一百二十天之后，如仍要求继续展延，经保险公司同意后，每三十天为一期按本公司规定加费。转运货物在卸货港存放满六十天或经展延保险期限届满而未继续办理保险责任展延申请的，收货或接货单位应即在港口进行检验。如发现货物短缺或残损，应在保险责任终止之日起十天内通知本公司港口机构进行联合检验。本公司仅对在港口检验确定的货物损失负保险责任。

二、本公司对所有散装货物（如散装油类、粮、糖、矿石、矿砂、废钢铁、废轮胎等）以及化肥，古巴糖，活牲畜，新鲜果菜所负的保险责任，一律按“海洋运输货物保险条款”的规定在卸货港终止，不负责国内转运期间的保险责任。

附录2　伦敦保险协会货物保险条款

伦敦保险协会货物保险（A）条款

（2009/1/1）

承保范围

风险

1. 本保险承保除下列4、5、6、7各条规定除外责任以外的保险标的损失和损坏的一切风险。

2. 本保险承保共同海损和救助费用，其理算或确定应根据运输合同和（或）有关法律和惯例办理。该项共同海损和救助的费用的产生，应为避免任何原因所造成的或与之有关的损失所引起的，但下列4、5、6、7各条或本保险其他条款规定的不保责任除外。

3. 本保险负责赔偿被保险人根据运输合同订有“船舶互撞责任”条款规定，由被保险人就承保风险应承担的责任。如果船东根据上述条款提出任何索赔要求，被保险人同意通知保险人，保险人有权自负费用为被保险人就此项索赔进行辩护。

除外责任

4. 本保险在任何情况下不承保下列各项：

4.1　归因于被保险人恶意不法行为所造成的损失、损害或费用；

4.2　保险标的自然渗漏，重量或容量的自然损耗，或自然磨损；

4.3 由于保险标的包装或准备不足或不当引起的不能承受运输过程中的通常风险产生的损失、损害或费用，如果此种包装或准备是由被保险人或其雇员实施的，或是在本保险责任开始前完成的。（在本款意义上，“包装”包括集装箱内的积载，“雇员”不包括独立承包商）；

4.4 保险标的内在缺陷或特性所引起的损失、损害或费用；

4.5 由于延迟引起的损失或费用，即使延迟是由承保风险所引起（但按上述第二条的规定，共同海损应予赔偿的费用不在此限）；

4.6 由于船舶所有人、经理人、承租人或经营人破产或经济困境导致的损失、损害或费用，如果在保险标的装上船舶时，被保险人知道或在通常业务过程中应该知道，此种破产或经济困境会阻止本次航程的正常进行。本责任免除不适用于保险合同已转让给第三方，而该第三方是基于合同善意购买或同意购买保险标的并提出保险索赔的情形；

4.7 由于任何使用任何原子或核裂变和（或）聚变或其他类似反应或放射性作用或放射性物质的武器或设备直接或间接导致的损失、损害或费用。

5.

5.1 在任何情况下，本保险不承保下述原因所致的保险标的的损失、损害或费用:

5.1.1 船舶或驳船不适航，或对运送保险标的不适合，如果被保险人在保险标的装船时对此种不适航或不适合有私谋:

5.1.2 集装箱或托盘对保险标的之安全运输不适合，如果装载发生在本保险责任

开始之前，或是由被保险人或其雇员实施的，而且他们在装载时对此种不适合有私谋。

5.2 如果保险合同已转让给根据一份有约束力的合同已善意购买或同意购买保险标的的另一方，对于其提出的索赔，上述除外责任不适用。

5.3 保险人放弃载运保险标的到目的港的船舶不得违反默示适航或适货保证。

6. 本保险在任何情况下不承保下列原因造成的损失、损害和费用。

6.1 战争、内战、革命、叛乱、暴乱或由此引起的内乱或来自交战方或针对交战方的任何敌对行为；

6.2 捕获、拘留、扣留、禁制、扣押（海盗除外）以及上述行为的后果或这方面的任何企图、威胁；

6.3 被遗弃的水雷、鱼雷、炸弹或其他被废弃的战争武器。

7. 本保险在任何情况下不承保下列损失、损害和费用：

7.1 罢工者、被迫停工工人或参加工潮、暴动或民变人员造成；

7.2 罢工、被迫停工、工潮、暴动或民变引起；

7.3 由任何恐怖主义分子实施的恐怖行为引起，其行为代表或与旨在推翻或影

响法律上承认的或非法律上承认的政府组织相联系。

7.4 由任何人出于政治、信仰或宗教目的实施的行为引起。

期限

运输条款

8

8.1 本保险责任自保险标的为了立即搬运至运输车辆或其他运输工具以便开始运输之目的，在仓库或储存处所内（本保险合同载明的地点）开始搬移时生效，包括正常运输过程，直至运到下述地点时终止：

8.1.1 保险合同所载明的目的地最后仓库或储存处所，从运输车辆或其他运输工具完成卸货；

8.1.2 在保险合同所载明目的地的任何其他仓库或存储处所，从运输车辆或其他运输工具完成卸货，上述任何其他仓库或储存处所是由被保险人或其雇员选择用作在正常运输过程之外的储存货物，或分配货物，最后分派货物；

8.1.3 当被保险人或其雇员使用任何运输车辆或其他运输工具或集装箱作为正常运输过程以外的储存时；

8.1.4 保险标的在最后卸载港全部卸离海轮后满60天为止。

以上各项以先发生者为准。

8.2 如保险标的在最后卸载港卸离海轮，但在本保险责任终止前，需转运到非保险单载明的其他目的地时，保险责任仍按上述规定终止，截止于该保险标的为向其他目的地转运而开始搬移之时。

8.3 在被保险人无法控制的运输延迟，任何绕道、被迫卸货、重行装载，转运以及船东或租船人运用运输合同赋予的权限所作的任何航海上的变更的情况下，本保险仍继续有效（仍需按照上述有关保险终止期限和下述第九条的规定办理）。

运输合同终止

9. 如由于被保险人无法控制的情况，致使运输合同在非保险单载明的目的地的港口或处所终止，或者运输在按上述第八条规定发货前终止，本保险亦应终止，除非被保险人立即通知保险人并提出续保要求，并在必要时加缴保险费的情况下，本保险继续有效：

9.1 直至保险标的在该港口或处所出售和交货，或，除非有特别的约定，在保险标的抵达该港口或处所后，满60天为上，以先发生者为准，或

9.2 如果保险标的在上述60天期限内（或任何约定的延长期限内），继续运往保险单所载明的目的地或任何其他目的地时，保险责任仍按上述第八条的规定终止。

变更航程

10.1　当本保险责任开始后，被保险人变更目的地，必须立即通知保险人，并另行商定保险费和保险条件，在此费率和条件达成一致前，若发生保险事故，只有在保险费率和保险条件符合合理的商业市场行情情况下，本保险仍然有效；

10.2　当保险标的按照本保险合同的航程规定开始航行时（与条款8.1相一致），被保险人或其雇员对该船舶驶向另一目的地不知情，则本保险仍然被视为是在本保险合同规定的航程开始时生效。

理赔

可保利益

11.1　在发生损失时，被保险人必须对保险标的具有可保利益，才能获得本保险单项下的赔偿。

11.2　被保险人有权按照上述11.1条的规定，对在本保险期限内发生的承保损失获得赔偿，即使损失发生在本保险合同之前。但在缔约时被保险人已经知道损失发生，而保险人并不知晓者除外。

续运费用

12. 由于本保险承保的风险，致使保险合同在非保险单载明的港口或处所终止，保险人应偿付被保险人在卸货、存仓和续运保险标的至保险单载明目的地适当而合理产生的任何额外费用。

第十二条不适用于共同海损或救助费用，并须按照上述4、5、6、7各条所载除外责任的规定办理，还不包括由于被保险人或其雇员的过失、疏忽、破产或不履行债务而引起的费用。

推定全损

13. 本保险不负责推定全损，除非保险标的实际全损已经不可避免，或者由于恢复、整理以及运送保险标的到保险目的地的费用超过其本身价值，并在保险标的被合理委付情况下，得按推定全损赔偿。

价值增加

14.1　如果被保险人对本保险单项下承保的货物办理任何增值保险，则货物的约定价值应视为增至本保险的保险金额加上所有承保该项损失的增值保险的总和。本保险的责任按照本保险金额与总保险金额的比例计算。

被保险人提出索赔时，应向保险人提供所有其他保险单所保金额的证件。

14.2　当本保险承保增值保险时，则适用下述条款：

货物的约定价值应视为等于原有的保险单项下的总保额和被保险人对该项损失投保所有增值保险额的总和，本保险应按其保险金额在保险总额中的比例，承担赔偿责任。

被保险人提出索赔时，应向保险人提供所有其他保险单所保金额的证件。

保险受益

15. 本保险

15.1　保障的被保险人包括根据本保险合同提出索赔的人或收货人；

15.1　承运人或其他受托人不得享受本保险的利益。

减少损失

被保险人义务

16. 当发生本保险承保的损失时，被保险人及其受雇人有义务：

16.1　采取合理措施，以避免或减少这种损失，以及

16.2　保证适当地保留和行使对承运人、受托人或其他第三者追偿的一切权利。

保险人除负责赔偿承保责任内的任何损失外，还应偿还被保险人为履行上述义务而产生的任何适当和合理的费用。

放弃

17. 被保险人或保险人为施救、保护或恢复保险标的所采取的措施，不应视为放弃或接受委付的表示，或视为影响任何一方的权益。

防止延误

18. 本保险条件之一是被保险人应在任何力所能及的情况下，尽速合理地处置所发生的事情。

法律和惯例

19. 本保险受英国法律和惯例管辖。

伦敦保险协会货物保险（B）条款

（节录）（2009/1/1）

［节录与协会货物保险（A）条款不同之处，其余未节录部分，完全和（A）条款相同］。

1/1/2009 协会货物保险条款（B）

（仅供新的海上保险单格式使用）

承保范围

风险条款

1. 除下列4、5、6、7各条规定除外责任以外，本保险负责：

1.1　保险标的的损失可合理归因于：

1.1.1　火灾或爆炸。

1.1.2　船舶或驳船遭受搁浅、触礁、沉没或倾覆。

1.1.3　陆上运输工具的倾覆或出轨。

1.1.4　船舶、驳船或运输工具同除水以外的任何外界物体碰撞。

1.1.5　在避难港卸货。

1.1.6　地震、火山爆发或雷电。

1.2　由于下列原因引起保险标的的损失：

1.2.1　共同海损的牺牲。

1.2.2　抛货或浪击落海。

1.2.3　海水、湖水或河水进入船舶、驳船、运输工具、集装箱、大型海运箱或存处所。

1.3　货物在船舶或驳船装卸时落海或跌落造成任何整件的全损。

除外责任

一般除外责任条款

4.7　由任何个人或数人非法行动故意损坏或故意破坏保险标的或其任何部分。

4.8　由于使用任何原子或核子裂变和（或）聚变或其他类似的反应或放射性作用或放射性物质的战争武器所引起的损失或费用。

伦敦保险协会货物保险（C）条款

（节录）（2009/1/1）

［节录与协会货物保险（A）条款不同之处，其余未节录部分，完全和（A）条款相同］。

1/1/2009 协会货物保险条款（C）

（仅供新的海上保险单格式使用）

承保范围

风险条款

1. 除下列 4、5、6、7 各条规定除外责任以外，本保险负责：

1.1　保险标的的损失可合理归因于：

1.1.1　火灾或爆炸。

1.1.2　船舶或驳船遭受搁浅、触礁、沉没或倾覆。

1.1.3　陆上运输工具的倾覆或出轨。

1.1.4　船舶、驳船或运输工具同除水以外的任何外界物体碰撞。

1.1.5　在避难港卸货。

1.2　由于下列原因引起保险标的的损失：

1.2.1　共同海损的牺牲。

1 2.2　抛货。

除外责任

一般除外责任条款

4.7　由任何个人或数人非法行动故意损坏或故意破坏保险标的或其任何部分。

4.8　由于使用任何原子或核子裂变和聚变或其他类似的反应或放射性作用或放射性物质的战争武器所引起的损失或费用。

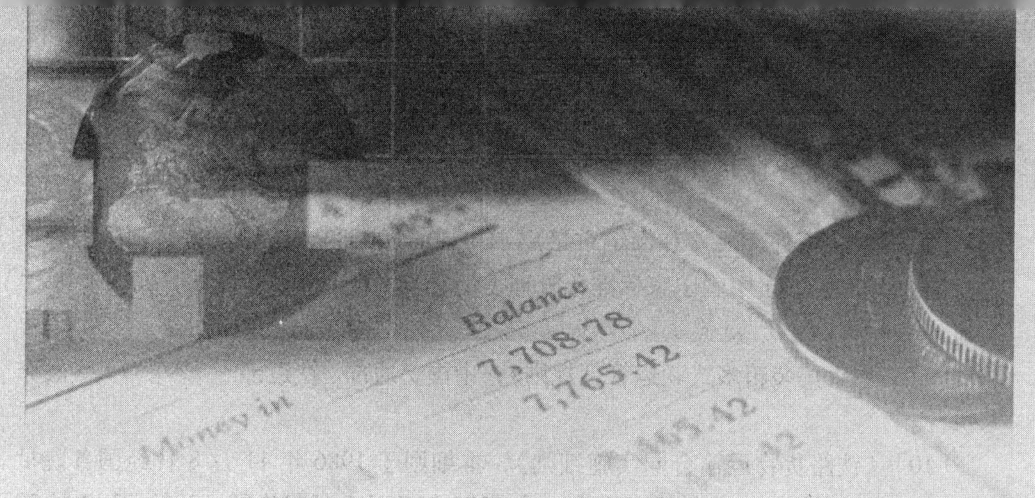

参考文献

[1] 李军，温必坤，尹非. 货物进出口实务［M］. 成都：西南财经大学出版社，2013.

[2]《海牙规则》（Hague Rules），全称为《统一提单的若干法律规定的国际公约》（International Convention for the Unification of Certain Rules of Law Relating to Bills of Lading，1924），1924 年 8 月 25 日在比利时首都布鲁塞尔签订，1931 年 6 月 2 日起生效。

[3]《维斯比规则》（Visby Rules）是《修改统一提单若干法律规定的国际公约议定书》（Protocol to Amend the International Convention for the Unification of Certain Rules of Law Relating to Bills of Lading）的简称。于 1968 年 2 月 23 日在布鲁塞尔外交会议上通过，1977 年 6 月 23 日生效。

[4]《汉堡规则》是《联合国海上货物运输公约》（United Nations Convention on the Carriage of Goods by Sea，1978）的简称。1978 年 3 月 6 日至 31 日在德国汉堡举行由联合国主持的由 78 国代表参加的海上货物运输大会讨论通过，1992 年 11 月 1 日生效。

[5]《1990 年国际海事委员会海运单统一规则》（CMI Uniform Rules for Sea Waybills，1990），1990 年 6 月 24 日至 29 日国际海事委员会在巴黎召开的第 34 届大会上通过。

[6]《跟单信用证统一惯例》（UCP600），国际商会第 600 号出版物，2007 年生效。

[7]《联合国国际货物多式联运公约》，1980 年 5 月 24 日在日内瓦，联合国国际联运会议第二次会议上通过。

[8]《集装箱外部尺寸和额定重量》(GB1413-2008)，中华人民共和国国家质量监督检验检疫总局 中国国家标准化管理委员会于2008-08-04发布，2008-10-01实施。

[9]《国际集装箱多式联运管理规则》，中国交通部、铁道部于1997-9-25发布与执行。

[10]《铁路货物运输合同实施细则》，本细则于1986年11月8日经国务院批准，1986年12月20日由铁道部发布，自1987年7月1日起施行。2010年12月29日国务院第138次常务会议通过《国务院关于废止和修改部分行政法规的决定》，对本细则部分条款予以修正，于2011年1月8日中华人民共和国国务院令第588号发布施行。

[11]《国际铁路货物联运协定》，1951年11月签订，我国与1954年1月加入。参加国共有12个。

[12]《国际铁路货物运送公约》，1890年制定，1938年修改，同年10月1日开始实行。在第一次和第二次世界大战期间曾经中断，战后又重新恢复，以后为适应国际形势的不断发展变化又屡经修改。参加国共有24个。

[13]《华沙公约》全称《统一国际航空运输某些规则的公约》，1929年9月12日订于波兰华沙。1933年2月13日生效，后经多次修改，我国于1957年7月通知加入，1958年10月对我国生效。

[14] 彭高俭. 认识《约克——安特卫普规则》的几个重要角度 [J]. 中国海商法年刊，2008 (1)：440-450.

[15] 姚鹏，荆有祥. 论最大诚信原则与我国海上保险制度 [J]. 大连海事大学学报：社会科学版，2003 (3)：18-22.

[16] 陈朝晖. 海上保险近因原则解析 [J]. 大连大学学报，2004 (1)：37-39.

[17] 吴百福. 国际货运风险与保险 [M]. 北京：对外经济贸易大学出版社，2002.

[18] 李贺. 国际贸易实务 [M]. 成都：西南财经大学出版社，2013.

[19] 顾寒梅，江静. 外贸运输与保险 [M]. 上海：上海财经大学出版社，2008.

[20] 粟丽. 国际货物运输与保险 [M]. 北京：中国人民大学出版社，2007.

[21] 江静. 国际集装箱运输与多式联运 [M]. 北京：中国商务出版社，2006.

[22] 王银成. 中国保险案例研究 [M]. 北京：首都经济贸易大学出版社，2006.

[23] 李勤昌. 国际货物运输实务 [M]. 北京：清华大学出版社，2008.

[24] 杨梅芳，李哲. 国际货物运输与保险 [M]. 北京：清华大学出版社，2013.

[25] 翟建华. 保险学原理 [M]. 大连：东北财经大学出版社，2009.

［26］中国国际货运代理协会. 国际航空货运代理理论与实务［M］. 北京：中国商务出版社，2010.

［27］黄海东，孙红玉. 国际货物运输与保险［M］. 北京：清华大学出版社，2010.

［28］杨华柏. 保险纠纷典型案例评析［M］. 北京：人民法院出版社，2004.

［29］孟于群. 防止海运欺诈及法律实务［M］. 北京：中国商务出版社，2008.

［30］潘永，吴晓东. 国际货物运输与保险［M］. 大连：东北财经大学出版社，2012.